À plus ! 3

Französisch
für Gymnasien
Lehrerfassung

Cornelsen

À plus! 3 Lehrerfassung
Lehrwerk für den Französischunterricht an Gymnasien

Im Auftrag des Verlages erarbeitet von
Gertraud Gregor, Catherine Jorißen, Sylvie Schenk

und der Redaktion Moderne Fremdsprachen
Dr. Yvonne Petter (Projektleitung), Marie-France Lavielle,
Sophie Ortiz-Vobis, Marit Reifenstein und Gabriela Alonso (Assistenz)

Didaktische Beratung: Dr. Martin Braun (Nürnberg), Hermann Demharter (Heidelberg)

Beratende Mitwirkung: Hans Bächle (Neunkirchen), Dr. Richard Best (Harxheim), Rita Beyer (Illingen), Otto-Michael Blume (Düsseldorf), Anette Fritsch (Dillenburg), Maria Gaksch (Wien), Aneta Glavier (Leipzig), Michèle Héloury (Berlin), Brigitte Jescheck-Schellander (Wien), Thilo Karger (Gießen), Annemarie Kordecki (Rimbach), Bernd Kracklauer (Ingolstadt), Dr. Hans-Ludwig Krechel (Königswinter), Barbara Lechner-Gay (Freiburg), Wolfgang Marek (Marburg), Dr. Sigrid Melchert (Potsdam), Klaus Mengler (Gießen), Dr. Jürgen Mertens (Weingarten), Prof. Dr. Christian Minuth (Heidelberg), Thomas Mößer-Wolf (Bad Kreuznach), Axel Polleti (Passau), Dr. Astrid Scheuerer-Willmar (Traunreut), Peter Schmachtel (Lübeck), Joachim Sendzik (Hannover), Karl Stoppel (Biberach), Dr. Armin V. Wernsing (Krefeld), Dr. Hanno Werry (Saarbrücken), Daniela Wieners (Durmersheim), Dr. Christine Wlasak-Feik (Selb), Stefanie Wölz (Sinsheim)

Lehrerfassung erarbeitet von: Fidisoa R.-Freytag

Gesamtgestaltung: Regelindis Westphal
Satz: Satzinform, Berlin
Illustrationen: Laurent Lalo
Kartengestaltung: Volkhard Binder (U2, S. 103), Carlos Borrell (U3)
Umschlagfotos: © Cornelsen, Schulz (oben), © laif: © Ebert (unten)

Begleitmaterialien zu **À plus! 3**

ISBN 978-3-464-22101-3	À plus! 3 Vokabeltaschenbuch
ISBN 978-3-464-22085-6	À plus! 3 Carnet d'activités
ISBN 978-3-464-22086-3	À plus! 3 Grammatikheft
ISBN 978-3-464-22090-0	À plus! 3 CD
ISBN 978-3-464-22088-7	À plus! 3 HRU
ISBN 978-3-464-22089-4	À plus! 3 Folien

www.cornelsen.de

1. Auflage, 1. Druck 2008

Alle Drucke dieser Auflage sind inhaltlich unverändert und können im Unterricht nebeneinander verwendet werden.

Druck: CS-Druck CornelsenStürtz, Berlin

ISBN 978-3-06-520025-7

Inhalt gedruckt auf säurefreiem Papier aus nachhaltiger Forstwirtschaft.

Inhaltsverzeichnis

Die grün gedruckten Überschriften bezeichnen fakultative Elemente.

Seite		Lernziele	grammatische Inhalte

UNITÉ 6 *Tim au Québec*

UNITÉ S *Supplémentaire à la carte*

UNITÉ Révision: Esmeralda et Quasimodo

Legende zur Lehrerfassung

À plus	Lernwortschatz
c'est moi	Neue grammatische Struktur
Saône[2] 2 [son]	Ausprachehinweis
1 2	CD- und Track-Nummer
Romain	Namen der Hauptfiguren
	Zusatzmaterialien:
▸ Folie 4	Folien
▸ FDT 6	Fiche de travail
▸ CJ épisode 1	Ciné Junior 3
▸ GH p. 6/1.1	Grammatikheft

Erläuterung der Symbole und Verweise

	Hörtext auf der CD
	Partnerarbeit
	Gruppenarbeit oder Diskussion
	Schriftliche Übung
	Differenzierung: anspruchsvolle Aufgabe
	Die Lösungen zu den Aufgaben befinden sich im Grammatikheft.
C 6/8	Hier passt Carnet d'activités, S. 6/8.
(→ Repères, p. 20/3)	Verweis auf die Repères
(→ GH, p. 9/4.1)	Verweis auf das Grammatikheft
DELF	Diese Übung eignet sich ganz besonders für die Vorbereitung auf die DELF-Prüfung.
→ Portfolio Dossier	Besonders gelungene Texte kannst du in deine Portfoliomappe ablegen.
	Sprachmittlungsübung

Bonjour, tout le monde!

Faites votre choix et révisez.

HÖRVERSTEHEN

1 Parlez de vos vacances.

a *Écoutez et identifiez les personnages: Qui parle? Justifiez votre réponse.*

Exemple:
C'est la dame blonde à l'arrière plan parce que ___ .

b *Et vous, où est-ce que vous êtes allés? Qu'est-ce que vous avez fait? Racontez.*

Je suis allé/e	à Paris / à Londres / à ___ . dans les Alpes / à la mer / à la montagne[1]. en France / en Allemagne / en Espagne[2] / en Turquie[3].

Je suis resté/e à la maison.
J'ai fait du / de la / des ___ .

1 **la montagne** die Berge
2 **l'Espagne** *f.* Spanien
3 **la Turquie** die Türkei

WISSENSSPIEL

2 Le test des connaissances

Jouez à trois. A regarde p. 222 et contrôle les réponses. B et C jouent.

Jeder Spieler braucht neun Spielsteine, z.B. Münzen.
Wählt abwechselnd eine Aufgabe aus und legt für jede richtige Antwort eine Münze auf das Feld.
Wer zuerst drei Felder in einer Reihe belegt hat, hat gewonnen.

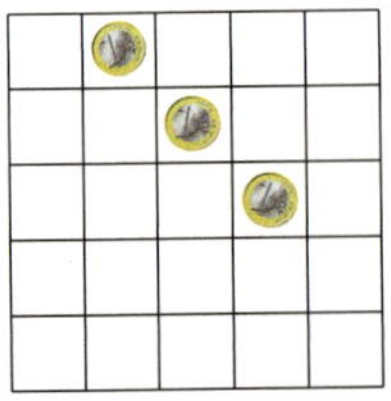

Mets au passé composé:
je pars
tu dors
il mange
elles viennent

Complète: J'ai une idée de cadeau pour Robert. Je vais [?] offrir un porte-monnaie.

Trouve les contraires:
être en forme
trouver beau

≠ ?

Leur *ou* les?
Complète: – Tu connais ces types? – Non, je ne [?] connais pas, je ne [?] ai jamais parlé.

Quel pronom?
Céline et Ahmed rentrent. Je rentre avec [?]. David a des problèmes en maths. Je [?] aide.

Écris avec l'article défini:
- chaussures *(blanc)*
- jupes *(long)*
- *(nouveau)* ordinateur

Complète:
Achète [?] eau minérale, [?] pommes et [?] café.

Conjugue les verbes lire *et* venir *au présent.*

Qu'est-ce qu'on peut visiter à Nantes?
(3 endroits)

Pour les crêpes, il faut ___ .

Le ruban vert, *qu'est-ce que c'est?*

Comment est-ce qu'ils vont à l'école?

Complète:
Valérie joue [?] la guitare.
Paul et Tarik jouent [?] ping-pong.

Qu'est-ce que tu dis?
- Du hast etwas nicht verstanden.
- Du rufst um Hilfe.

Erkläre den Weg bis zum Kino.

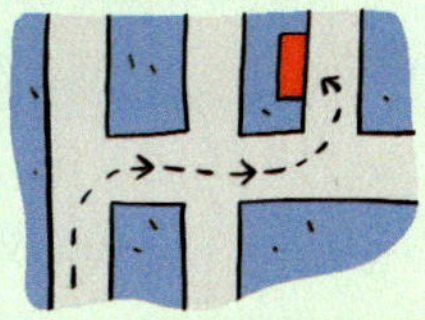

Où est-ce qu'ils ont mal?

Cinq vêtements:

Quelles sont ces couleurs?

Quel temps fait-il?

Conjugue les verbes ouvrir *et* réfléchir *au présent.*

En français:

100 141
1000
329 2006
73

Qu'est-ce que tu sais sur Jules Verne?

Complète: – Où est-ce qu'on gare la voiture?
– Je [?] gare près du château.

Trouve les contraires:
adorer, entrer, gagner

≠ ?

Le sport (3 activités):

Approches

▶ Folie 1A, 2 ▶ FDT 1 ▶ CJ épisode 1

1 3 En août, à Paris-Plage, rive droite

1 Brandon, c'est un prénom anglais ou américain, non?

2 Oui, mais je viens du Canada. Toute notre famille habite à Montréal, au Québec. Et toi, Tim, tu habites aux Pays-Bas?

À Paris-Plage se retrouvent ... ... Marion, qui habite à Nanterre, dans la banlieue parisienne. ... Antonia, qui rentre d'Italie où elle a passé ses vacances.

3 Non, j'habite ici.

4 Moi, je suis franco-italienne. Ma mère est de Tours et mon père de Naples, en Italie.

5 Le Québec, ça doit être cool!

... Tim, qui vient des Pays-Bas mais qui habite en France maintenant. Là, ils font la connaissance de Brandon.

Romain et Ahmed sont là aussi. Ils sont venus pour le concert de Louis Chédid.

1 Tu es déjà parti en vacances?

2 Oui, trois semaines en Tunisie. C'est pas mal, la Tunisie. Et toi, tu es parti?

3 Oui, on rentre d'Espagne.

4 Et c'était comment, en Espagne?

Découvrir

C 6/1 **1** **a** *Complétez les phrases et traduisez-les en allemand.* (→ Texte, p. 10) ▶ GH p. 25/7

Tim habite [?] France, il n'habite plus [?] Pays-Bas. La famille de Brandon habite [?] Québec. Le grand-père d'Ahmed habite [?] Tunisie.

b *Quand est-ce qu'on utilise* en *et quand est-ce qu'on utilise* au *et* aux?

c *Regardez le texte, p. 10. Les noms «Espagne» et «Italie» sont-ils féminins ou masculins?*

S'entraîner

C 6/2 **2** **a** *Présentez les personnages.* (→ Repères, p. 22/3) *Exemple:* Brandon vient du Canada, ___ .
▶ GH p. 25/7

b *Présentez-vous.*

Exemple:

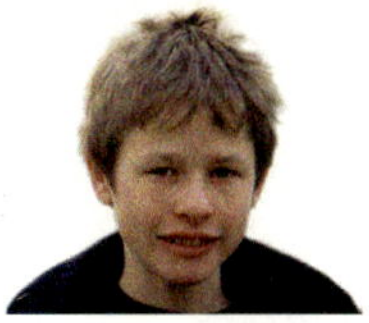

Je viens du Canada. Ma famille habite au Québec. Je parle français, anglais et un peu espagnol.

venir	*parler*
de Turquie / de Pologne / de Russie / de Croatie / de Serbie / d'Italie / du Maroc / du Portugal / du Viêt-Nam / du Kosovo / ___	allemand / français / anglais/ turc / polonais / russe / italien / serbo-croate / arabe / portugais / vietnamien / ___

Activité

C 7/3 **3** **a** ►◄ *Est-ce que vous connaissez Paris? Regardez les photos de l'unité, le Petit dictionnaire de civilisation, p. 147–148 et le plan de Paris. Trouvez les réponses.*

1. Un jardin près du Louvre: [?].
2. Une cathédrale très célèbre: son nom est [?].
3. Une grande place sur la rive droite de la Seine, en face de la tour Eiffel: c'est [?].
4. Faites le tour du monde en une après-midi. Visitez le quartier de [?].
5. Une île où habitent des gens célèbres: c'est [?].
6. Un monument[1] très célèbre, place de l'Étoile: son nom est [?].
7. Vous voulez découvrir la nature. La technique[2] vous intéresse aussi. Vous allez à [?].
8. Un centre commercial[3] au centre de Paris. Ce sont [?].

1 **le monument** das Bauwerk
2 **la technique** die Technik
3 **le centre commercial** das Einkaufszentrum

b ◐ *Formulez d'autres devinettes pour vos camarades.*

1|4 Le choc des cultures

▶ Folie 1A–B, 3 ▶ FDT 2, 3

Tout a commencé il y a quelques mois, en hiver, quand Marion et Romain, 13 ans, ont rencontré Tim, 14 ans, et sa copine Antonia, 13 ans. Où? Sur la plus haute patinoire de Paris, la patinoire de la tour Eiffel. Un vrai choc.

Tim est à Paris depuis quatre ans, mais il vient de Maastricht, aux Pays-Bas. Il adore faire du patin à glace. Sa copine Antonia est avec lui au collège «Les Hauts Grillets» à Saint-Germain-en-Laye. Marion et Romain, eux, vivent à Nanterre.

Tim, Antonia, Marion et Romain sont devenus amis. Et en été, ils ont rencontré Brandon, 14 ans, à Paris-Plage. Paris-Plage, ce n'est pas la Côte d'Azur mais presque! Malheureusement, on ne peut pas encore se baigner dans la Seine mais on peut jouer au ballon et bronzer ... quand il y a du soleil. Et c'est sûrement le meilleur endroit pour trouver de nouveaux copains. Brandon va vivre une année en France avec ses parents.

Jusqu'à la rentrée, Marion, Romain, Tim et Antonia ont visité Paris avec Brandon. Ils lui ont montré Montmartre, ils ont fait du roller au Trocadéro, ils ont visité le centre Pompidou et ils sont allés à Belleville.

En automne, à la rentrée, Brandon est devenu presque parisien et un nouveau club des cinq est né, un club international ...

le marché de Belleville

Montmartre

le centre Pompidou

Comprendre

DELF
C 8/1

1 ►◄ *Retrouvez les informations dans le texte.*

1. Le «nouveau club des cinq», c'est qui?
2. Où, quand et comment ont-ils fait connaissance?

Marion, 13, Nanterre
Romain 13
Tim 14 vient de Maastricht à Paris depuis 4 ans
Antonia, 13, collège
Brandon 14 va vivre une année en France

«Le Club des cinq» est le titre d'une série de livres pour jeunes, de l'anglaise Enid Blyton. Ces livres étaient déjà très populaires au 20e siècle.
www.google.fr → «Le club des cinq»

Recherche: Comment s'appellent les cinq amis dans les livres d'Enid Blyton?

Découvrir

2 **a** *Traduisez les phrases:*

Malheureusement, on ne peut pas se baigner.
Céline est **malheureuse**.

► GH p. 26/9.1

b *Trouvez dans le texte d'autres exemples d'adverbes en* -ment. Von welchen Adjektiven werden diese Adverbien abgeleitet?

c Mit welcher Form des Adjektivs wird das Adverb gebildet?

Écouter

DELF

3 **a** 🎧 1|5 *Écoutez le dialogue. Qu'est-ce qu'on apprend sur Paris-Plage? Prenez des notes puis expliquez en allemand.* (→ Méthodes et stratégies, p. 27)

C 9/4

b *Qu'est-ce que vous pensez de ce projet? Discutez. Utilisez:*

Je pense / Je trouve | que ___ .

À mon avis, ___ .

Je trouve ça ___ parce que ___ .
Je (ne) suis (pas) d'accord (avec ___).

S'entraîner

C 8/2
C 9/3

4 **a** *Formez les adverbes.* (→ Repères, p. 23/5) ▸ GH p. 26/9.1

heureux – inutile – long – normal – simple – triste – bon – gentil

b *Utilisez quelques adverbes de* **a** *dans ces phrases.*

5 *Adjectif ou adverbe? Complétez.* (→ Repères, p. 23/5)

courageux – courageusement
1. Je connais un garçon très ?.
2. Il a ? sauvé un petit enfant.

confortable – confortablement
3. On ne dort pas très ? dans ce lit.
4. Ce lit n'est pas très ?.

facile – facilement
5. Pour moi, les devoirs de maths sont ?.
6. Je les fais ?.

sûr – sûrement
7. Marion n'est pas là. Elle est ? malade.
8. Marion n'est pas là. Romain est ? qu'elle est malade.

Vocabulaire et expression

C 10/7

6 **a** *Traduisez.* (→ Repères, p. 22/1)

Nantes est **dans** l'ouest de la France. Saint-Germain-en-Laye est **à** l'ouest de Paris.

b *Regardez le plan de Paris et situez la Défense, le Père-Lachaise, la tour Eiffel, la gare Montparnasse, le Sacré-Cœur, Notre-Dame de Paris et le Louvre. Utilisez:*

à/au	au bord de	dans le centre / le sud / le nord / l'est / l'ouest de	
à l'ouest / à l'est de	au nord / au sud de	ne ___ pas loin de	en banlieue · sur

c *Choisissez un monument ou un endroit de Paris et situez-le. Vos camarades devinent.*

Exemple: Mon monument est dans le centre, sur une île.

6 La surprise

▶ Folie 1B, 4A–B

Hannah réfléchit. «Tu penses à quoi? demande Marion.

– Je me demande si on dit «je suis quatorze ans» ou «j'ai quatorze ans».

– Tu as quatorze ans, répond Marion. On a son âge, tu ES Hannah Schmitz, mais tu AS quatorze ans, aujourd'hui. Et tu as de la chance car tu vas avoir une super surprise.»

Hannah est la correspondante allemande de Marion. Elle vient de Cologne. Les deux filles montent dans le RER avec Alice Régent, la mère de Marion.

«Il faut descendre à Charles de Gaulle-Étoile, dit Madame Régent. Hannah, tu gardes bien ton ticket pour pouvoir sortir. Ensuite, on prend le métro, c'est la ligne 6, direction Nation jusqu'à la Motte-Piquet Grenelle. Vous m'écoutez, les filles? Là, on change et on prend la ligne 10, direction Boulogne Jean-Jaurès.

– C'est plus loin que prévu? demande Hannah.

– Non, mais c'est un peu compliqué. Vous restez bien avec moi, on se perd facilement dans le métro, dit Alice Régent.

– Il faut te détendre, maman! Ma mère a toujours «la trouille», dit Marion.

– C'est quoi «la trouille»? demande Hannah.

– La peur, explique sa corres.»

Elles descendent enfin à la station Javel André Citroën[1]. Là, elles retrouvent Antonia, Brandon et Tim. Ils se font la bise.

«Romain n'est pas là?, demande Marion.

– Non, il est avec son corres au Jardin des plantes, dit Antonia.»

Ils marchent ensemble un petit moment. Puis, Marion sort un foulard noir de son sac. Elle bande les yeux de Hannah qui ne trouve pas ça drôle et se pose des questions …

«N'aie pas peur, dit Brandon. On est presque arrivés!

– Je n'ai pas peur, répond Hannah. J'ai la trouille.»

Ils rient. La voix de Brandon est très agréable et son accent est très joli. Hannah l'entend plus clairement que d'habitude. Deux personnes la tiennent par la main, heureusement. Brandon? Tim? La main de droite est plus grande que la main de gauche. Ils marchent moins vite, puis ils s'arrêtent. Elle entend que la mère de Marion parle avec quelqu'un, un homme, puis, elle entend des bruits de billets. Ils paient quelque chose. Ensuite, ils entrent dans un endroit qui bouge. Un bateau? On est près de la Seine, oui, alors ce vent … un petit avion? Non, ça n'avance pas aussi vite qu'un avion. Ça avance plus lentement, et ça fait moins de bruit. Un bateau, oui, c'est sûrement un bateau.

«Allez, dit Marion, tu peux enlever le foulard.»

Hannah est stupéfaite. C'est vraiment une surprise fantastique, c'est génial!

1 [ʒavɛlɑ̃dʀesitʀoɛn]

Comprendre

DELF C 11/1

1 *Racontez l'histoire. Voici quelques mots-clés:* l'anniversaire – la surprise – le métro – les copains – le foulard – la balade en ballon

S'entraîner

C 12/4 C 12/5

2 *Marion et ses amis font du roller dans les rues de Paris. Qu'est-ce qu'ils disent? Utilisez le comparatif de l'adverbe.* (→ Repères, p. 23/6) ▶ GH p. 27/9.2

Marion: Hé, Tim! Va / – vite! On va te perdre.
Tim: Je roule / + lentement / Romain.
Marion: Oui, mais nous, on ne roule pas = vite/vous. On fait / – souvent du roller!
Brandon: On va bientôt arriver à la Coulée verte, non?
Antonia: Mais non, c'est / + loin / ça.
Hannah: Oh là, là, il y a trop de gens, on n'avance pas / = bien / hier.

3 **a** *Qu'est-ce qu'on dit?* ▶ GH p. 27/9.2

Bitte jemanden ...
1. ... langsamer zu sprechen.
2. ... weniger schnell zu fahren.
3. ... öfter zu schreiben.
4. ... später zu kommen.
5. ... deutlicher zu sprechen.
6. ... die Verben besser zu lernen.

b *Imaginez une situation pour chaque* phrase de* **a**.

c ►◄ *Utilisez ces phrases dans un dialogue.*

* **chaque** jede/r

4 ◐ *Comparez la vie dans une grande ville et à la campagne. Utilisez le comparatif de l'adverbe.* (→ Repères, p. 23/6) ▶ GH p. 27/9.2

1. Les gens vivent calmement*.
2. On trouve vite des contacts.
3. Les gens peuvent sortir souvent.
4. On trouve facilement un appartement.
5. Les jeunes vivent bien.
6. Les restaurants ferment tard.
7. Il y a souvent de la pollution.

Dans une grande ville, les gens vivent ___ .
À la campagne, ___ .

* **calmement** ruhig

Vocabulaire

▶ Folie 4B

C 11/2 C 13/8 **5** **a** *Relevez dans le texte, p. 15 le vocabulaire du métro et faites un associogramme.*

b *Relisez le texte, p. 12 et complétez votre associogramme.*

c ►◄ *Regardez le plan du métro (→ S. 224). Trouvez la station Javel sur la ligne 10. Comment les copains font-ils pour arriver à Javel? Utilisez le vocabulaire de* **a** *et* **b**.

1. Brandon arrive de la place d'Italie (ligne 7).
2. Antonia part de la station Odéon sur la ligne 4.
3. Tim arrive de la station Gambetta (ligne 3).

d ►◄ *À vous. A demande des renseignements. B explique.*

Je suis à la station Réaumur Sébastopol et je veux aller à la gare de Lyon. Comment est-ce que je fais?

Eh bien, tu montes dans la ligne ___ .

Écouter

DELF **6** **a** *1 7 Écoutez le dialogue et répondez: Dans quelle station les touristes sont-ils? Où veulent-ils aller? Où doivent-ils descendre?*
(→ Méthodes et stratégies, p. 27)

b *Écoutez le dialogue une deuxième fois. Quelles lignes doivent-ils prendre? Où doivent-ils changer?*

Recherche

C 13/7 **7** *Vous êtes à Paris et vous voulez faire une balade en ballon Eutelsat. Recherchez sur Internet, www.google.fr → Parc André Citroën et renseignez-vous sur les tarifs enfants, sur le lieu et les horaires de départ.*

Préparer l'écoute

▶ Folie 1A, 1C, 1D ▶ FDT 4 ▶ CJ épisode 1

DELF **1** 1|8 *Écoutez ces propositions et prenez des notes: Qu'est-ce qu'on peut faire quand il fait beau? Et quand il pleut?* (→ Méthodes et stratégies, p. 27)

1|8 Nos tuyaux

Vous êtes à Paris pour trois jours. Mais c'est si grand, Paris! Vous voulez voir plein de choses et le plus vite possible? Non! Visitez peu mais bien, moins mais mieux! Voilà déjà quelques tuyaux.

Il fait beau? Mettez vos baskets!

Le meilleur moyen de transport à Paris, ce sont vos baskets! Il vous faut une demi-journée pour marcher lentement du Louvre à l'Arc de Triomphe de l'Étoile. C'est toujours tout droit! Ouvrez les yeux, faites une photo originale de la pyramide de verre. Traversez le jardin des Tuileries, allez ensuite sur les Champs-Élysées. Entrez chez Virgin ou à la Fnac pour écouter quelques CD. C'est même ouvert le dimanche.

le Louvre

l'île Saint-Louis

L'île Saint-Louis

Faites un tour sur l'île Saint-Louis. C'est un endroit calme et très beau, plein d'histoire. Beaucoup de gens célèbres y habitent. La plus longue queue est devant le marchand de glaces de la rue Saint-Louis en l'île. Pourquoi? On y trouve les meilleures glaces de toute la capitale.

Vous aimez les frissons?

N'ayez pas peur des Catacombes, descendez-y courageusement … C'est assez impressionnant.

Soyez romantiques!

Allez au cimetière du Père-Lachaise. Il est dans l'est de Paris, dans le vingtième arrondissement. Prenez votre temps pour regarder. Vous y trouvez des tombes de morts très célèbres comme Molière, Chopin ou Jim Morrison.

le Père-Lachaise

les Catacombes

l'Arc de triomphe

Oubliez le quotidien

Choisissez le cinaxe de la Cité des sciences: Vous vivez pour un quart d'heure une simulation de vol. Tout bouge ...! À la Géode, vous entrez dans le film sur un des plus grands écrans du monde. Quand vous en sortez, vous ne savez plus où vous êtes.

la Géode

Notre-Dame

les Halles

Pas de chance, il pleut! Faites du lèche-vitrines

Au cœur de Paris, les Halles vous offrent une quantité de magasins. Vous pouvez aussi vous balader le plus confortablement du monde dans les passages comme la galerie Vivienne ou le passage Jouffroy[1], boulevard Montmartre. On y trouve un des plus grands magasins de jeux, une boutique de bédés anciennes. C'est difficile d'en partir les mains vides. Ou alors, allez faire un tour aux Galeries Lafayette, le magasin le plus connu de Paris. Vous pouvez aussi faire le tour de Paris en métro. Vous voyagez comme au début du 20e siècle (→ p. 29). Trois jours à Paris, c'est trop peu. Le mieux, c'est de rester au moins une semaine.

Montmartre

1 [ʒufʀwa]

Comprendre

DELF C 14/1 C 14/2 **2** **a** 9 *Écoutez ces touristes et donnez-leur des conseils.*

b *Et vous? Vous avez une après-midi libre à Paris. Où allez-vous?*

Découvrir

3 **a** *De quoi est-ce qu'on parle dans ces phrases? Reformulez-les.* (→ Texte, p. 18–19) ▸ GH p. 28/10

Beaucoup de gens célèbres **y** habitent.
→ Beaucoup de gens célèbres habitent sur l'île Saint-Louis.
Continuez.

1. Beaucoup de gens célèbres **y** habitent. (l. 19)
2. On **y** trouve les meilleures glaces de Paris. (l. 20)
3. Vous **y** trouvez des tombes de morts très célèbres. (l. 32)
4. Descendez-**y** courageusement. (l. 24)
5. Quand vous **en** sortez, vous ne savez plus où vous êtes. (l. 46)
6. C'est difficile d'**en** partir les mains vides. (l. 55)

b *Traduisez les phrases de* **a**. Wofür stehen „y" und „en"? (→ Repères, p. 23/8)

S'entraîner

C 14/3 **4** **a** 10 *Écoutez. Qu'est-ce que vous entendez?* Y *ou* en*?*

b 10 *Écoutez encore une fois. De quoi est-ce que les touristes parlent?*

c *À vous. Formulez une devinette comme en* **a** *pour vos camarades. Utilisez* y *ou* en*. Vos camarades devinent.*

On y va tous les soirs.

C'est le lit.

C 15/4 **5** ►◄ *Faites des mini-dialogues. Utilisez* y *et* en.
(→ Repères, p. 23/8)
▸ GH p. 28/10

Exemple:
– Quand est-ce qu'ils sortent de l'hôtel?
– Ils ______ .

1 sortir / hôtel
2 monter / tour Eiffel
3 descendre / tour Eiffel
4 entrer / cathédrale
5 sortir / cathédrale
6 entrer / restaurant

C 17/8 **6** ✎ *Complétez les phrases par une forme des adjectifs entre parenthèses.*
▶ GH p. 26/8

1. J'ai passé l'été dans une famille (parisien).
2. J'étais dans une école (international).
3. Il y avait une (nouveau) patinoire dans le quartier.
4. À la Géode, j'ai vu des films assez (original).
5. Les profs (génial) qui ont plein d'idées (original), ça existe?
6. À Paris, vous pouvez voir des choses (original).
7. Dans cette ville, il y a beaucoup de maisons (ancien).
8. Au marché aux puces, on a découvert des bédés (génial).

C 16/6
C 17/7 **7** *Formulez les phrases du guide. Utilisez le superlatif de l'adverbe.* (→ Repères, p. 23/7)
▶ GH p. 27/9.3

* **la hauteur** die Höhe

1. Pour aller au parc Citroën (vite) possible, nous allons prendre la ligne 10 jusqu'à Javel.
2. Nous allons prendre le bateau pour nous balader (confortablement / monde).
3. À mon avis, «Chez Philippe» est le restaurant du quartier où on mange (bien).
4. Nous arrivons à l'endroit qui va vous intéresser (beaucoup).
5. Vous voulez connaître la hauteur* de la tour Eiffel? C'est la question qu'on me pose (souvent).
6. Voilà un bon plan pour dépenser (peu) possible.

Activité

8 *Faites une affiche sur un endroit à Paris et présentez-le à vos camarades. Pour cela, visitez le site de la ville de Paris:* http://www.parisbalades.com

Alternative: *Écrivez à l'office de tourisme (5, rue des Pyramides / F-75001 Paris) et demandez des informations pour faire votre affiche.* www.parisinfo.com

Née en 1889 pour l'Exposition Universelle. Elle est haute de 317 m. Elle a 3 étages et elle pèse 101000 tonnes.

Visiter Belleville, c'est faire le tour du monde en une après-midi…

Repères

Qu'est-ce qu'on dit ?

1

Du sagst, woher du kommst und in welchem Land du wohnst:	Je suis de/du/des ___ . / Je viens de/du/des ___ . J'habite en/au(x) ___ .
Du sagst, welche Sprachen du (ziemlich gut / ein wenig) sprichst:	Je parle (assez bien / un peu) ___ .
Du findest etwas nicht übel:	Ce n'est pas mal, (la Tunisie).
Du machst nur Spaß:	Je rigole.
Du hast Angst:	J'ai peur. / J'ai la trouille *(fam.)*.
Du gibst jemandem einen Ratschlag:	Le mieux, c'est de + *infinitif*
Jemand hat (kein) Glück:	Il/Elle a de la chance. / Il/Elle n'a pas de chance.
Lille liegt im ...	Lille est dans ...
... Norden Frankreichs,	... le nord de la France,
... nördlich von Paris:	... au nord de Paris.
Der Norden / der Osten / der Süden / der Westen:	le nord / l'est / le sud / l'ouest

Grammaire

2 **Neue Verben** Les verbes (→ GH, p. 29)

▶ FDT 2

vivre
avancer wie: **commencer**
enlever wie: **acheter**
se détendre wie: **attendre**

3 **Präpositionen und Artikel vor Ländernamen** Prépositions et articles devant les noms de pays (→ GH, p. 25)

	la France	le Canada	**les** Pays-Bas
Ils sont / Ils vont	en France	au Canada	**aux** Pays-Bas
Ils viennent	de France	du Canada	**des** Pays-Bas

Übersetze die Beispiele und erkläre die Verwendung der Präpositionen „en" und „à" vor Ländernamen.

4 **Das Adjektiv** L'adjectif (→ GH, p. 26)

♂	♀
original	originale
ancien	ancie**nne**
origin**aux**	originales
anciens	ancie**nnes**

Traduis:

1. alte Filme des ~~vieux~~ anciens films
2. originelle Fotos des photos originales
3. italienische Schuhe des ch. italiennes
4. internationale Gruppen des groupes internationaux

5 Das Adverb L'adverbe (→ GH, p. 26)

On vit **dangereusement** ici.
C'est **pratiquement** la même direction.

lent/lente	→ lente**ment**	⚠	bon/bonne	→ **bien**
dangereux/dangereuse	→ dangereuse**ment**		mauvais/mauvaise	→ **mal**
facile	→ facile**ment**		vrai/vraie	→ **vraiment**
			gentil/gentille	→ **gentiment**

Merke Wie ist jemand/etwas? Elle est **gentille**. Adjektiv
Wie macht man etwas? Elle lui parle **gentiment**. Adverb

6 Der Komparativ des Adverbs Le comparatif de l'adverbe (→ GH, p. 27)

+ Antonia arrive **plus tard que** les autres.
= Tim parle **aussi bien** le français **que** Brandon.
– Le ballon avance **moins vite qu'**un avion.

bien → **mieux que** ⚠
aussi bien que
moins bien que

a Übersetze und beschreibe die Steigerung des Adverbs.

b *Traduis:*
1. Marion ist später gekommen als die anderen. plus tard
2. Hannah spricht schlechter (= weniger gut) französisch als Tim. moins bien

7 Der Superlativ des Adverbs Le superlatif de l'adverbe (→ GH, p. 27)

Romain roule **le plus vite** (de tous).
Brandon roule **le moins vite** (de tous).
Tim va à la patinoire **le plus souvent** possible.
Mais Romain y va **le moins souvent** possible.

⚠ bien	→ **le mieux**	gut	→ am besten
peu	→ **le moins**	wenig	→ am wenigsten
beaucoup	→ **le plus**	viel	→ am meisten

Merke
bien – mieux – le mieux

8 Die Pronomen „y" und „en" Les pronoms «y» et «en» (→ GH, p. 28–29)

sur, au, à, dans, sous

Qu'est-ce qu'ils font <u>sur la tour Eiffel</u>?	Ils **y** font du patin à glace.
Tu es déjà allé <u>à Paris</u>?	Non, je <u>n'</u>**y** suis <u>pas</u> encore allé.
Tu habites encore <u>en banlieue</u>?	Non, je <u>n'</u>**y** habite <u>plus</u>.
Quand est-ce que Hannah est rentrée <u>de Paris</u>?	Elle **en** est rentrée hier.
Les filles sont déjà sorties <u>des Galeries Lafayette</u>?	Non, elles <u>n'</u>**en** sont <u>pas</u> encore sorties.

dort dorthin
Ergänzungen mit de

a *Traduis les questions et les réponses.*

b Sammle Ortsangaben, die mit „y", und Ortsangaben, die mit „en" ersetzt werden können.

c Beschreibe die Stellung von „y" und „en" im Satz.

présent vor dem konjug. Verb
p. composé " " Hilfsverb
f. composé " " Infinitiv

Écouter

1 **a** 🎧 1 11 *Regardez ce plan. Écoutez, puis expliquez comment aller d'un endroit à l'autre.*

Utilisez:
aller/continuer tout droit, *tourner* à droite / à gauche, *traverser* (la place), *prendre* (la rue), ___ .

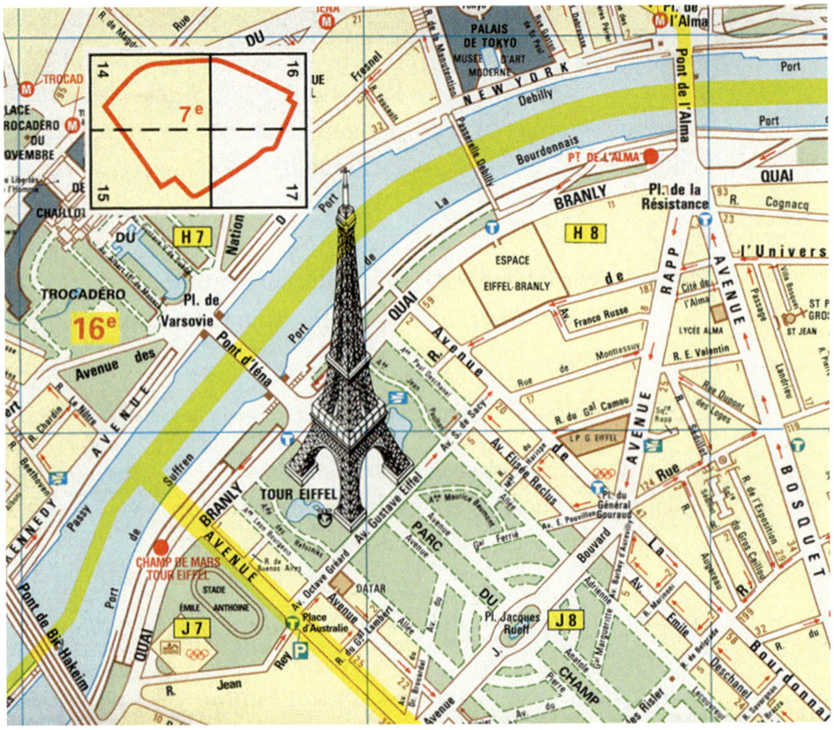

DELF **b** ►◄ *À vous. Regardez le plan. Dites où vous êtes et où vous voulez aller. Vous décrivez le chemin à prendre.*

Vocabulaire et expression

2 ✎ *Faites un associogramme autour du mot* ville.

3 **a** ►◄ *Trouvez un mot de la même famille.*

Exemple:
la vie → vivre

la vie rentrer le passage la connaissance chanter la réponse
aider l'amitié la colle colorer long jouer
le cuisinier dangereux l'échange l'enfance intéresser réagir

b *Vous ne connaissez pas ces mots, mais vous pouvez les comprendre car vous connaissez des mots de la même famille. Trouvez-les.*

la rencontre l'arrivée le départ
la proposition la discussion
la sortie la préparation l'invitation
l'explication impressionner qn

c *Regardez la photo: Que veut dire «correspondance»?*

Réviser

C 11/3 **4** ►◄ *Révisez le comparatif de l'adjectif. Posez des questions sur Paris à vos camarades. Ils/Elles regardent la solution p. 222 et répondent. Utilisez le comparatif de l'adjectif.*
(→ Solutions, p. 222, → GH, p. 10)

Exemple:
Est-ce que la tour Eiffel est plus haute, aussi haute ou moins haute que la tour Montparnasse?

1. la tour Eiffel / la tour Montparnasse / haut
2. la Seine / la Loire / long
3. le cimetière du Père-Lachaise / le cimetière Montparnasse / célèbre
4. l'Opéra Garnier/ l'Opéra de la Bastille / moderne
5. le musée du Louvre / le musée d'Orsay / ancien
6. le centre Pompidou / la Cité des sciences et de l'industrie / intéressant
7. le centre Pompidou / la Cité des sciences / grand
8. L'Arc de triomphe / la tour Eiffel / connu

C 16/5 **5** *Révisez le superlatif de l'adjectif. Faites de la publicité pour votre ville ou votre région pour des touristes français. Utilisez le superlatif de l'adjectif.*
(→ GH, p. 11)

Vous ne connaissez pas encore Munich? Allez d'abord au Viktualienmarkt, le marché le plus connu de Munich. On y trouve les meilleures spécialités du monde.

S'entraîner

6 **a** *Lisez ces noms de pays et notez encore d'autres noms de pays au tableau.*

 la Belgique
 l'Angleterre
 la Suède
 la Turquie
 la Finlande
 le Danemark
 le Portugal
 la Grèce
 le Luxembourg
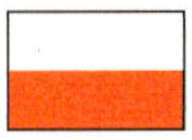 la Pologne
 l'Autriche
 la Russie

b *Faites deux équipes et posez des questions.*

(1 point pour une question correcte, 1 point pour une réponse juste)

Exemples:

Quelle est la capitale du Portugal?

Chemnitz, c'est dans quel pays?

7 *Formulez les phrases. Utilisez des adverbes.*

1. heureux / le train / *être* à l'heure

2. *faire* / vrai / chaud / ici

3. vous / *pouvoir* expliquer / clair / s'il vous plaît

4. tu / *avoir* / sûr / raison

5. ils / *jouer* / calme / depuis deux heures

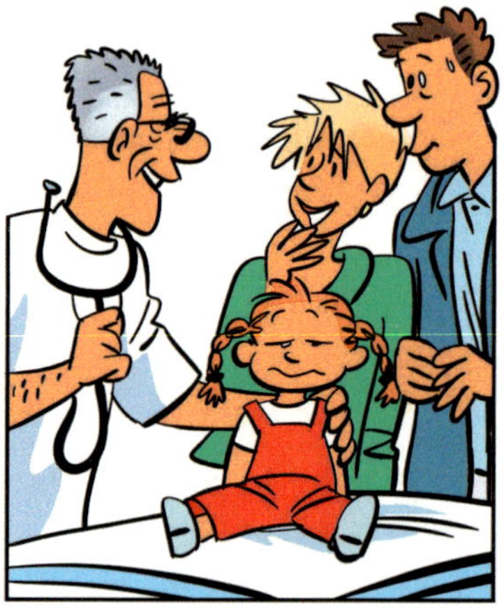

6. votre fille / ne pas *être* / grave / blessée

Activité

8 *Quels sont les endroits où il faut aller dans votre ville/région? Quels monuments faut-il visiter? Que faut-il y faire? Formez des groupes. Chaque groupe fait une liste. Puis comparez les résultats. Faites une fiche pour chaque endroit et préparez un dossier pour vos correspondants français.*

Projet: Mon dossier de français

9 *Rassemble pendant toute l'année des informations sur la France et le français (photos, prospectus, publicités, articles de journaux, adresses Internet, poèmes, chansons, etc.) et classe-les par thème dans un classeur. Notre tuyau pour l'unité 1: Paris.*

→ Portfolio
Dossier

La France en direct

DELF **10** *Regardez ce dépliant et trouvez les informations suivantes:*

1. Combien de temps dure[1] la croisière?
2. Vous êtes là en février. Il est 11 h 15. Quand part le prochain bateau?
3. Combien est-ce que ça coûte pour quatre adultes[2]?
4. D'où partent les bateaux?
5. Vous êtes au parc Trocadéro, comment faites-vous pour arriver jusqu'au point de départ?

1 **durer** dauern 2 **l'adulte** der/die Erwachsene

Méthodes et stratégies: Comment prendre des notes?

C17/10 **11** Bevor du dir einen Text anhörst, achte auf die Fragestellung: Welche Informationen solltest du herausfinden? Diese Informationen können dir helfen deine Notizen zu ordnen (indem du z. B. eine Tabelle anlegst).

Während du den Text hörst, ...
... notiere nur Stichwörter, schreibe keine ganzen Sätze.
... notiere jede neue Information in eine neue Zeile. Benutze dabei Spiegelstriche.
... kürze lange Wörter ab, lasse Artikel und Konjunktionen weg.
... benutze Abkürzungen, dann kannst du die Informationen schneller notieren.
Hier einige häufige Abkürzungen:

– (moins), + (plus), ≠ (différent), = (égal), → (alors), p. ex. (par exemple), c-à-d (c'est-à-dire)

Du kannst dir auch eigene Abkürzungen ausdenken.

... denke nicht über die Orthographie eines Wortes nach. Korrigieren solltest du erst hinterher.
... höre während des Schreibens weiter zu.

12 1 12 *De quoi est-ce que ces personnes discutent? Qui préfère quoi?*

Chansons et poèmes

▶ CJ épisode 1

13 Téléphone: Métro (C'est trop)

En voiture s'il vous plaît, s'il vous plaît
Métro, c'est trop, métro, c'est trop (bis)
Assis, debout
T'es en train, en train (ter)
Regarde dans la vitre, c'est toi dans la glace
Les autres derrière toi, qui se voient sur la voie
Qui se voient sur ta voie
Métro, c'est trop, métro, c'est trop
Métro, c'est trop, métro, c'est drôle
Sortie, non par ici
Monte monte monte monte, monte monte monte monte
Monte les escaliers monte, monte les escaliers monte (bis)
Roule roule roule comme la mer
Roule roule roule escaliers roulant
Roule roule roule comme la mer
Roule roule roule escaliers volant
Rue-toi, rue-toi
Rue-toi dans la rue, rue, toi, dans les brancards (ter)
Métro, c'est trop, métro, c'est trop
Métro, c'est beaucoup trop
Métro, c'est trop
Dans la vitre, tu te vois sur la voie (bis)
Sur ta voie, ta voie, ta voie, ta voie, ta voie
Tous les matins, tous les soirs sur ta voie, ta voie, ta voie, ta voie
Ta voie, ta voie
Métro police, métro police
Métro police, métro police
Terminus
Descends, tout le monde descend (ter)
Descends, descends
Tatatatatatatatata
Tatatatatatatatata
Métro, c'est trop, métro, c'est trop
Métro, c'est beaucoup trop
Métro, c'est trop, publicité dans la cité
Métro, c'est trop, métro, c'est beaucoup trop
Publicité dans la cité
Affiches, tu t'en fiches, non?

1 **En voiture!** Einsteigen, bitte! 2 **bis** zweimal singen 3 **(être) assis** sitzen 3 **(être) debout** stehen 4 **ter** dreimal singen 5 **la vitre** die Fensterscheibe 5 **la glace** der Spiegel 10 **la sortie** der Ausgang 12 **les escaliers** *m. pl.* die Treppe 13 **rouler** rollen 14 **l'escalier roulant** die Rolltreppe 16 **volant** fliegend 17 **se ruer** sich auf etwas stürzen 18 **ruer dans les brancards** sich sträuben 35 **la cité** *hier:* la ville 38 **tu t'en fiches** *fam.* es ist dir egal

Paris pour tous

Paris ville des rois, beau Paris
L'île Saint Louis sur la Seine
La Cathédrale de la reine
Le Louvre et les Tuileries

Et dans le vingtième une vieille
Sort sa poubelle en pantoufles
Le soleil, dit-elle, cette merveille,
Le soleil brille pour tous.

S. Gonsolin

5 **le vieux, la vieille** der/die Alte 6 **la poubelle** der Mülleimer

L
A
T
O
U
RE
IFF
ELB
ROU
TELE
CIELLA
TOUREIFFEL
BAIGNESESJAM
BES DAN
SLAS EINE

(d'après un poème de Maurice Carême)

Choisissez une station sur le plan de métro et présentez-la. Dans quel quartier est-elle? D'où vient son nom? Vous pouvez regarder dans une encyclopédie ou sur internet: www.ratp.fr *ou* www.chez.com/jefx/ (→ histoire des stations)

Notre tuyau: Visitez les ateliers de la Villette, prenez, à minuit, un train des années 1930 et visitez différentes stations la nuit. Pour plus d'informations, écrivez un mail à: ademas@orange.fr

Le petit rat de l'Opéra

Kinderballet

Approches

▶ Folie 5A ▶ FDT 2 ▶ CJ épisode 2

Avant la lecture

DELF **1** *Regardez seulement ces deux dessins et décrivez la situation à 15 h et à 15 h 15. Qu'est-ce qui a changé?*

1|14 **Tout allait pour le mieux …**

Père de Marina

«Tout allait pour le mieux dans le meilleur des mondes. Toute la famille était réunie. Sa marraine, ses grands-parents, contents d'être avec nous. Pour une fois son frère Cédric, et sa sœur aînée, Céline, étaient là pour fêter son succès. Leur mère et moi, nous étions heureux de les avoir tous à la maison. J'oubliais mon travail, je les regardais et je me disais tout le temps: mes enfants, mes parents, ma femme, ma famille. Et tout à coup ...»

Mère de Marina

«Où est-elle? Je ne comprends pas ... Il y avait une bonne ambiance, le repas était réussi. C'est vrai, Marina était un peu bizarre. Elle est sensible, ma Marina, et si mignonne et si courageuse aussi, parce que c'est dur, sa vie: l'école, la danse, la peur de ne pas réussir. La danse le matin, l'école l'après-midi. Elle travaille beaucoup. Mais elle réussit tout. Elle réussissait déjà tout à dix ans! Et voilà qu'elle commence sa quatrième année à l'École de danse, notre petit rat. Ça se fête, non?»

Céline

«Ils disent que c'est ma faute. Comme d'habitude. Elle dansait, on applaudissait. Ma remarque sur ses chaussons, ce n'était pas méchant! Mais elle a un caractère de chien, Marina, c'est la petite dernière, trop gâtée. Mademoiselle est à l'École de danse de l'Opéra et elle se prend pour qui? Avec nous, les parents étaient bien plus sévères. Ils nous disaient nos quatre vérités et ils ne prenaient pas de gants! Ils ne nous payaient pas de cours de danse ou de piano et on ne faisait pas de fêtes.»

Comprendre

DELF C 20/1 **2** ►◄ 1. *Identifiez les personnages sur les deux dessins, p. 30.*

2. *Qui est Marina et qu'est-ce qu'on apprend sur elle?* va à l'École de danse le matin cours l'après-midi sa quatrième année à É. de danse un frère une sœur sœur a un problème

3. *Pourquoi est-ce que la famille est réunie?* parce Marina commence sa quatrième année à l'École de danse

Réviser les formes de l'imparfait

C 20/2 C 20/3 **3** 1. *Relevez dans le texte les verbes à l'imparfait, puis faites un tableau dans votre cahier.*

2. *Comment forme-t-on l'imparfait? Expliquez.*

(→ Réviser l'imparfait, p. 38/2) ► GH p. 32/14.3

être	ils étaient – la famille était – ___
aller	tout allait – ___

S'entraîner

4 **a** *Regardez le premier dessin, p. 30, relisez les textes et décrivez la situation et l'ambiance à 15 h. Utilisez l'imparfait.*

Exemple: La famille était à table. Le père était content

Tout allait bien le repas était réussi père était content

b *À votre avis, qu'est-ce qui s'est passé* entre 15 h et 15 h 15? Imaginez. Utilisez le passé composé.* Marina est partie est allé chez une famille

* se passer geschehen

15 Chapitre I ▶ Folie 5 A–B ▶ FDT 5

Ils ont entendu claquer la porte

Réfléchir et courir en même temps, ce n'est pas facile, mais Cédric essaie de se souvenir du drame.

Marina dansait. La famille la regardait, elle n'avait pas vraiment l'air en forme, mais elle dansait bien. À un moment, Céline a dit: «Dis donc, tu ne les utilises pas souvent, tes chaussons!» Marina est devenue très pâle, et tout à coup, elle a arrêté de danser, elle est sortie de la salle de séjour et quelques minutes après, on a entendu claquer la porte d'entrée: Marina n'était plus là.
«Non, mais qu'est-ce qui lui prend?» a dit Céline. Tout le monde est resté là, sans comprendre, tous étaient stupéfaits. On a attendu un moment … Céline a appelé Marina sur son portable et laissé un message.
Au bout d'une heure, maman a décidé de téléphoner à Mathilde et à Youri, les deux grands copains de Marina à l'École de danse. Ils y sont entrés à neuf ans comme elle et ils sont aussi en quatrième année.
Il y a quatre ans, ils étaient 300 pour le concours. Et onze élèves seulement ont réussi: Marina, Mathilde et Youri étaient parmi eux. Sur les onze nouveaux, cinq élèves seulement ont pu passer en deuxième année … quatre en troisième et maintenant, ils sont encore trois: les trois inséparables.
Mathilde et Youri vivent à l'internat de Nanterre et maman a téléphoné là-bas. Youri était là. Maman lui a raconté la scène. Ensuite, elle n'a plus rien dit pendant un moment: Youri parlait. Après, maman a raccroché. «Elle n'est pas là-bas», a-t-elle dit, «mais je ne sais pas, j'ai l'impression que Youri sait quelque chose et qu'il ne voulait pas le dire.»

16 Chapitre II ▶ FDT 6

J'ai tout gâché

Marina court et ne sait même pas où aller. Elle se répète toujours la même chose: «Je suis vraiment trop nulle. J'ai tout gâché. Mais comment revenir? Comment leur dire la vérité?»
Chaque jour, chaque matin, elle voulait leur parler, et puis les jours ont passé, elle est partie en vacances avec ses parents et elle n'a rien dit parce qu'elle ne voulait pas leur gâcher leurs trois semaines de vacances. Ensuite, ils sont rentrés, les parents ont repris leur travail. Chacun avait ses soucis. Son père avait des problèmes au bureau. Chaque fois que les parents rentraient, ils demandaient: «Alors ma chérie, tu as bien dansé aujourd'hui?»
Elle n'a plus remis ses chaussons, elle ne dansait plus et les journées étaient de plus en plus longues et elle ne savait plus comment sortir de cette situation.
Elle ne pouvait pas parler à Cédric, il était en vacances avec des copains. Céline travaillait à Marseille. Les grands-parents, Marina n'osait pas. Papi était malade. Non, il n'y avait personne …
Et ils sont tous arrivés aujourd'hui, dimanche, la veille de la rentrée pour un petit repas sympa, pour fêter la rentrée, sa rentrée. C'était l'horreur.

Ils étaient tous là, avec leur verre de champagne: comme dans les films. Marina avait l'impression de vivre un cauchemar.

Marina s'arrête. Où est-elle? Devant l'Opéra, pour elle, l'endroit le plus merveilleux de Paris, le palais du rêve, de ses rêves.

Que faire? Leur téléphoner?

Son portable est dans sa poche d'anorak. Mais dire quoi?

Sa marraine, qui rentrait de vacances, lui a offert un très beau livre sur l'histoire de l'Opéra de Paris. Il fallait tout dire à ce moment-là. Ensuite, après le dessert, Cédric lui a demandé de danser et là, c'était le moment ou jamais. Mais tout le monde la regardait, Mamie disait: «Allez Marina, danse pour ta mamie et ton papi ...»

Il fait froid. Les feuilles des arbres dansent autour des maisons. Marina sort son portable et hésite encore. Elle se revoit danser sur la merveilleuse musique de Ravel. Et elle entend la voix de Céline:

«Dis donc, tu ne les utilises pas souvent, tes chaussons!»

Elle est pieds nus dans ses chaussures, elle a froid. Elle ferme son anorak.

1 17 Chapitre III

▶ FDT 10

Il a fait le tour du quartier

Cédric a fait le tour du quartier. Ensuite, il est allé chez une copine de l'école primaire de Marina. Marina la voit encore de temps en temps. Mais Marina n'était pas là et la copine ne savait rien.

Maintenant, il réfléchit. Est-ce que Marina a pris le RER pour Nanterre, pour l'École? Elle avait peut-être envie de parler à Youri ou à Mathilde et quand sa mère a appelé, elle n'était peut-être pas encore là. Cédric court vers la station de métro. Il va y entrer quand son portable sonne.

C'est sûrement sa mère qui l'appelle pour la troisième fois en dix minutes. Non, c'est une petite voix, la voix de Marina qui pleure.

«Marina! Marina! Tu es où?»

Un quart d'heure après, il est devant l'Opéra Garnier où il a vu danser sa sœur en avril.

Marina est assise sur une marche d'escalier. Elle pleure.

Il la prend dans ses bras et elle n'a pas besoin de parler.

«Tu n'es plus à l'École, dit son frère, c'est ça? Tu as raté l'examen de fin d'année.

– En juin, je n'ai pas osé le dire aux parents. Je voulais, mais je ne pouvais pas. J'ai pris la lettre de l'École dans la boîte aux lettres. J'imaginais la tête de maman et de papa.

– Mais Marina, la danse c'était pour toi, pas pour eux. Tu sais, tu restes leur enfant, tu peux bien devenir astronaute ou charcutière ...

– Ce n'est pas tout à fait vrai, Cédric ... Pour eux j'étais déjà danseuse étoile. Et puis, ils vont être furieux pour la lettre.

– Tu étais sous pression ...

– Ils ont tout fait pour moi et moi, je ... Ils sont si fiers de moi ... Et moi, je les déçois .... Et puis, l'École, tu sais, c'était ma vie et maintenant, tout est fini. J'ai écrit aux profs, mais je n'ai pas eu de réponse, j'espérais encore, mais ...

– La fuite n'est pas une solution, dit Cédric. Je vais téléphoner à la maison. Tu sais, ils se font du souci. Le pire pour eux, c'est ça: Ne pas savoir où est leur fille, ne pas savoir pourquoi elle est si malheureuse.

Marina Cédric

Comprendre

Après le premier chapitre

DELF C 22/1 **1**

a *Qu'est-ce qui s'est passé? Racontez et utilisez le passé composé.*

1. Céline / dire
2. Marina / devenir / arrêter / sortir
3. La porte / claquer
4. La mère de Marina / téléphoner / raconter / la scène
5. Le frère de Marina / sortir

b *Qu'est-ce que vous apprenez sur Youri et Mathilde?*

c *Est-ce qu'il est facile ou difficile d'entrer à l'École de danse de l'Opéra et d'y rester? Justifiez votre réponse.*

d *La mère de Marina pense que Youri sait quelque chose. D'après vous, qu'est-ce qu'il sait?*

Après le deuxième chapitre

DELF C 22/2 **2**

a *Marina est malheureuse. Justifiez à l'aide du texte.*

b *«Comment leur dire la vérité?» (l. 37) À votre avis, de quoi s'agit-il?**

* **s'agir de qc** sich um etw. handeln

c *Marina voulait parler à sa famille, mais elle ne l'a pas fait. Relisez le texte et expliquez pourquoi Marina n'a pas parlé*
– à ses parents
– à son frère
– à sa sœur
– à ses grands-parents.

Utilisez l'imparfait.

Après le troisième chapitre

DELF C 22/3 **3**

a *Que fait Cédric pour retrouver sa sœur? Racontez au passé composé et utilisez:*

d'abord | ensuite | puis | tout à coup

b *Cédric a deviné le problème de Marina. Trouvez la phrase où il le formule.*

c *Pourquoi est-ce que Marina n'a rien dit à ses parents? Comment est-ce que Cédric essaie de consoler* sa sœur?*

* **consoler qn** jdn trösten

Activité

4 *Sur la quatrième page de couverture d'un livre on trouve*
– un texte qui donne envie de lire l'histoire
– un extrait de l'histoire avec un commentaire ou un dessin.
Faites une «quatrième de couverture» pour «Le petit rat de l'opéra».

→ Portfolio Dossier

Découvrir

5 *Répondez aux questions.*

1. Welches Bild stellt eine Situation dar, welches Bild eine neu einsetzende Handlung?

2. Welche Sätze aus dem ersten Kapitel passen zu welchem Bild? Ordnet sie den Oberbegriffen „Beschreibung einer bestehenden Situation" und „Schilderung einer neu einsetzenden Handlung" zu.

3. Versucht eine Regel zum Gebrauch von „imparfait" und „passé composé" zu formulieren.
▶ GH p. 32/14.4

S'entraîner

6 *Regardez les dessins et racontez le dimanche de Youri et de Mathilde. Utilisez l'imparfait ou le passé composé.* (→ Repères, p. 39/5–6) ▶ GH p. 33/14.5

être dimanche / *faire* beau / *être* dehors / *jouer* au tennis de table

quelqu'un *arriver* / *dire*

rentrer / *aller* au téléphone / *être* la mère de Marina

7 *Voilà la chambre de Romain il y a quelques mois et maintenant. Comment est-ce qu'elle était? Qu'est-ce que Romain a changé? Utilisez l'imparfait et le passé composé.* (→ Repères, p. 39/5–6) ▶ GH p. 33/14.5

Il y avait / Il n'y avait pas ___ . C'était ___ / Le/La/Les ___ étaient ___ . / Il ne trouvait plus ___ . / Il cherchait ___ . / Il n'aimait plus ___ .

Il a ___ .
faire ranger changer acheter mettre nettoyer poser renoncer à trouver ___

C 26/10 **8**

a ►◄ *Demandez à vos camarades ce qu'ils aimaient ou faisaient d'habitude quand ils étaient petits.*

b ►◄ *Demandez à vos camarades ce qu'ils ont fait (vu/eu), où ils sont allés à dix ans pour la première fois.* (→ Repères, p. 39/6)

adorer jouer à ___ *aimer* faire du ___ *passer* les vacances à ___ *acheter*
aller à/en ___ *apprendre* l' anglais / le français / ___ *faire* la connaissance de ___
découvrir écrire inviter partir sortir visiter recevoir ___

* **l'école primaire** die Grundschule

C 27/12 **9** **a** *Retrouvez les combinaisons possibles.*
(→ Repères, p. 39/6)

1. Pendant que mes copains préparaient des crêpes,
2. Après l'école, Nathan est rentré, il a mangé quelque chose,
3. Les élèves finissaient leur interro
4. Tout à coup, j'ai vu une voiture
5. Fabien était dans sa chambre et lisait
6. J'étais assise dans la salle de séjour
7. Léa n'a pas pu aller au concert

- [a] ensuite, il a pris son vélo et il est parti.
- [b] quand la porte a claqué.
- [c] et je regardais la télé.
- [d] qui roulait vers moi.
- [e] je faisais des truffes au chocolat.
- [f] quand le principal est entré dans la classe.
- [g] parce qu'elle était malade.

b *À vous. Écrivez trois phrases comme en* **a** .
Coupez-les en deux. Votre voisin/e trouve les parties qui vont ensemble et explique pourquoi (en allemand).

C 25/8 **10**
C 25/9

Formez un maximum de phrases qui commencent par ces expressions. (→ Repères, p. 38/1) ▶ GH p. 31/14.2

Exemple: J'espère réussir mon interro.

S'il te plaît, est-ce que tu peux arrêter de ___ ?
Hier, j'ai décidé de ___ . J'ai envie de ___ .
Parfois, je n'ose pas ___ . J'espère ___ .
J'ai essayé de ___ .

11 *Qu'est-ce qu'on dit? Utilisez un verbe +* de *+ infinitif.*
▶ GH p. 31/14.2

Du sagst deinem Freund/deiner Freundin, dass ...
1. ... er/sie dir nicht zu helfen braucht.
2. ... du Lust hast in die Stadt zu gehen.
3. ... du versuchst eine Geschichte auf Französisch zu lesen.
4. ... du beschlossen hast Leichtathletik zu machen.
5. ... du aufgehört hast deine Haare zu färben.

Jeu de rôle / Activité

12 **a** *La mère de Marina a appelé Youri. Faites le dialogue et jouez-le.*

Youri meldet sich. Marinas Mutter begrüßt ihn und fragt nach ihrer Tochter.
Sie erzählt ihm, wie sie den Sonntag verbracht haben und was passiert ist.
Youri druckst herum und sagt, dass er Marina lange nicht gesehen hat, dass sie auch nicht angerufen hat und dass er nichts weiß. Er kann ihr leider nicht helfen.
Die beiden verabschieden sich.

b *La mère de Marina a appelé Youri et Youri lui a dit la vérité. Imaginez le dialogue et la suite* de l'histoire.*

* **la suite** die Fortsetzung

Qu'est-ce qu'on dit?

C 21/4
C 23/4

1

Du sagst, dass du jemanden/etwas brauchst:	J'ai besoin de ___ .
Du hast Lust etwas zu tun:	J'ai envie de ___ .
Du beschreibst, wie jemand aussieht:	Il/Elle a l'air (pâle/content(e)/sympa).
Du hast vor etwas Angst:	J'ai peur de (ne pas réussir).
Du freust dich etwas zu tun:	Je suis content(e)/heureux(-euse) de ___ .
Du machst dir Sorgen:	Je me fais du souci.
Du weißt nicht ...	
... was du machen sollst:	Que faire?
... was du sagen sollst:	Que dire?
... wie du jemandem etwas sagen sollst:	Comment lui dire?
... wohin du gehen sollst:	Où aller?
Alles lief bestens.	Tout allait pour le mieux.
Für wen hältst du dich?	Tu te prends pour qui?
Ich habe ihm/ihr die Meinung gesagt.	Je lui ai dit ses quatre vérités.
Sie fassen uns nicht mit Samthandschuhen an.	Ils ne prennent pas de gants.
Sag mal!	Dis donc!
Das muss man feiern!	Ça se fête!

Grammaire

2 **Die Bildung des imparfait** La formation de l'imparfait (→ GH, p. 32)

		venir		⚠ être
	je	ven**ais**	j'	ét**ais**
	tu	ven**ais**	tu	ét**ais**
	il	ven**ait**	il	ét**ait**
nous ven~~ons~~	nous	ven**ions**	nous	ét**ions**
	vous	ven**iez**	vous	ét**iez**
	ils	ven**aient**	ils	ét**aient**

a Das „imparfait" wird aus dem Stamm der ___ Präsens gebildet.

b Konjugiere drei der folgenden Verben im „imparfait" in deinem Heft: avoir, aller, bouger, commencer, dire, lire, voir, devoir, vouloir, finir, prendre.

3 **Neue Verben** Les verbes (→ GH, p. 30–31) ▶ FDT 2

réussir, finir wie: **réagir**
décevoir wie: **recevoir**
courir und **boire**

Konjugiere die Verben in Klammern:
Marina (décevoir, *passé composé*) ses parents. Elle (ne pas / réussir, *passé composé*) son examen. Youri adore le sport. Il (courir) tous les soirs. Nous (boire) à ton anniversaire.

4 Das Pronomen „chacun“ Le pronom «chacun» (→ GH, p. 30)

Yann a beaucoup de copains. Il écrit un message à **chacun**.
Louise a beaucoup de copines. Elle écrit un message à **chacune**.

Verwechsle das Pronomen „chacun“ nicht mit dem Begleiter „chaque“.

5 „Imparfait“ und „passé composé“ im Text L'imparfait et le passé composé dans le texte (→ GH, p. 32)

Hintergrund	**Vordergrund**
Beschreibung eines Zustands, einer Situation	Handlung, Ereignisse, Aktion
Frage: Was war schon?	Frage: Was ist geschehen?
imparfait	**passé composé**
La famille la **regardait**, Marina n'**avait** pas l'air en forme, mais elle **dansait** bien. →	Céline **a dit** quelque chose, Marina **est devenue** très pâle, elle **a arrêté** de danser, elle **est sortie**. Ils **ont entendu** claquer la porte d'entrée. ↙
Marina n'**était** plus là. →	«Qu'est-ce qui lui prend?» **a dit** Céline. Tout le monde **est resté** là, sans comprendre, ↙
tous **étaient** stupéfaits.	

6 „Imparfait“ und „passé composé“ im Satz L'imparfait et le passé composé dans la phrase (→ GH, p. 33)

1. Parallel verlaufende Handlungen

Marina **dansait**
〰〰〰〰〰〰→
et tout le monde la **regardait**.
〰〰〰〰〰〰→

2. Während eine Handlung verläuft, setzt eine andere Handlung ein.

Youri **jouait** au tennis de table quand la mère de Marina **a appelé**.
〰〰〰〰▲〰〰→

3. Eine Handlung folgt auf eine andere – schon abgeschlossene – Handlung.

Marina **est devenue** très pâle, elle **a arrêté** de danser et elle **est sortie**.
▲ ▲ ▲

4. Beschreibung von Gewohnheiten

Autrefois, Youri et Marina **se voyaient** souvent, maintenant ils ne se voient presque plus.
- - - - - - - - - - →

Écouter

DELF C 28/16 **1** **a** 18 *Vrai ou faux? Écoutez et justifiez votre réponse.*

Lou, un jeune garçon de treize ans, veut devenir danseur.

1. Lou a commencé la danse à cinq ans.
2. Quand Lou a dit qu'il voulait danser, ses parents n'ont pas accepté tout de suite.
3. Maintenant, Lou est dans une école de danse loin de ses parents.
4. Il danse déjà à l'Opéra de Paris.
5. Pour lui, la danse, c'est toute sa vie.

l'Opéra Garnier

b *Résumez l'interview en allemand.*

Réviser

C 23/5 **2** **a** ►◄ *Travaillez à deux et révisez les verbes en* -ir. *A dit un nombre et B conjugue. Puis changez les rôles.*

Attention: [jaune] = présent; [bleu] = passé composé; [vert] = imparfait

		1	2	3	4	5	6	7
1	je	agir	dormir	venir	courir	applaudir	sentir	partir
2	tu	offrir	réfléchir	sortir	réussir	choisir	découvrir	agir
3	il	venir	courir	partir	choisir	agir	dormir	tenir
4	nous	applaudir	dormir	courir	réfléchir	partir	tenir	agir
5	vous	sentir	dormir	sortir	réussir	offrir	partir	venir
6	elles	réussir	partir	agir	venir	dormir	découvrir	venir

Exemple: **A**: 2/4 **B**: tu réussissais

b Welche dieser Verben werden nach dem gleichen Muster konjugiert? Fasst sie in Gruppen zusammen.

3 *Mettez les verbes au passé composé.* (→ GH, p. XX)

Cet été, Hannah *(aller)* à Paris chez sa correspondante. Les deux filles *(visiter)* la ville et bien sûr, elles *(monter)* sur la tour Eiffel. Le jour de l'anniversaire de Hannah, elles *(prendre)* le métro. Elles *(descendre)* à la station Javel. Là, Marion *(bander)* les yeux de Hannah. Quand Hannah *(enlever)* le foulard, elle était dans un ballon. Quelle bonne surprise!
Une semaine plus tard, Marion et Hannah *(faire)* du roller avec les autres. Malheureusement, Brandon *(tomber)* et il *(ne pas pouvoir)* continuer.

S'entraîner

C 24/7 **4** *Complétez. Utilisez* chaque *ou* chacun/e.

Il y a beaucoup d'écoles de danse mais [?] a sa spécialité. [?] année, beaucoup de jeunes veulent entrer à l'École de danse de l'Opéra Garnier. [?] doit passer un concours. [?] jour, il y a vingt ou trente élèves qui dansent devant les professeurs de l'École. [?] est bien préparé, [?] danse sur sa musique préférée et [?] espère ... Mais [?] fois, l'École ne prend que* dix ou douze nouveaux élèves. [?] est fier d'avoir réussi. Mais [?] élève doit savoir qu'il va passer tout son temps à l'École. Les journées sont très dures.

* **ne ... que** nur

C 27/13
C 27/15 **5** *Formez des groupes de quatre élèves. Imaginez ensemble une histoire: A commence, B continue etc. Utilisez l'imparfait et le passé composé et les expressions de la liste.*

A Hier, je lisais et mon frère jouait. → **B** Tout à coup, on a sonné. → **C** C'était ma copine Sophie. **D** Comme toujours, ___ .

puis — après — ensuite — tout à coup — une heure après — deux jours après — l'après-midi — le lendemain — cet été — enfin — plus tard — ce matin-là — ce soir-là — le vendredi — autrefois — chaque jour — comme toujours — hier — mardi dernier — au bout d'une heure — d'habitude — parfois

Vocabulaire et expression

6 **a** *Retrouvez les mots que vous connaissez déjà pour décrire un personnage. Complétez d'abord ce tableau.* (→ Petit dictionnaire, p. 208)

Vous pouvez parler

– de ses cheveux:	Il/Elle	est roux (rousse*)/___ . a les cheveux longs/ ___ .		
– de la couleur de ses yeux:	Il/Elle	a les yeux bleus/___ .		
– de ses vêtements:	Il/Elle	porte	une veste ___	rouge/___ . à carreaux. à la mode/___ .
– de l'impression que cette personne vous fait:	Il/Elle	a l'air	malade/ gentil(-le) sensible ___ .	

* **roux/rousse** rothaarig

b *Décrivez le jeune sur la photo.*

Projet: Mon dossier de français

7 *Trouve des informations sur un personnage célèbre français (p. ex. un/e athlète, une danseuse, un joueur de foot, de tennis ...) Présente ce personnage, sa vie, sa formation.*

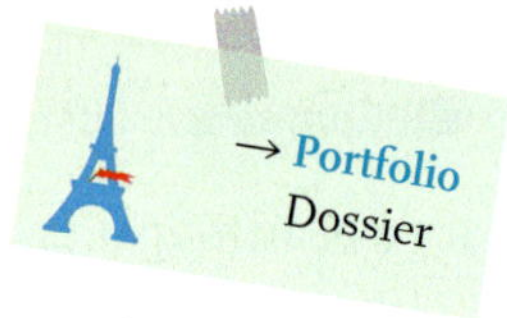

La France en direct: un portrait

C 29/17 **8** **a** *Lisez le texte: Que veulent dire les mots surlignés?*

b *Présentez Muriel Hurtis à des copains qui ne comprennent pas le français.*

Elle court le 200 m en moins de 20"50'. Muriel Hurtis est vice-championne de France au 200 m et a reçu une médaille de bronze aux Jeux Olympiques d'Athènes.

Okapi: Quand vous a-t-on découverte?
Muriel Hurtis: J'étais au collège et mon prof d'éducation physique m'a repérée en cours. Il m'a demandé de m'inscrire en athlétisme. Je ne m'intéressais pas au sport à l'époque. Mais j'y suis allée et ça m'a plu. À 14 ans, j'ai fait mes premières compétitions.

Muriel Hurtis
«Au stade de France, je suis chez moi!»

www.muriel-hurtis.com

D'après Okapi, n° 742

Méthodes et stratégies: Comment faire un résumé?

C 29/18 **9** **a** *Pour faire un résumé, il faut avoir compris l'histoire. Ces questions peuvent vous aider à retrouver les éléments importants de l'histoire:*

1. **Qui?** Quels sont les personnages importants de l'histoire? (p. ex.: Marina, son frère, ___)
2. **Où?** Quels sont les lieux[1]? (p. ex.: la salle de séjour, ___)
3. **Quoi? Quand?** Quelles sont les étapes de l'action dans l'ordre chronologique[2]? (Marina ne réussit pas son examen, ___)

1 **le lieu** der Ort 2 **l'ordre chronologique** die chronologische Reihenfolge

b *Quand vous avez toutes les informations vous pouvez écrire votre résumé. Voici quelques règles importantes:*

Ein Resümee
- ist immer deutlich kürzer als der Ausgangstext.
- schreibst du im Präsens.
- schreibst du in der 3. Person.
- enthält keine direkte Rede.
- schreibst du mit eigenen Worten.
- enthält nur Fakten aus dem Text und keine eigene Wertung.

c *Répondez aux questions de* **a** *et faites le résumé de l'histoire «Le petit rat de l'opéra».*

Marina est élève à l'École ...

Le sport dans l'art

1. *Regardez ces tableaux* de Fernand Léger. Choisissez un personnage et décrivez-le.*
2. *Imaginez la vie du personnage que vous avez choisi: Comment s'appelle-t-il? Quel âge a-t-il? Où vit-il? Que fait-il?*

Trouvez d'autres tableaux de Fernand Léger sur internet. Choisissez une de ces peintures et dites pourquoi vous l'avez choisie.
(Voici des mots-clés qui peuvent vous aider: Fernand Léger + le cirque*)*

* **le tableau** das Gemälde

La vie quotidienne

Approches

Préparer la lecture

▶ Folie 6, 7 ▶ FDT 7

1 *Aliments* et boissons: Notez les mots que vous connaissez déjà et classez-les dans différentes rubriques (par exemple «fruits», «légumes» ...).* (→ Liste alphabétique, p. 188)

* **les aliments** *m.* die Nahrungsmittel

1 19 À table!

Florian, le correspondant allemand de Romain, a découvert ...

... le petit-déjeuner en France ...

... Un bol de chocolat chaud pour Éléna, la petite sœur de Romain, un café au lait pour Romain. Et des tartines de beurre avec de la confiture ou du miel.

... le déjeuner ...

Samedi à midi, il y a un plat de crudités et de la charcuterie. Ensuite, de la viande avec des pommes de terre et comme dessert, il y a du fromage, des yaourts et des fruits.

... le dîner ...

Il y a un potage, un gratin de pâtes et une salade verte. On se met à table vers 20 heures, bien plus tard que chez Florian.

Comprendre

C 32/1 **2** *Qu'est-ce que vous mangez au petit-déjeuner, au déjeuner et au dîner? Comparez vos repas aux repas de Romain et de sa famille.*

Découvrir

3 **a** *Retrouvez ces phrases dans le texte et dites de quoi parlent les personnes.* (→ Texte, p. 44–45) ▸ GH p. 35/15

b *Traduisez ces phrases et comparez à l'allemand.*

1. J'**en** mange **deux**.
2. Tu **en** veux **un morceau**?
3. J'**en** mange avec tout.
4. On n'**en** mange pas très souvent.
5. Qui **en** reprend?

S'entraîner

C 32/2
C 33/3
4 ►◄ *Posez des questions à vos camarades, qui répondent.* (→ Repères, p. 54/3) ▸ GH p. 35/15

Exemple:
– Est-ce que tu manges du poisson?
– Oui, j'en mange souvent. / Non, je n'en mange pas.

Pour vos questions, utilisez:

du pain des pâtes des yaourts du fromage de la viande des œufs de la salade des légumes des pommes de terre des fruits du beurre de la confiture du miel des gâteaux du chocolat du lait du jus de tomates du jus d'oranges de l'eau (du robinet*) du café (au lait) ___

Et pour vos réponses, utilisez:

Oui,	j'en mange j'en bois	un. / deux. / trois. / un peu. / beaucoup. / souvent. / tous les jours. une / deux / trois / ___ fois par semaine. une / deux / trois / ___ fois par jour.
Non,	je n'en mange je n'en bois	pas. jamais.

* **l'eau du robinet** Leitungswasser

Écouter

DELF
C 33/5
5 **a** 🎧 1 20 *Écoutez et prenez des notes. Qu'est-ce que la personne achète? Utilisez l'article partitif.*

b *Et combien? Utilisez* en. (→ Repères, p. 54/3)

21 La dinde attend son heure

▶ Folie 8, 9 ▶ FDT 2

Adresse http://socrate.commentjemesens.leblog.html

Liens Démarrage de Internet Guide des chaînes Infos sur Internet Explorer Le meilleur du Web Personnalisation des liens

Blog de Socrate
lundi 8 décembre 19.30

Bonjour C moi*, Socrate. Il y a des jours où tout va mal, c'est connu. Il y a des jours **avec** et des jours **sans**, aujourd'hui, c'était un jour **sans**. Hier, journée super avec les copains, on s'est bien amusés, on s'est baladés, mais le soir, quand je me suis couché, impossible de m'endormir et ce matin, j'étais crevé. Je me suis levé en retard, je me suis habillé sans me doucher, je suis parti sans petit-déjeuner. Sept heures de cours. En maths, la prof s'est énervée contre moi, je sais même pas pourquoi. Je suis crevé et j'ai encore rien fait pour demain. Et le pire: Je me suis disputé avec mon père au téléphone. Depuis que mes parents se sont séparés, ça arrive assez souvent. Aujourd'hui, c'était à cause de Noël.

Ah, Noël! Comme chaque année, je dois passer le réveillon chez lui et sa copine chérie, Mylène, mais j'ai pas envie et j'aime pas Mylène. Elle est pas méchante, je crois, elle est même plutôt gentille avec moi, elle fait plein d'efforts, elle s'occupe tout le temps de nous. Ça marche avec ma sœur, qui se laisse acheter (je vous dis pas tous les cadeaux que Mylène nous fait, elle en fait tout le temps). Mais ça marche pas avec moi. On mange pas avant 23 heures parce que Mylène travaille dans sa boutique de fringues jusqu'à vingt heures. Après, madame et monsieur se détendent devant leur apéritif. On bâille, les huîtres aussi. On pourrait s'occuper de nos cadeaux mais on les reçoit seulement après le repas. Voilà une photo de la dinde qui attend son heure. Quand la bûche de Noël est dans nos assiettes, c'est deux heures du matin. Heureusement, y a aussi Florence et Camille, les «petites» sœurs de Mylène, elles sont pas trop vieilles, dans les dix-huit – vingt ans, et elles sont assez marrantes. L'année dernière, elles se sont amusées avec nos jeux électroniques, on est allés sur Internet ... Elles sont drôlement fortes! Et on a pas mal discuté. Le lendemain, y a les parents de Mylène qui arrivent avec leurs cadeaux. Ils me demandent toujours si j'ai bien travaillé et si je préfère devenir médecin ou avocat. Et on remange. Bonjour l'ambiance! C'est encore plus triste que dans les catacombes. Le vieux monsieur regarde si je mets pas mes coudes sur la table ... Ils sont pour les bonnes manières. Je voudrais avoir cinq ans, croire au Père Noël et mettre mes chaussures au pied de l'arbre de Noël. C'était le bon temps. À plus, Socrate

commentaires

***C moi** = C'est moi (dans les blogs)

Comprendre

DELF C 34/1

1 *Relevez les informations dans le texte.*

1. Qui est «Socrate» et qu'est-ce qu'on apprend sur sa famille?
2. Pourquoi est-ce que dimanche était «un jour avec», lundi «un jour sans» pour «Socrate»?
3. Pourquoi est-ce que «Socrate» s'est disputé avec son père?
4. Pourquoi écrit-il: «Je voudrais avoir cinq ans»?

Découvrir

C 38/11 **2** *Qu'est-ce que vous apprenez sur Noël dans une famille française? Comparez à Noël chez vous.*

3 *«Socrate» utilise beaucoup d'éléments du français familier. Trouvez des exemples dans son texte et réécrivez-les en français standard.*

Exemple: Je sais même pas ... → Je ne sais même pas ...

S'entraîner

4 *Retrouvez qui a écrit quoi. Justifiez votre réponse.* (→ Repères, p. 54/4)

Mylène

Romain

Dimanche, je me suis disputé avec ma petite sœur.

Nous nous sommes bien amusées au réveillon.

Florian et Romain

Florence et Camille

Hier matin, je me suis levée à sept heures.

Nous nous sommes préparés pour le dîner.

C 35/4
C 35/5 **5** *Qu'est-ce que vous avez fait hier? Racontez votre journée. Utilisez un maximum de verbes pronominaux au passé composé.* (→ Repères, p. 54/4)

se lever   se doucher   se préparer
s'amuser   se disputer   s'occuper de
se baigner   se coucher   s'endormir   ____

Vocabulaire et expression

C 34/2 **6** **a** *Trouvez les intrus et justifiez votre réponse.*

1. la dinde – la bûche – le poisson – le Père Noël – les huîtres
2. être crevé – s'habiller – se coucher – bâiller – s'endormir
3. s'énerver contre qn – se disputer avec qn – s'amuser – se séparer de qn – crier

b *Utilisez les intrus de* **a** *et écrivez une petite histoire.*

Activité

DELF
C 39/12 **7** *Écrivez un commentaire à «Socrate». Quels conseils* est-ce que vous pouvez lui donner? Utilisez l'impératif.*

→ Portfolio
Dossier

***le conseil** der Ratschlag

Préparer la lecture

▶ Folie 10

1 *Un saint-bernard, qu'est-ce que c'est?* (→ Internet, encyclopédie: http://wikipedia.org/wiki)

1 22–23 Le poème du 9 décembre

Adresse http://socrate.commentjemesens.leblog.commentaire.html

Liens Démarrage de Internet | Guide des chaînes | Infos sur Internet Explorer | Le meilleur du Web | Personnalisation des liens

mardi, 9 décembre, 22 heures

Salut, vieux Socrate,
je t'ai écrit un poème.

Il faut bien qu'on le dise
Noël, c'est le temps des crises
Mais il faut aussi se dire
Qu'il y a toujours pire
Il faut que tu arrêtes
Socrate, chère patate,
De dire des bêtises
Et il faut que tu fasses
Un effort pour être sympa
Avec Mylène et ton papa.
Ta petite sœur Éléna,
On ne l'achète pas
Elle n'a pas un caractère de chien
Comme son frère Romain

Oui, il faut que les parents
Pensent à leurs enfants
Mais il faut que tu réfléchisses
Que les enfants réfléchissent
Le monde des grands
N'est pas toujours marrant,
Il faut qu'ils se débrouillent
Avec leurs embrouilles
Mais leurs enfants, crois-moi,
Ce sont presque toujours leurs rois
Et même souvent leurs despotes
Je suis ton pote
Saint-Bernard

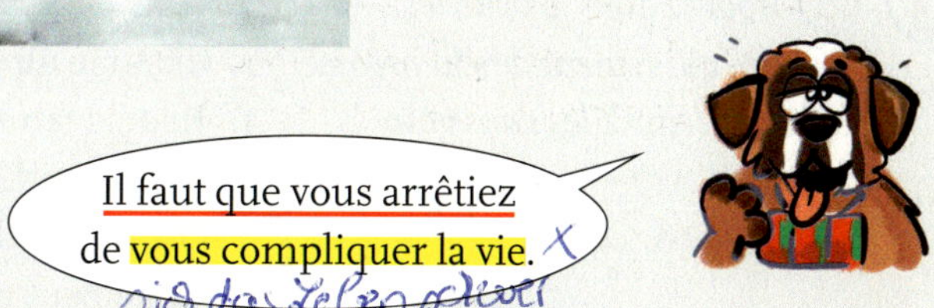

Romain lit ce commentaire. Il a des frissons. Il le relit, une fois, deux fois, trois fois. Il relit aussi son blog du huit décembre. Et ça y est, le problème a un nom: Éléna. Il n'a pas écrit le nom de sa sœur dans son texte, mais le saint-bernard, lui, sait comment elle s'appelle. Et il sait aussi qui est «Socrate». Il écrit même son vrai nom dans son poème. Qui est ce type? Est-il possible que Mylène ou son père lisent son blog et qu'ils écrivent un poème? Non! Ce n'est pas leur genre. Mais ce poème est si raisonnable. Une morale de parents. «Il faut que tu réfléchisses» et nia nia nia ... Non, il est impossible que ce soit son père ou Mylène. C'est plutôt un copain qui se moque de lui. «Vieux Socrate» ... Les filles écrivent plus souvent des poèmes que les garçons. Il n'est pas impossible qu'il s'agisse de Marion ou d'Antonia. Ces filles sont capables de tout. Elles connaissent son adresse de blog. Elles savent très bien qui sont Mylène et Éléna. L'auteur de ce poème veut que Romain réfléchisse, qu'il se pose des questions sur lui ... «Socrate, chère patate »... c'est sûrement à cause de la rime ... Hm ... Brandon écrit des rimes pour ses raps. Il est même très fort. Non, ce n'est pas possible. Brandon ne connaît pas Mylène ... Éléna? Mais elle a neuf ans ... Les blogs ne l'intéressent pas ...

Comprendre

DELF C 40/1

2 **a** *Quel texte correspond le mieux au poème du 9 décembre? Justifiez votre réponse.*

1. Romain,
Noël en famille, ce n'est jamais facile, mais toi, tu dis beaucoup de bêtises. C'est vrai, tes parents ne sont pas sympa avec toi, ce sont de vrais despotes. Mais réfléchis un peu et arrête de te compliquer la vie. Ne pense plus à eux. Un bon copain.

2. Romain,
tu dis vraiment n'importe quoi! Ton père et Mylène font toujours plein de choses pour toi, mais toi, tu n'es jamais gentil avec personne. Et Noël, c'est la plus belle fête de l'année, non? Moi, je trouve que tu exagères drôlement!
Machinchose

3. Cher Romain,
ta situation n'est pas si grave. Tu n'es pas toujours très gentil avec ton père et sa copine. Ce n'est pas toujours facile de vivre avec toi. Pense aussi à tes parents et à Mylène. Eux aussi, ils ont leurs soucis mais ils font aussi tout pour toi et ta sœur. Un ami qui veut t'aider.

b *Romain cherche l'auteur du poème. Il pense à plusieurs personnes. À qui et pourquoi? Relisez la deuxième partie du texte (lignes 30–57) et faites un tableau.*

c *Pourquoi est-ce que, d'après Romain, ces personnes ne peuvent pas être l'auteur du poème?*

Découvrir

3 **a** *Trouvez dans le texte les phrases qui veulent dire la même chose et écrivez-les dans votre cahier.* (→ Texte, p. 49)

1. Vous devez arrêter de vous compliquer la vie.
2. Il faut le dire. Il faut bien qu'on le dise
3. Tu dois faire un effort. Il faut que tu fasses
4. Tu dois réfléchir.
5. Romain se demande si son père lit son blog.
6. Ça ne peut pas être son père.
7. Romain doit réfléchir et se poser des questions.
8. Il s'agit peut-être de Marion.

C 40/2

b *Après quels verbes ou expressions faut-il utiliser le subjonctif?*
▶ GH p. 37/16.4

Écouter et s'entraîner

4 **a** 1 24 *Écoutez la discussion et dites ce que* Margaux doit faire et ce qu'elle ne doit pas/plus faire.*

Exemple: Elle doit apprendre ses leçons.

b *Imaginez ce que* disent encore les parents de Margaux. Formulez six phrases avec* vouloir *et* il faut que + *subjonctif.* (→ Repères, p. 55, 5/6)
▶ GH p. 37/16.4

*ce que was

C 40/3 C 40/4 C 41/5 C 41/6

5 *Qu'est-ce que Romain dit à sa sœur? Continuez. Utilisez le subjonctif.* (→ Repères, p. 55/6)

▶ GH p. 37/16.3, 16.4

Vocabulaire et expression

6 **a** *Ces mots sont-ils masculins ou féminins?* (→ Liste alphabétique, p. 188)

voyage fromage potage chômage message page plage coquillage embouteillage passage ménage

éducation simulation attention situation pollution explication protection station opération réaction félicitation organisation récréation solution

b *Complétez la règle.*

Les mots en «-tion» sont ____ , les mots en «-age» sont souvent ____ .

c ◐ *Faites des rimes avec ces mots.*

Jeu de rôle

7 ►◄ *Choisissez une des situations suivantes. Préparez un dialogue et jouez-le à deux ou à trois.*

1. Sandra voudrait passer les vacances de Noël chez son ami/e. Mais ses parents pensent qu'on doit passer Noël en famille. Sandra leur parle.
2. Nicolas voudrait passer Noël autrement: sans réveillon et sans cadeaux. Sa sœur n'est pas de cet avis. Ils discutent.

Je (ne) veux (pas) que ___ .

Il est impossible que ___ .

Je voudrais ___ .

On pourrait ___ .

25 Le rôle des copains

▶ CJ épisode 3

Le mercredi, le club des cinq se retrouve. Romain a apporté son texte et le poème anonyme.

Antonia rigole: «C'est pas nous. Juré, promis, craché. C'est pas le rôle des copains de te faire la morale.

– Et c'est quoi, le rôle des copains? demande Marion.

– Leur rôle, c'est de partager les bons moments, dit Tim, de faire ensemble des choses qu'ils aiment bien.

– Il y a les copains et il y a les amis, dit Antonia, il faut qu'un vrai pote sache te consoler dans les mauvais moments, qu'il te comprenne, il faut que tu puisses lui dire des choses que tu ne peux pas confier aux adultes.

– Quand tu as un chagrin d'amour, dit Brandon, c'est l'amitié qui te console.

– Comme c'est bien dit! rigole Antonia. Mais c'est vrai, les amis sont faits pour parler aussi de choses importantes.

– Ben justement, le poème parle aussi de choses sérieuses, dit Romain. Tu ne dis rien, Marion?

– Qu'est-ce que tu veux que je te dise? Un vrai ami, il faut qu'il puisse te dire aussi la vérité. Je ne t'ai pas envoyé ce poème, mais ton «Saint-Bernard» n'a pas tout à fait tort.

– Je ne sais pas s'il a tort ou raison, dit Brandon, je ne connais pas la famille de Romain, mais ce Saint-Bernard n'a pas d'humour, Romain rigole aussi dans son texte. Moi, j'aime bien le coup de la dinde.

– D'accord, y a des choses marrantes, mais t'es pas très sympa avec ta sœur, Romain. Tu veux qu'elle ait des remords parce qu'elle s'entend bien avec Mylène?

– Oh! Les filles, il faut toujours que vous preniez tout au sérieux! dit Brandon.

– Je voudrais savoir qui m'a envoyé ce poème, dit Romain.

– Il faudrait d'abord que tu saches qui a ton adresse et qui connaît ton pseudo, à part nous, dit Tim.

– Justement, personne. Je vois vraiment pas! … Ah, ça y est, je sais! Je sais à qui j'ai parlé de mon blog et de mon pseudo … C'était … Il y a presque un an …»

Il sort son portable, fait un numéro et laisse sonner.

«Zut, elles ne répondent pas … Je leur laisse un message.»

Comprendre

DELF C 43/1 **1** **a** *Quel est l'avis des copains de Romain sur*
– le rôle d'un/e ami/e?
– le poème de «Saint-Bernard»?

b *Qui se cache derrière le pseudo de «Saint-Bernard»?* (→ Textes, p. 47, 52)

Écouter

DELF **2** 26 *Écoutez et répondez aux questions.* (→ Méthodes et stratégies, p. 27)

1. Où est Victoria? À qui est-ce qu'elle parle?
2. Quel est son problème?

Discuter

DELF C 45/8 **3** *Un/e ami/e pour vous, qu'est-ce que c'est? Qu'est-ce qui est important dans une amitié? Donnez votre avis.* (→ Texte, p. 52)

À mon avis, l'amitié, c'est ___ . Avec un/e ami/e, on doit pouvoir ___ . Un/e ami/e, c'est quelqu'un qui ___ . Il faut qu'il/elle ___ . Je pense que ___ . Je (ne) suis (pas) d'accord avec ___ parce que ___ .

S'entraîner

C 44/4 C 44/5 **4** **a** *Relisez le texte p. 52, relevez les verbes au subjonctif et trouvez leur infinitif.* (→ Repères, p. 55/6)

b *Reformulez les phrases suivantes au subjonctif présent.*
▶ GH p. 37/16.3, 16.4

5 *Ils ont des problèmes. Donnez-leur des conseils. Vous pouvez utiliser* il faut / il faudrait que *et le subjonctif.* (→ Repères, p. 55/6)
▶ GH p. 37/16.3, 16.4

Exemple: 1. Il ne faut pas que tu restes à la maison. Il faudrait que tu ailles dans un club de sport par exemple.

1. Je n'ai pas d'amis.
2. Je joue très mal de la guitare.
3. Nous voulons devenir petits rats de l'Opéra.
4. Ma petite sœur a eu une mauvaise note en français.
5. Mes cousins ne connaissent pas Paris.
6. Nous nous disputons toujours avec nos parents.
7. J'arrive souvent en retard à l'école.
8. Je n'ai pas beaucoup d'argent de poche.
9. Souvent, je ne peux pas m'endormir.

Qu'est-ce qu'on dit?

C 43/2 **1**

Du musst etwas machen:	Il faut que (j'écrive à ma grand-mère.)
Du gibst jemandem einen Ratschlag:	Il faudrait que tu (fasses du sport.)
Du sagst, dass du etwas nicht für ausgeschlossen hältst:	Il est possible que (mon corres vienne l'année prochaine.)
Du sagst, dass du etwas für ausgeschlossen hältst:	Il est impossible que (mon père sache ça!)
Jemand ist dazu da, etwas zu tun:	C'est le rôle (des copains) de (t'aider). / (Les copains) sont faits pour (parler).
Du meinst, dass man etwas ernst nehmen sollte:	Il faut prendre cela au sérieux.
Du fragst, ob du (vom Tisch) aufstehen darfst:	Je peux sortir de table?
Du bist ratlos:	Qu'est-ce que tu veux que je te dise?
Du weißt nicht einmal warum:	Je ne sais même pas pourquoi.
Das passt nicht zu jemandem:	Ce n'est pas son/leur genre.
Jemand ist zu allem fähig:	Il/Elle est capable de tout.

Grammaire

C 36/8 **2** **Die neuen Verben** Les verbes (→ GH, p. 36) ▶ FDT 2

se lever wie: peser **croire** **s'endormir** wie: sortir **partager** wie: **manger**
promettre wie: **mettre**

3 **Das Pronomen „en"** Le pronom «en» (→ GH, p. 35)

Tu veux un morceau de ce steak?	Non merci, je n'**en** veux pas.
Tu veux combien de tartines?	J'**en** mange **trois**, aujourd'hui.
Vous mangez du poisson?	Oui, on **en** mange **beaucoup**.
Il faut combien de lait?	Il **en** faut **deux litres**.

a Übersetze die Fragen und Antworten. Wofür steht das Pronomen „en"?

b *Réponds et utilise le pronom* en.

1. Combien de farine est-ce qu'il faut prendre ? Il ___ 500 g.
2. Combien de pommes est-ce qu'il faut ? Il ___ 2 kg.
3. Je prends deux baguettes? Non, tu ___ quatre.
4. Tu as acheté des citrons? Non, je ___ .

4 **Die reflexiven Verben im „passé composé"** Les verbes pronominaux au passé composé (→ GH, p. 36)

Romain s'est endormi tard.
La prof de maths s'est énervée contre moi.
Les garçons se sont disputés.
Les filles se sont amusées.

a Reflexive Verben haben im „passé composé“ das Hilfsverb ___ .

b *Traduis et écris dans ton cahier.*

1. Romain hat sich nicht gut mit Mylène verstanden.
2. Éléna hat sich mit Romain gestritten.
3. Die Eltern haben sich getrennt.
4. Marion und Antonia sind um sieben Uhr aufgestanden.
5. Ein Freund hat sich über ihn lustig gemacht.

5 Die Bildung des „subjonctif présent“ La formation du subjonctif présent (→ GH, p. 37)

			je	mang**e**	choisiss**e**	répond**e**
	mang~~ent~~		tu	mang**es**	choisiss**es**	répond**es**
ils/elles	**choisiss~~ent~~**	il faut que/	il/elle	mang**e**	choisiss**e**	répond**e**
	répond~~ent~~	il faut qu’	nous	mang**ions**	choisiss**ions**	répond**ions**
			vous	mang**iez**	choisiss**iez**	répond**iez**
			ils/elles	mang**ent**	choisiss**ent**	répond**ent**

a Wie bildest du den „subjonctif présent“?

Unregelmäßige Formen Formes irrégulières

aller	→	que j’aille [aj]	que nous allions [aljɔ̃]
avoir	→	que j’aie [ɛ]	que nous ayons [ɛjɔ̃]
boire	→	que je boive	que nous buvions
être	→	que je sois [swa]	que nous soyons [swajɔ̃]
faire	→	que je fasse	que nous fassions
pouvoir	→	que je puisse	que nous puissions
prendre	→	que je prenne	que nous prenions
savoir	→	que je sache	que nous sachions
venir	→	que je vienne	que nous venions

b *Traduis.*
1. Du musst diesen Film sehen.
2. Wir sollten zuerst die Hausaufgaben für morgen fertig machen.
3. Es kann sein, dass ich morgen ausgehe.

6 Der Gebrauch des „subjonctif présent“ L’emploi du subjonctif présent (→ GH, p. 37)

Il faut que tu **fasses** un effort.
Il est impossible que son père **écrive** un poème.

Il faut Il faudrait Il est possible Il est impossible *vouloir*	**que**	+ subjonctif

Pratiques et révisions facultatif

Écouter

C 45/6 **1** 🎧 1 27 *Avec votre correspondant français, vous devez faire les courses. Écoutez et réagissez. Utilisez* en *dans vos réponses.*

Exemple:

Il y a encore des tomates?

Oui, il y en a encore cinq.

S'entraîner

C 37/10 **2** *Regardez les vignettes, imaginez la suite et racontez la journée de Titeuf. Utilisez un maximum de verbes pronominaux.* (→ Repères, p. 54/4) ► Folie 9

3 **a** *Vous voulez inviter votre correspondant/e chez vous. Formulez les phrases et écrivez-les dans votre cahier.* (→ Repères, p. 54/1)

1. Du möchtest, dass er/sie zu dir kommt.
2. Du sagst, dass er/sie deine Stadt/Region kennen lernen muss.
3. Du sagst, dass ihr unbedingt viel zusammen unternehmen müsst.
4. Du möchtest, dass er/sie deine Freunde kennen lernt.

DELF **b** *Maintenant, écrivez une lettre d'invitation à votre correspondant/e. Utilisez les phrases de* **a** .

1. Du möchtest außerdem Fotos von seinen/ihren Freunden haben.
2. Du sagst, dass du möglicherweise im nächsten Sommer nach Frankreich fahren wirst.

4 *Revisez les verbes pronominaux. Retrouvez l'ordre des mots et écrivez les phrases.*

1. moi – et – sœur – nous – à – nous – la littérature* – ma – intéressons Ma sœur et moi nous
2. préféré – auteur – appelle – notre – Jules – s' – Verne Notre auteur préféré s'appelle
3. argent – des – de – livres – poche – avec – nous – achetons – nous – notre Nous nous achetons des livres avec notre argent
4. pour – s' – des – ou – Noël – bédés – on – des – romans – offre
5. parfois – on – lit – s' – des – bien – amuse – histoires – et – on

* **la littérature** die Literatur

4. On s'offre des bédés ou des romans pour Noël
5. Parfois on s'amuse bien et on lit des ~~livres~~ histoires

C 36/7 **5** *Complétez les phrases par l'adjectif entre parenthèses et n'oubliez pas de faire l'accord.*

6 ►◄ *Imaginez des questions à ces réponses. Il y a plusieurs possibilités.*

Exemple:
1. Est-ce que tu vas au match de foot?

1. Non, je n'y vais pas, j'ai trop de travail.
2. Où ça? Je ne les vois pas.
3. Pas encore, mais je l'écris tout de suite.
4. Bien sûr, je le connais depuis trois ans.
5. Non, je ne lui parle jamais.
6. Non, je ne peux pas la finir, je n'ai plus faim.
7. Oui, je l'admire beaucoup.
8. Je leur offre un CD.

7 *Passé composé ou imparfait? Complétez le texte avec les formes correctes des verbes entre parenthèses.*

Mes parents *(être)* au chômage et *(ne pas trouver)* de travail. Nous *(avoir)* très peu d'argent. Mes parents *(ne jamais me donner)* d'argent de poche. C'*(être)* bientôt Noël. Pour moi, pas d'arbre de Noël, pas de cadeaux, je le *(savoir)*, nous *(être)* trop pauvres. Le soir du réveillon, quand je *(entrer)* dans la salle de séjour, je *(avoir)* un choc ... très heureux: Il y *(avoir)* pleins de cadeaux sur la table: Qu'est-ce que c'*(être)*? Toutes les affaires qui ne m'*(intéresser)* plus depuis des années quand nous *(être)* encore riches, gardées par mes parents.

D'après Olivier Ka, Je bouquine, N° 253

Vocabulaire et expression

8 **a** *Qu'est-ce qu'il y a sur la table? Regardez l'image (2 min). Fermez votre livre et notez le maximum de choses. N'oubliez pas l'article.*

b *Qu'est-ce qu'on peut trouver sur une table à midi? Et le soir? Notez un maximum de choses en deux minutes.*

c *Complétez votre liste avec d'autres aliments et boissons que vous connaissez déjà.*

La France en direct: Comprendre un menu

9 **a** *Lisez le menu de cette crêperie, cherchez les mots que vous ne comprenez pas dans votre dictionnaire.*
(→ Méthodes et stratégies, p. 59/12)

b 28 *Vous êtes dans une crêperie en France avec une copine qui ne parle pas français. Écoutez et répondez aux questions.*

Les Classiques

La Super .... 5.18 €
(Jambon + œuf + emmental + champignons)
La Florentine .... 5.18 €
(Jambon + œuf + emmental + tomate)
La Provençale .... 5.18 €
(Jambon + œuf + emmental + ratatouille)
La Complète .... 4.42 €
(Jambon + œuf + emmental)
La 4 Saisons .... 5.18 €
(Jambon + œuf + emmental + salade)

La Crémière .... 4.42 €
(Chèvre chaud + salade)
La Paysanne .... 4.42 €
(Saucisse + œuf + emmental + tomate)

en choisissant vos ingrédients:

Œuf — *Tomate*
Emmental — *Champignons*
Jambon — *Oignons*
Bacon — *Anchois*
Saucisse — *Thon*

Activité

10 *Un jour où tout va bien. Un jour où tout va mal. Donnez des exemples. Écrivez un texte ou faites une affiche avec des photos ou des dessins.*

Un jour où tout va bien, c'est quand ___ , un jour où tout va mal, c'est quand ___ .

Projet: Mon dossier de français

11 *Est-ce que tu connais des plats «typiquement français»? (→ www.cuisineaz.com) Essaie une recette et parles-en en classe. Note-la aussi dans ton classeur. Vous pouvez aussi vous mettre d'accord sur un menu et le préparer dans la cuisine de votre école.* (→ Méthodes et stratégies, p. 59/12)

→ Portfolio
Dossier

Méthodes et stratégies: Comment utiliser un dictionnaire (1)

12

chèvre [ʃɛːvr] f. Ziege f.; Geiß f.; Zicke f. || Loc. *Ménager la ~ et le chou,* es mit keinem verderben wollen. | Fam. *Devenir ~,* wahnsinnig, verrückt werden || m. (fromage) Ziegenkäse m.

- Aussprache
- Bedeutung
- Geschlecht (wenn es sich um ein Nomen handelt)
- la locution (Redewendung)
- familier = umgangssprachlich
- Tilde (Dieses Zeichen ersetzt das Wort, um das es geht.)

Ein Wörterbucheintrag enthält in der Regel einige Abkürzungen. Sie erklären das Wort näher. Wenn du sie nicht verstehst, kannst du ihre Bedeutung im Verzeichnis am Anfang deines Wörterbuchs finden.

- Ein Wort kann mehrere Bedeutungen haben. Deshalb ist es wichtig, dass du einen Wörterbucheintrag **immer ganz** durchliest, um die Bedeutung herauszufinden, die passt.
- Manchmal gibt es in einem Wörterbucheintrag auch Ausdrücke, die das gesuchte Wort enthalten (hier z. B: devenir chèvre = wahnsinnig, verrückt werden). Deshalb solltest du überlegen, ob die Bedeutung, die du suchst, Bestandteil eines dieser Ausdrücke ist.

C 36/6 13 Finde das Geschlecht und die Bedeutung folgender Nomen mit Hilfe deines Wörterbuchs heraus. (Alle diese Wörter haben mit dem Thema „Essen" zu tun.)

fourchette cuillère céréale couteau biscotte poêle casserole couvert

Les fêtes

▶ FDT 8 ▶ CJ épisode 3

1 29 Ce soir, c'est Noël

Une chanson de Louis Chedid

Ce soir, on s'embrasse, on s'aime
Le monde effface ses problèmes
Pour quelques heures, on oublie tout
On met du bonheur partout
C'est comme une autre peau
Sous un autre manteau
Y a comme un statu quo
Ce soir

Refrain:
Ce soir, c'est Noël
Tout le monde s'aime, ce soir
C'est pas comme demain
C'est pas comme la veille
Oui, ce soir, c'est Noël
Tout le monde s'aime ce soir
Un instant irréel
La nuit parallèle
Drôle de phénomène
C'est pas comme demain
C'est pas comme la veille
Ce soir, c'est Noël

Comme une illusion, un mirage
Comme un arrêt sur image
Il n'y aura que de bonnes nouvelles
Un paradis artificiel, ce soir
Et même si ce n'est qu'un cache-misère
Malgré le froid, le plein hiver
Y a une chaleur particulière
Ce soir

À vous. Écrivez une autre strophe pour la chanson. Vous pouvez utiliser les verbes

manger boire discuter offrir
se dire se retrouver se raconter
se disputer

les fêtes die Feiertage 2 **effacer qc** etw. auslöschen 4 **le bonheur** das Glück 5 **la peau** die Haut 6 **le manteau** der Mantel 7 **le statu quo** der gegenwärtige Zustand 15 **l'instant** *m.* der Augenblick **irréel/le** unwirklich 16 **parallèle** *m./f. hier:* ebenso 17 **drôle de phénomène** eine komische Erscheinung 21 **l'illusion** *f.* die Illusion, die Einbildung **le mirage** die Täuschung, der trügerische Schein 22 **un arrêt sur image** ein Standbild 23 **il n'y aura que** es wird nur geben 24 **artificiel/le** *adj.* künstlich 25 **le cache-misère** *ein Umhang, der zum Verdecken schlechter Kleidung getragen wird* 26 **malgré** trotz **le plein hiver** der tiefste Winter 27 **la chaleur** die Wärme **particulier/-ière** *adj.* besondere/r

La bûche de Noël

La bûche, tu aimes ça? Alors, pas besoin d'attendre Noël et le dessert: Voici une recette ... facile. Essaie-la.

Pour réaliser cette recette, il te faut
1 grosse boîte de crème de marrons
1 tablette de chocolat
125 g de beurre
de la crème Chantilly
des objets pour décorer.

Mélange la crème de marrons et le beurre ramolli. Fais fondre le chocolat à feu doux avec une cuillère d'eau. Mélange la crème de marrons avec le chocolat fondu. Mets la crème sur du papier d'aluminium et fais un rouleau. Laisse-le au moins 4 heures au réfrigérateur. Décore ta bûche avec la crème Chantilly et les petits objets.

5 **la boîte** die Dose 5 **le marron** die Kastanie 8 **la crème Chantilly** die Schlagsahne 9 **l'objet** *m.* der Gegenstand 9 **décorer qc** etw. schmücken 10 **mélanger qc** etw. mischen 11 **ramolli** weich 11 **faire fondre qc** etw. schmelzen 11 **à feu doux** auf Sparflamme 13 **fondu** geschmolzen 14 **le papier d'aluminium** die Alufolie 14 **le rouleau** die Rolle 15 **le réfrigérateur** der Kühlschrank

La fête des Rois

Noël et la Saint-Sylvestre sont déjà passés. Heureusement, le six janvier n'est pas loin. Tu peux préparer les couronnes et inviter tes copains préférés à manger la galette des Rois.

Pour faire la pâte de la galette des Rois, il faut que tu achètes
1 paquet de pâte feuilletée.
Pour la crème, il te faut
90 g de farine
100 g de sucre
30 g de beurre
60 g de poudre d'amandes
3 œufs et
2 verres de lait
1 fève.

Mélange le sucre, les œufs, la farine et le beurre. Ajoute le lait chaud et mets à feu doux. Mélange pendant dix minutes, puis ajoute la poudre d'amandes. Étale la moitié de la pâte, mets la crème et la fève, étale la deuxième moitié de la pâte sur la crème. Mets la galette 30 minutes au four.
Bon appétit! Attention: Celui ou celle qui trouve la fève est le Roi ou la Reine! Il ou elle met la couronne sur sa tête.

la fête des Rois Dreikönigsfest 1 **la Saint-Sylvestre** Silvester 3 **la couronne** die Krone 4 **la galette des Rois** Dreikönigskuchen 5 **la pâte (feuilletée)** der (Blätter)-Teig 12 **la poudre d'amandes** gemahlene Mandeln 15 **la fève** die Bohne 16 **ajouter qc** etw. hinzufügen 18 **étaler qc** etw. ausrollen 18 **la moitié** die Hälfte 20 **le four** der Ofen

Approches

▶ FDT 10 ▶ CJ épisode 2, épisode 4

1 30 C'est sur quelle chaîne?

2 doca arte
C'est vrai qu'on apprend plein de choses avec cette émission.

1
Un documentaire sur les animaux, ça m'intéresse!

l'affaire Dominici

3
C'est une histoire vraie … une histoire qui s'est passée en Provence.

4
Quand je peux, je regarde le journal télévisé du Canada …

Programmes du lundi 15 au dimanche 21

Lundi — 17 h 00 — CANAL+

Football: France-Italie

Ne ratez pas le match de l'année au Stade de France avec les deux meilleures équipes du moment!

Mardi — 20 h 55 — TF1

Qui veut gagner des millions?

Aujourd'hui, des personnes célèbres répondent aux questions de Jean-Pierre Foucault.

Mercredi — 20 h 50 — france 2

JT Radio

La Crim'
série policière française (2005)

Émilie Ledoux travaille dans un commissariat parisien. Un jour, elle reçoit une lettre anonyme …

arte — 21 h 50

3 femmes flics
série policière française (2005)

5
J'aime bien «La Crim'». Ce sont de petits films policiers sur la vie quotidienne de la police, les personnages sont intéressants. Par contre, «3 femmes flics», c'est plutôt ennuyeux. Je trouve que les acteurs sont mauvais, l'action aussi.

Jeudi 20 h 55 — france 3

L'affaire Dominici

téléfilm français (2003) avec Michel Serrault et Michel Blanc

50 ans après le drame, on ne connaît toujours pas la vérité. Un film très réussi qui pose de sérieuses questions.

Vendredi 20 h 15 — arte

Sauvons les éléphants!

Les éléphants sont en danger! Il faut agir. Une émission qui va plaire à toute la famille.

6
Tu paries sur l'Italie et moi sur la France!

Samedi 21 h 00 — M6

Nouvelle star

Émission musicale où on découvre de jeunes artistes et leurs rêves de succès.

Dimanche 8 h 00 — TV5

JT Radio Canada

7
C'est le jeu où les candidats doivent répondre à des questions de plus en plus dures?

8
Ouais, et en plus, il y a pas mal de suspense.

Comprendre

DELF C 48/1 **1** ►◄ *Qui parle de quelle émission? Regardez le programme et répondez.*

C 48/2 **2** **a** *Trouvez des mots et des expressions pour parler de la télé.*
(→ Texte, p. 62/63, Petit dictionnaire, p. 208)

b *Faites des fiches d'après ce modèle et classez vos mots.*

- **émissions** – le documentaire – ___
- **chaînes** – TV 5 – ___
- **réactions ☺** – intéressant – ___
- **réactions ☹** – ennuyeux – ___
- **personnes** – la journaliste – ___
- ___ – ___

Activités

C 48/3 **3** *Parlez de la télé. Posez des questions, vos camarades répondent.* (→ p. 64/2)

Tu aimes ___ ?
___, ça te plaît?
Tu regardes souvent ___ ?
Tu préfères ___ ou ___ ?

Oui, j'aime / j'adore ___. Non, je déteste ___.
Ça (ne) m'intéresse (pas).
Ça (ne) me plaît (pas).
C'est / Ce n'est pas (drôle / intéressant).
Il y a toujours / souvent ___.
Il n'y a jamais de ___ / pas assez de ___.
Il y a beaucoup de ___ / trop de ___.
On apprend beaucoup de ___. / On n'apprend rien.
J'aime bien parce que ___ / Je n'aime pas parce que ___
Je le/la/les regarde quand ___.

4 *De quoi parle cette émission? Expliquez en allemand.* (→ Méthodes et stratégies, p. 59/12)

La télé de nos voisins

Qu'est-ce qui fait rire les Québécois? À quoi ressemble la *Star Ac'* libanaise? *Toutes les télés du monde*, nouvelle émission d'Arte, présente chaque semaine la télévision d'un autre pays. Les téléspectateurs peuvent ainsi faire la connaissance d'émissions de différents pays. Ce samedi, destination le Québec: «Le paysage audiovisuel francophone du Québec est d'une richesse étonnante», dit le journaliste Vladimir Donn. «Pour ces quelques millions de gens qui vivent dans un territoire anglo-saxon, la télévision n'est pas seulement un moyen d'information ou de divertissement, c'est aussi un outil de l'identité culturelle: la télé fait vraiment partie de la vie quotidienne des gens.»

D'après: Télé 7 Jours

31 On va au ciné?

▶ Folie 11 ▶ FDT 2, 9 ▶ CJ épisode 4

Le «club des cinq» est allé au cinéma. Les cinq amis ont vu «Les Choristes», un film de Christophe Barratier. L'acteur Gérard Jugnot[1] joue le rôle du surveillant.

En 1949, Clément Mathieu, professeur de musique au chômage, accepte de travailler comme surveillant dans un internat de garçons à problèmes. Le directeur, Monsieur Rachin, est très répressif, très dur: il bat même les élèves. Monsieur Mathieu va essayer d'aider les enfants. Il organise une chorale et ses élèves, si agressifs au début, commencent à aimer la musique et le travail qu'ils font ensemble. Ils retrouvent un sens à leur vie. Mathieu s'oppose de plus en plus au directeur et à ses méthodes brutales. À la fin, Rachin le met à la porte.

Romain: Non, mais c'est pas vrai, Brandon, regarde-la, elle pleure!

Antonia: Ne me regarde pas comme ça! Donne-moi plutôt un mouchoir!

Marion: Ne nous dites pas que vous, vous n'aviez pas envie de pleurer, à la fin du film.

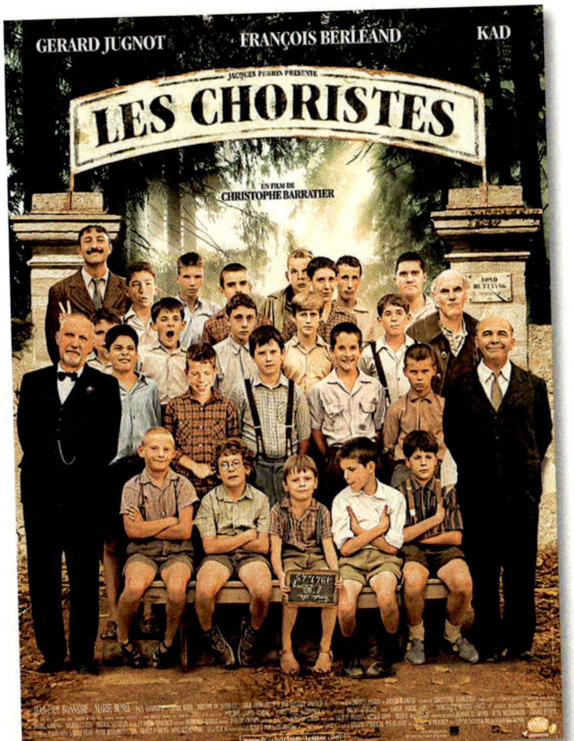

Brandon: Ben moi si, j'ose même le dire.

Tim: C'est vrai qu'à la fin, c'est drôlement triste, quand Mathieu doit partir et que tous les enfants le regardent à la fenêtre et lui lancent leurs lettres. On a envie de leur dire: «Suivez-le!» D'ailleurs, le petit Pépinot le suit.

Marion: Je trouve que Jugnot joue super bien et que les enfants sont très naturels.

Romain: C'est vrai, mais je préfère quand même les films d'action.

Brandon: C'est tout à fait différent, on ne peut pas comparer. Moi, je suis sûr qu'on va se souvenir de ce film. J'ai vu beaucoup de films avec plein de suspense: trois jours après, tu as tout oublié!

Antonia: C'est vrai, on se souvient mieux des choses qui nous touchent.

Romain: Et pourquoi est-ce qu'il faudrait que ça me touche, un film comme ça? D'abord, aujourd'hui, les directeurs ne battent plus les élèves. Et puis moi, je ne vis pas dans un internat des années cinquante, je chante faux et j'aime mieux les activités sportives que la musique. Surtout cette musique!

Tim: Ce n'est pas un argument! Quand tu regardes un film d'action, tu es furieux avec le flic, tu as peur avec la victime et pourtant, ce n'est pas TA réalité, j'espère!

Marion: On a peut-être besoin de savoir qu'il y a des gens bons et généreux comme ce surveillant. Ça fait du bien!

1 [ʒeʀaʀʒyɲo]

Qu'est-ce que vous voyez sur l'affiche? 4 pcj.
Décrivez les garçons

4

Comprendre

DELF C 49/1 **1** *Répondez.*

1. Qu'est-ce que vous apprenez sur Clément Mathieu?
2. Qu'est-ce que vous apprenez sur ses élèves?
3. Les cinq copains ont vu le film. Qui est touché par le film? Qui ne l'est pas?

Trouvez plus d'informations sur le film «Les Choristes»: www.leschoristes.fr. Présentez vos informations aux autres.

Discuter

2 *Quels films avez-vous vus cette année? Faites votre hit-parade et expliquez votre choix.* (→ p. 64/2, 3)

S'entraîner

3 *Transformez les indications d'exercices. Utilisez un pronom.* (→ Repères, p. 73/4)
▸ GH p. 40/19.3
Exemple: 1. Imaginez la scène et jouez-la.

1. Imaginez la scène et jouez la scène.
2. Lisez le texte et corrigez le texte.
3. Écoutez l'histoire et corrigez l'histoire.
4. Écrivez un dialogue et jouez le dialogue.
5. Cherchez des noms et épelez les noms.
6. Notez des arguments et comparez les arguments.
7. Préparez une fiche et complétez cette fiche.
8. Trouvez des différences et expliquez ces différences.

C 49/2 C 50/3 **4** *Antonia doit faire beaucoup de choses. Mais elle n'a pas envie. Travaillez à deux. Chacun choisit son rôle (ange[1] ou diable[2]) et fait les phrases.* (→ Repères, p. 73/4) ▸ GH p. 40/19.3

1. Il faut que je prépare mon interro de maths.
2. Il faut que je téléphone à tatie Danièle.
3. Je dois faire les courses pour ce soir.
4. Je dois ranger ma chambre.
5. Il faut que j'écrive à mamie et papi.
6. Je dois faire le ménage.
7. Il faut que je sorte le chien.
8. Je dois nettoyer mes chaussures.
9. Il faut que je donne à manger aux poissons rouges.

1 **l'ange** *m.* der Engel
2 **le diable** der Teufel

5 *Qu'est-ce qu'ils disent? Utilisez l'impératif et un pronom.* (→ Repères, p. 73/4) ▶ GH p. 40/19.3

1. *attendre*

2. *protéger*

3. *s'amuser bien*

4. *écrire à qn*

5. *répondre*

6. *se lever*

4

Vocabulaire et expression

C 50/4 **6** **a** *Trouvez le contraire de ces adjectifs. Faites attention à leur place.*

Exemple:
une actrice moche → une belle actrice

une actrice moche   un film fantastique   un vieil acteur   une émission courte
un homme pauvre   des enfants bruyants   un grand succès   un garçon heureux
une histoire triste   un roman intéressant   un exercice compliqué
un bon documentaire   la dernière question   une chose inutile

b *Complétez vos fiches.* (→ p. 64/2)

Écouter

▶ FDT 9

DELF **7** **a** 1 32 *À qui est-ce que ce film a plu?*

b 1 32 *Écoutez encore une fois. Notez leurs arguments.*

	1	2	3	4	5
beaucoup un peu pas trop pas du tout					

Activité

C 51/6 **8** ▶◀ *Préparez à deux une devinette. Décrivez un film ou une émission sans en dire le titre. Utilisez vos fiches.* (→ p. 67/6b) *Vos camarades devinent le titre de l'émission / du film.*

C'est l'histoire de ___ / d'un / d'un(e) ___ .
Ça se passe à ___ / en ___ .
___ y joue le rôle de ___ .

Préparer la lecture

▶ Folie 12 ▶ CJ épisode 4

1 **a** *Regarde ces premières pages de couvertures*. Quel livre voudrais-tu lire? Dis pourquoi.*

* **la première page de couverture** die erste Umschlagseite

b *Maintenant lis le résumé de ce livre. Est-ce que ce résumé te donne envie de lire ce livre? Dis pourquoi.*

1 33–35 Quel livre veux-tu présenter?

Chaque élève de la quatrième C du collège Les Hauts Grillets doit présenter un roman. Monsieur Valérien, leur professeur de français, leur a proposé des livres qui sont au CDI: «Vous pouvez en choisir un. Il y a tous les genres, des romans d'aventure, de science-fiction, d'amour, d'amitié, des histoires policières … Je voudrais d'abord que vous fassiez un court résumé. Après, il faut décrire les personnages principaux et parler des thèmes. Il faudrait enfin que vous expliquiez votre choix: dites pourquoi vous avez aimé ce livre, ce que vous aimez bien et ce qui vous a intéressé.»

En Belgique, dans les Ardennes, Richard, quarante ans, pleure un arbre qu'on va abattre. Autrefois, Marie et lui ont construit ensemble une cabane dans cet arbre. Marie était une amie d'enfance et le grand amour de sa vie. Ils étaient inséparables. Cette amie est morte dans un accident de voiture. Aujourd'hui, Richard a une femme et des enfants mais il n'a jamais oublié Marie. Il se souvient d'elle, de leur enfance.

«J'ai beaucoup aimé ce livre, pour sa poésie et ses thèmes. C'est sensible et c'est écrit simplement. L'auteur parle bien de l'amitié et de l'amour des personnages, de l'amitié qui devient de l'amour. C'est un livre qui nous touche et qui fait réfléchir.»

ALICE a) l'amitié, l'amour l'enfance, un accident

À Kinshasa, le jeune Bilia vit dans la rue, il a faim. Son rêve, c'est le foot. Un jour, il vole quelques bananes. On le met en prison. Pendant un match de foot entre les jeunes de la prison et les jeunes du quartier, Riccardo, un journaliste italien, découvre Bilia. Il l'aide à sortir de prison et retourne avec lui en Italie. Pour Bilia, c'est formidable, bien sûr, mais il découvre aussi une vie qui n'est pas toujours facile: il a un peu le mal du pays et … il y a aussi l'école que Bilia accepte mal.

«J'ai choisi ce roman, parce que je m'intéresse à l'Afrique et au foot et qu'on y parle de ces deux thèmes. Tout n'est pas réussi dans ce livre. Je me demande si l'histoire est bien réaliste. Mais c'est un livre sympa qui fait du bien.»

ANTONIA

a) les pauvres, les rêves, le foot, la prison

Julien passe souvent les fins de semaine avec son père dans la grande forêt du Québec. Ce jour-là, il y part tout seul. Pas de chance! Il rencontre des bandits qui le prennent en otage. Il doit les suivre. Avec eux, il va ensuite avoir de nombreuses aventures dans la forêt. Un jour, un des hommes va l'aider à prendre la fuite.

«J'ai choisi ce livre parce que ça se passe au Québec et que j'aime bien découvrir d'autres pays. Et puis, j'ai un ami qui vient du Québec et je voulais en discuter avec lui. C'est un roman d'aventures bien construit et il y a beaucoup de suspense, jusqu'à la fin. Et ça donne envie d'aller tout de suite au Québec.»

TIM

Dominic est un mauvais élève. Il boit et il fume avec son copain Manu et ses parents, qui ont eux aussi beaucoup de problèmes, ne lui disent rien. Un jour, Dominic rencontre Mérédith, une jolie blonde, une vraie jeune fille modèle. Leur relation commence mal, d'ailleurs ils se détestent, enfin, ils le croient .... Puis Manu se tue dans un accident de voiture. Dominic et Mérédith vont apprendre à mieux se connaître. Dominic tombe amoureux mais il ne veut pas l'accepter ...

«Les deux personnages ne sont pas très originaux mais j'ai bien aimé la relation qu'ils construisent, le début de leur amour. À la fin, ils sont capables de s'accepter, de se comprendre. Même quand on n'est pas comme Dominic ou Mérédith, on s'identifie à eux.»

MAXIME

Comprendre

DELF C 53/1 **2** **a** ►◄ *Les élèves doivent choisir un livre et faire quatre choses. Lesquelles?* (→ Texte, l. 8–13)

b ►◄ *Relisez les résumés. Quels sont les thèmes de chaque livre?*

le sport   l'amitié   l'aventure   la prison
la relation parents – enfants   ___

c ►◄ *Pourquoi est-ce que les élèves ont choisi ces livres?*

DELF **3** 1 36 *Vous êtes vendeur/vendeuse dans une librairie. Écoutez ce que les clients* disent. Proposez un des livres aux clients.* (→ Textes, p. 68/69)

* **le/la client/e** der Kunde, die Kundin

1. Rêve de foot
2. L'arbre de Marie
3. Piège en forêt 4. Zéro

S'entraîner

C 54/4 **4** **a** ►◄ *Posez les questions à vos camarades. Utilisez* qu'est-ce qui *ou* qu'est-ce que. (→ Repères, p. 73/5) ► GH p. 41/20.1

1. [?] tu pratiques comme sport?
2. [?] t'intéresse au collège?
3. [?] tu regardes le plus souvent à la télé?
4. [?] tu veux devenir plus tard?
5. [?] est important pour toi dans l'amitié?
6. [?] te plaît dans ta ville?
7. [?] tu préfères: les chats, les chiens ou les oiseaux?

b ►◄ *Posez d'autres questions à vos camarades. Utilisez* qu'est-ce qui *et* qu'est-ce que.

mettre acheter aimer choisir offrir plaire se passer à utiliser déranger ___

5 *Marion est chez Hannah. La mère de Hannah ne parle pas français. Elle pose des questions à Marion qui ne les comprend pas. Hannah l'aide. Préparez les questions et les réponses. Utilisez* ce que *et* ce qui *et jouez la scène.* ► GH p. 42/20.2

1. Was möchtest du zum Frühstück?
2. Was interessiert dich?
3. Was willst du besichtigen?
4. Was willst du heute abend / am Wochenende unternehmen?
5. Was gefällt dir am meisten hier?
6. Was ist morgen vorgesehen?
7. Was willst du deinen Eltern mitbringen?
8. Was willst du für deine Freundin kaufen?

6 *Complétez le dialogue. Utilisez* qu'est-ce que, qu'est-ce qui, ce que *et* ce qui. ▶ GH p. 41/20

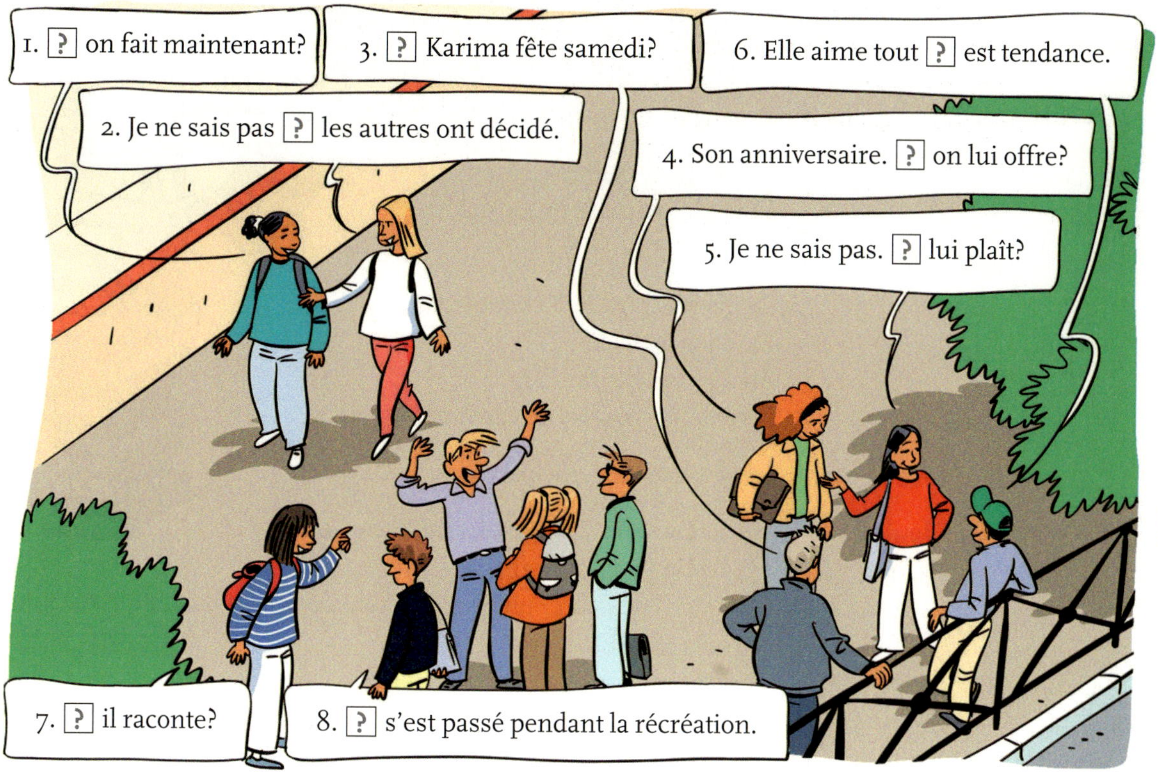

Vocabulaire et expression

C 53/2 **7** ►◄ *Trouvez au moins un mot de la même famille.* (→ Liste alphabétique, p. 188)

Exemple: vrai → la vérité

vrai   l'ami/e   travailler   l'impression   la danse   vivre   rêver
se souvenir   le directeur   voyager   lent   la police   choisir   finir

Activité

8 *Présentez votre livre préféré à vos camarades.* (→ Repères, p. 72/1, Méthodes et stratégies, p. 76/7)

Repères

Qu'est-ce qu'on dit?

1 So kannst du eine Sendung oder ein Buch vorstellen.

Ort und Zeit: L'histoire se passe à (Paris).
L'histoire se passe en (1954/ France

Thema/Handlung: Le thème, c'est ___ .
Ce livre raconte l'histoire de ___ .
L'auteur parle de ___ .
Au début / À la fin, ___ .
Il y a du suspense / de l'action.

Personen: Le personnage principal est ___ .

Bewertung: Les acteurs sont bons/mauvais/nat
Les acteurs jouent bien/mal.
C'est une émission / un film / un roman qui me plaît. / qui me touche. / qui fait réfléchir.
C'est ennuyeux/drôle/intéressant/___ .
C'est bien écrit / bien construit.
Ça donne envie de continuer.
On peut s'identifier à ___ .
C'est une émission / un film / un roman où on apprend plein de choses.
C'était facile / difficile à lire.
Il y a plein de mots / d'expressions drôles / bizarres / ___ .
Ce que j'ai aimé, c'est / ce sont ___ .

Grammaire

2 **Die Adjektive auf „-if"** Les adjectifs en «-if» (→ GH, p. 39)

Il est sportif. Elle est sportive.
Ils sont sportifs. Elles sont sportives.

Welche Adjektive auf „-if" kennst du außerdem?

C 55/6 **3** **Die neuen Verben** Les verbes (→ GH, p. 39–40) ▶ FDT 2

décrire wie: écrire
suivre
battre, abattre
construire

Complète:

1. Dans son film, il (décrire – *présent*) la vie de deux amis.
2. Dans les années cinquante, les directeurs d'école (battre – *imparfait*) parfois les élèves.
3. À la fin du film, le petit Pépinot (suivre – *présent*) Monsieur Mathieu.
4. Tu sais ce que Gustave Eiffel (construire – *passé composé*) à Paris?

4 Der Imperativ mit Pronomen L'impératif avec les pronoms (→ GH, p. 40)

Regarde-moi.	Ne **me** regarde pas.
Lève-toi.	Ne **te** lève pas.
Écris-**lui**.	Ne **lui** écris pas.
Écoutez-**la**.	Ne **l'**écoutez pas.
Attends-**nous**.	Ne **nous** attends pas.
Arrêtez-**vous**.	Ne **vous** arrêtez pas.
Achète-**les**.	Ne **les** achète pas.
Réponds-**leur**.	Ne **leur** réponds pas.
Vas-**y**.	N'**y** va pas.
Prends-**en**.	N'**en** prends pas.

Beschreibe die Stellung der Pronomen beim bejahten und beim verneinten Imperativ.

⚠ Va à la boulangerie. → Vas-y.

5 Fragen mit „qu'est-ce qui" und „qu'est-ce que" (→ GH, p. 41)

Les interrogations avec «qu'est-ce qui» et «qu'est-ce que»

Qu'est-ce qui intéresse les élèves?
Qu'est-ce qui te dérange?

Qu'est-ce que tu fais?
Qu'est-ce que tu as choisi?

a „Qu'est-ce qui" ist ___ des Fragesatzes.
„Qu'est-ce que" ist ___ des Fragesatzes.
Beide entsprechen dem deutschen ___

Merke
„Qu'est-ce **qui**" + (Objektpronomen) + Verb
„Qu'est-ce **que**" + Subjekt + Verb

b *Traduis:*

1. Was liest er?
2. Was sagt sie?
3. Was interessiert dich?
4. Was hat dir gefallen?
5. Was hat euch gefallen?
6. Was hast du gemacht?
7. Was hast du gefunden?
8. Was gefällt euch?

6 Die Relativpronomen „ce qui" und „ce que" Les pronoms relatifs «ce qui» et «ce que» (→ GH, p. 42)

Qu'est-ce qui l'intéresse?
Je ne sais pas **ce qui** l'intéresse.

Qu'est-ce que Tim a fait?
Je ne sais pas **ce que** Tim a fait.

a „Ce qui" ist ___ des Nebensatzes.
„Ce que" ist ___ des Nebensatzes.

Merke
„ce **qui**" + (Objektpronomen) + Verb
„ce **que**" + Subjekt + Verb

b *Traduis:*

1. Ich weiß nicht, was er gelesen hat.
2. Er weiß nicht, was uns interessiert.
3. Ich verstehe nicht, was sie sagt.
4. Ich weiß nicht, was euch gefällt.
5. Wir wissen nicht, was Laure ausgewählt hat.
6. Ich weiß nicht, was das bedeutet.

Merke
„Qu'est-ce que" / „qu'est-ce qui" sind Fragewörter und stehen am Anfang eines Fragesatzes.
„Ce que" / „ce qui" sind Relativpronomen und stehen am Anfang eines Relativsatzes.

Écouter

1 **a** 37 *Marion et Romain organisent une fête. Antonia leur téléphone. Qu'est-ce qu'elle dit? Utilisez* vouloir savoir / demander *et* si / pourquoi / ce que.

b 37 *Écoutez encore une fois. Notez les questions d'Antonia, imaginez des réponses et jouez la scène.*

S'entraîner

2 *Maxime écrit un message à un copain. Complétez par une préposition.*

J'ai eu 3 en allemand et 7 en maths. Je me suis disputé [?] mes parents. Ils disent que je ne vais pas passer [?] troisième. Et mon grand frère s'est moqué [?] moi. Maintenant, j'ai décidé [?] travailler un peu plus pour le collège. Il faut que j'apprenne [?] travailler un peu chaque jour. Pour avoir plus de temps, j'ai arrêté [?] regarder la télé l'après-midi. En allemand, j'ai commencé [?] apprendre les verbes irréguliers.* Je veux essayer [?] apprendre cinq verbes par jour. J'ai demandé [?] mon frère de m'aider [?] faire mes devoirs de maths. Là, il n'a plus rigolé du tout.

* **les verbes irréguliers** die unregelmäßigen Verben

Réviser

3 **a** *Révisez la prononciation. Lisez les phrases à haute voix. Est-ce qu'il faut prononcer* [s], [z] *ou* [ ]?

b 38 *Écoutez les phrases et corrigez.*

1. Les séries à la télé sont de **plus** en **plus** agressives.
2. J'ai déjà appris **tous** les verbes.
3. Max ne fait **plus** ses devoirs avec Mario.
4. Muriel regarde la télé **tous** les jours.
5. Mes copains sont **tous** venus.
6. Ça coûte **six** euros **dix**.
7. Le train avait **dix** minutes de retard.
8. Paul est **plus** grand que sa sœur.
9. Ce téléfilm est **plus** intéressant que ce documentaire.

Vocabulaire et expression

C 56/8 **4** ►◄ *Qu'est-ce qui va ensemble? Formez des phrases. Il y a plusieurs possibilités.*

jouer comparer rater
s'opposer se souvenir
se confier construire
s'entendre bien s'amuser
participer aider
choisir parier

avec ses copains à ses parents
de ses meilleures vacances avec son correspondant
un pays à un autre le concours d'entrée
une émission à un ami
de la guitare une cabane dans les arbres
à un jeu sur une équipe une vieille dame

La France en direct

DELF
C 56/9 **5** *Qu'est-ce que les jeunes Français/es de ton âge lisent?*
Va sur le site www.ricochet-jeunes.org/sommaire.asp, choisis un livre que tu voudrais lire et présente-le en classe. (→ Méthodes et stratégies, p. 76/7)

Adresse http://www.ricochet-jeunes.org
Liens Démarrage de Internet Guide des chaînes Infos sur Internet Explorer Le meilleur du Web Personnalisation des liens

Écoute mon cœur
Auteur: Janine Teisson
Roman à partir de 12 ans. Sud de la France, aujourd'hui. Le vieux Paulou vend sa maison, située à côté d'une autoroute bruyante, à une famille de sourds qui en est très contente. Il sympathise avec le petit Antoine qui lui apprend la langue des signes. […] Lire la suite
Syros, Coll. Uns et les autres – Mars 2005 – 7,50 euros – Note: 4/5
Ce livre fait partie des coups de coeur de Ricochet

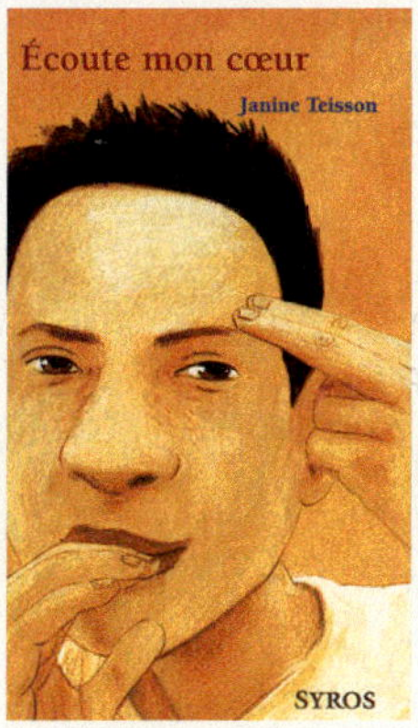

La Quête d'Ewilan. D'un monde à l'autre
Auteur: Pierre Bottero
Roman à partir de 13 ans. La Quête d'Ewilan est le premier tome de la trilogie d'heroic fantasy. La vie de Camille, treize ans, bascule soudainement lorsqu'en voulant éviter un camion, elle franchit «le pas de côté» et se retrouve dans un monde parallèle, l'univers de Gwendalavir. Elle devient alors Ewilan.
[…] Lire la suite
Rageot – Avril 2003 – 14 euros – Note: 3/5

Projet: Mon dossier de français

6 *Rassemble des informations sur la télévision française (www.t7j.com), les films qui passent en ce moment ou un livre que tu voudrais lire.*

→ Portfolio
Dossier

→ Portfolio
Dossier

7

1. Warum eine Präsentation?

Mit einer Präsentation stellst du etwas vor, was andere noch nicht kennen. Vielleicht möchtest du sie auch überzeugen, sich mit diesem Gegenstand zu befassen (z. B. das Buch zu lesen).
Eine Präsentation sollte also **informativ** und **ansprechend** sein.

2. Vorbereitung

Notiere dir beim Lesen die wichtigsten Dinge. *(Fais un journal de lecture.)*

1. Qui sont les personnages principaux?
2. Où se passe l'histoire et quand?
3. Quelles sont les différentes étapes de l'action?
4. Qu'est-ce qui t'a plu ? Qu'est-ce qui ne t'a pas plu?

1. Julien, Jimmy
2. au Québec, dans la forêt, une fin de semaine
3. ___

3. Wähle die Form deiner Präsentation

Hier zwei Möglichkeiten:
– Du stellst der Klasse das Buch in einem mündlichen Vortrag vor.
– Du erstellst ein Lesebild (une affiche de lecture).

4. Der mündliche Vortrag (→Repères, p. 72/1)

Dein Vortrag sollte die folgenden Informationen enthalten:

– des informations sur le livre, l'auteur et le thème (J'ai lu ___ de ___. C'est un livre / un roman qui parle de ___.)
– un résumé du livre / de l'action (→ Méthodes et stratégies, p. 42/9)
– ton avis (J'ai aimé ce livre parce que ___.)
– une conclusion (Je pense qu'il faut lire ce livre parce que ___.)

5. Das Lesebild

Eine „affiche de lecture" ist ein gestaltetes Plakat. Es kann enthalten:

– le titre du livre
– un résumé de l'histoire (→ Méthodes et stratégies, p. 42/9)
– des passages[1] du texte ou des mots-clés
– ton avis
– un dessin qui illustre[2] un passage typique du texte ou le message du livre

Fais une affiche de lecture pour «Le petit rat de l'Opéra» ou un livre que tu as lu.

1 **le passage** der Abschnitt
2 **illustrer** illustrieren

1|39 Une larme

Pour jouer au ballon, il y a des règles et quelquefois il faut les apprendre sur le tas ... La vie des footballeurs est dure. Bilia ne s'attendait pas à toutes ces séances d'entraînement. Pour lui, jouer au ballon c'était autre chose. L'idée qu'il avait d'une équipe était celle d'un groupe d'amis, avec quelques shoots et voilà. Pas d'entraîneurs avec des instructions à suivre, d'horaires à respecter, de nourriture contrôlée, de discipline. Bilia repense à tout ce qui est arrivé depuis six mois, et il y a des moments où il voudrait que rien n'ait changé, où il se revoit libre et heureux à Kinshasa.

(...)

Entre l'école et les matchs, le jeune garçon a tout de même trouvé le moyen de faire quelques rencontres et ça lui fait du bien. Sa terre est toujours un beau souvenir et il ne perd pas une seule occasion de parler de son pays. Vivre en Europe, c'est différent. Bilia ne s'est pas encore habitué aux immeubles, pas même à son internat: sa maison, c'était la rue. Maintenant tout a changé et parfois il pense avec nostalgie à son enfance, à ses amis qui sont restés là-bas.

«Tu sais, Paolo, mon pays est comme une mère. Il m'a bercé, même s'il me fait souffrir.

– Comment ça, souffrir?»

Paolo est devenu son meilleur ami. Les voilà assis sur un banc dans le parc. Paolo l'écoute avec attention tandis que Bilia, après une pause, reprend:

«Non, je veux dire, j'ai passé des moments difficiles chez moi. Mais les gens sont différents: là-bas, nous sommes tous un peu frères ou un peu cousins, tout le monde se donne un coup de main, même si de nombreux gamins passent leur temps dans la rue.

– Bilia, moi je n'ai jamais changé de pays, mais je te comprends. Je n'arriverais jamais à partir d'ici, même si je rêve de jouer dans les plus beaux stades du monde, soupire Paolo.

– Paolo, profite de ton pays jusqu'au bout. Ce n'est pas toujours agréable de partir. Moi, j'ai été acheté. Riccardo a payé mes parents pour me faire venir ici, c'est quelqu'un de bien, il a voulu me sauver d'une très mauvaise situation. Je suis content, et je l'en remercie. Mais ...

– Tu veux rentrer chez toi?

– Non, j'ai été envoyé ici par les dieux pour relever un défi, je pleure ma terre mais je ne regrette pas ma vie d'avant. Ici tout est magique. Parfois c'est un peu étrange, parfois il y a des choses que je ne comprends pas, ou qui ne me plaisent pas trop, mais c'est toujours magique. Maintenant je voudrais le raconter à mes amis. Tu m'aides à écrire une lettre?»

D'après: Paul Bakolo Ngoi, Rêve de foot

1 **sur le tas** in der Praxis 2 **la séance d'entraînement** das Training 3 **celle** die 4 **une instruction** eine Anweisung 4 **l'horaire** *f. hier:* der Zeitplan 5 **la nourriture** die Nahrung 20 **bercer qn** jdn schaukeln 21 **souffrir** leiden 23 **tandis que** während 25 **donner un coup de main à qn** jdm helfen 26 **le gamin** *fam.* das Kind 27 **j'arriverais** ich würde es schaffen 33 **relever le défi** eine Herausforderung annehmen

Écrivez la lettre de Bilia à ses amis.

UNITÉ 5 L'école aujourd'hui et demain

Approches

Préparer la lecture

▶ Folie 13 ▶ FDT 11 ▶ CJ épisode 5

1 ►◄ *À quoi pensez-vous quand vous entendez le mot «école»? Notez ces mots dans votre cahier et comparez vos résultats.*

2 2 L'histoire de Jérémy et Elsa

1 Jérémy a deux ans et demi. Elsa a trois ans. Ils se rencontrent à l'école maternelle et deviennent copains.

On peut entrer à l'école maternelle à deux ans. La plupart des enfants y vont à trois ans. ▶

2 Ils ont cinq et six ans et entrent ensemble à l'école primaire de leur quartier où ils vont passer cinq années scolaires.

L'école primaire dure cinq ans. ▶

3 Les voilà maintenant au collège. Ils entrent en sixième.

Le collège: de la sixième à la troisième. À la fin de la troisième, on passe un examen: le brevet. ▶

4 Après le brevet, leurs chemins se séparent. Elsa va dans un lycée professionnel (L.E.P.). Après son bac pro, elle devient sommelière.

Le L.E.P.: Deux années jusqu'au B.E.P. Après le B.E.P., on peut encore continuer pendant deux ans pour passer un bac professionnel.

Le lycée: Il y a trois années de lycée. Après le bac, on peut faire des études à l'université ou dans une grande école.

5 Jérémy, lui, va passer son bac dans un lycée d'enseignement général. Ensuite, il entre à l'université pour devenir médecin.

Comprendre

DELF C 59/1 C 59/2

2 ►◄ *Relisez les textes et répondez aux questions.*

1. Combien de temps est-ce qu'Elsa et Jérémy ont passé à l'école maternelle? 3 ans
2. Jérémy a neuf ans. Dans quelle école est-ce qu'il est? école primaire
3. Elsa veut apprendre un métier. Dans quelle école est-ce qu'elle va? Lycée professionnel
4. Quel âge a Elsa quand elle passe son bac pro? 18 ans
5. Que fait Jérémy après le bac? Il va à l'université pour devenir médecin

Comparer

3 **a** *À quelle classe en France est-ce que votre classe correspond?* à la quatrième

b *Chez nous, c'est différent. Comparez.*

En France, c'est / on ___ .

Chez nous, on ___ .

Activité

4 *Faites, pour vos correspondants français, un schéma pour présenter le système scolaire chez vous et expliquez-le.*

2 3–4 La fin de l'année approche

▶ FDT 2, 13

unbenannt

An: @Florian
Cc:
Betreff:

Bonsoir, Florian, voilà enfin le mail promis … mais en français. Tu sais, la fin de l'année approche et le troisième trimestre chez nous, c'est l'enfer. On a des devoirs sur table dans presque toutes les matières. En juin, il y aura les conseils de classe pour les bulletins. Je suis délégué de classe et ce n'est pas toujours marrant: il y a des copains qui se plaignent toujours et disent que je ne les défends pas assez. C'est faux, je fais mon maximum pour les aider, mais des fois on ne peut rien faire. Moi, je pense que je passerai en troisième, c'est sûr ou presque sûr. Mais je ne dois pas rater le prochain devoir de français et j'ai un petit problème en géo.

En classe, avec la prof d'allemand, on prépare notre semaine chez vous. Nous arriverons le 12 mai. On prendra le Thalys, comme prévu. Je suis super content. Est-ce que nous irons en classe le matin avec vous? Est-ce que vous serez libres l'après-midi? Qu'est-ce que tu veux que je t'apporte? Et à tes parents? Et pour ta sœur, as-tu une idée de cadeau? Ma mère t'envoie le bonjour. Eléna te fait «plein de bisous» (je te plains!). Salut!

Ton corres, Romain

Nouveau message

Fichier Edition Affichage Message Insertion Formater ?

A : Romain
Cc : < cliquez ici pour entrer les destinataires en copie >
Objet : < cliquez ici pour entrer l'objet >

Salut, Romain, oui, vous irez en classe avec nous. Mais il ne faut pas te plaindre, les cours sont plus cool que chez vous, pas toujours mais presque, et les heures sont moins longues. Tu verras, dix minutes de moins, ça compte! Et en français, vous serez aussi forts que le prof. Vous visiterez bien sûr la cathédrale et un musée, mais on fera aussi une longue balade en bateau sur le Rhin. On ira jusqu'à Coblence. On partira tôt le matin, mais tu verras, c'est sympa. On fera du skate et on jouera aussi au volley. Un match est prévu. Ma mère voulait parler français avec toi mais je lui ai interdit de le faire. Elle et papa devront parler allemand. Sinon, tu ne feras pas de progrès ;-). Pour les cadeaux, tu peux m'apporter un CD de rap français, mais avec des textes dedans, sinon je ne comprendrai rien. Pour mes parents, je ne sais pas, je vais réfléchir et je t'écrirai ça demain. Ma sœur aînée passe six mois aux États-Unis. Tu dormiras donc dans sa chambre. Tu y trouveras dix affreux ours en peluche. Le bonjour de mes parents. Ils seront à la gare avec moi. J'arrête, ça sonne, c'est mon copain Mesut.

À plus, Florian.

Comprendre

DELF
C 60/1
C 60/2

1 **a** ►◄ *Qu'est-ce que vous apprenez sur:*
- *le système scolaire français?*
- *la famille de Florian?*

b ►◄ *Dans le programme de l'échange, il y a des erreurs. Trouvez-les et corrigez-les.* (→ Texte, p. 80)

COLLÈGE
VICTOR HUGO
DE NANTERRE

Chers parents,

voici le programme de l'échange de cette année.

Échange franco-allemand
Voyage à Cologne des élèves de quatrième

13 mai à 17 h 05	*arrivée à la gare de Cologne*
14 mai – 16 mai	*Le matin, les élèves français participeront aux cours avec les élèves allemands. Activités prévues l'après-midi.*
14 mai à 15 h	*visite du musée Ludwig*
15 mai 16 h	*match de foot*
16 mai 14 h 30	*visite de Düsseldorf*
17 mai de 15 h à 18 h	*excursion en bus à Coblence*
18 mai 8 h 29	*départ pour Paris en Thalys*

Découvrir

2 **a** *Relevez dans le texte, p. 80, les verbes au futur simple et retrouvez leur infinitif.*

Exemple: En juin, il y **aura** les conseils de classe. → avoir

b *Classez les formes dans un tableau et dites comment on forme le futur simple des verbes en* -er, *en* -ir *et en* -re. *Quels verbes ont une forme irrégulière?*

c *Mettez les verbes entre parenthèses au futur simple.* ► GH p. 44/21.2

nous (réfléchir) tu (manger) elle (prendre) je (être) ils (sortir) vous (aller) nous (se plaindre)

S'entraîner

C 61/5
C 62/6
3 *Le jour du départ*[1], *la mère de Romain fait ses recommandations*[2] *à son fils. Formulez les phrases. Utilisez le futur simple.* (→ Repères, p. 87/3)

dire bien le bonjour de ma part[3] aux Vogt
être gentil avec eux
ranger tes affaires
aider les Vogt à la maison
parler allemand à tout le monde
bien *écouter* les profs
faire attention à ta carte d'identité
aller tous les matins à l'école
ne pas *sortir* seul le soir
acheter un souvenir à ta sœur
—

1 **le départ** die Abfahrt 2 **faire ses recommandations à qn** jdn ermahnen 3 **de ma part** von mir

4 *Imaginez que vous allez faire un voyage à Paris avec votre classe. Interrogez vos correspondants sur le programme. Utilisez le futur simple.* (→ Repères, p. 87/3) ▶ Folie 1A–D

Exemple: Est-ce qu'on ira au parc André Citroën?

aller à ___ *faire* ___ *visiter* ___ *monter* sur ___ *voir* ___ *falloir* ___
avoir le temps de ___ *se promener* ___ *entrer* à ___ *sortir* ___ *prendre* ___
descendre ___ *manger* ___ *avoir* besoin de ___ *devoir* apporter ___ ___

Écouter

5 2|5 *Le 15 mai, Romain téléphone à sa mère. Écoutez le dialogue et répondez aux questions.* (→ Méthodes et stratégies, p. 27/10)

1. Qu'est-ce que Romain et sa classe ont déjà fait?
2. Qu'est-ce qu'ils n'ont pas encore fait? Qu'est-ce qu'ils vont faire encore?
3. Romain est content de son voyage. Donnez des exemples.

Vocabulaire et expression

6 **a** *Les contraires: Retrouvez les paires de mots et notez-les.*

arrêter beau/belle la fin le maximum drôle se plaindre recevoir qc
prochain/e le minimum affreux/-euse dedans vrai/e dernier/-ière continuer
premier/-ière ennuyeux/-euse être content/e le début faux/fausse envoyer qc dehors

b *À vous! Trouvez des paires de contraires. Écrivez «vos mots» comme en* **a**. *Vos camarades doivent retrouver les paires.* (→ Liste alphabétique, p. 188)

c ►◄ *Travaillez à deux. Utilisez les mots de* **a** *et de* **b** *dans une phrase. Votre camarade dit le contraire.*

Exemples: Cette chemise est très **belle**. → Et moi, je trouve qu'elle est **affreuse**.
Il **fait beau**, on mange **dehors**. → Non, il va **pleuvoir**, on mange **dedans**.

Recherche

7 **a** *Informez-vous sur le Thalys:* www.thalys.com.be *et faites une fiche d'identité sur ce train.*

b *Imaginez: Avec votre classe vous allez à Paris pour un échange. Trouvez votre itinéraire sur une carte et expliquez-le.*

partir à ___ changer à ___ passer par ___ arriver à ___
Il faut attendre ___ à ___ continuer à ___

Préparer la lecture

CJ épisode 4

DELF **1** **a** 2 6–7 *Écoutez l'émission de radio: Notez quelques mots-clés et dites de quoi elle parle.* (→ Méthodes et stratégies, p. 27/10) on parle de l'avenir de l'école

b 2 6–7 *Écoutez encore une fois. Qui participe à l'émission et que pensent ces personnes?* Tabelle
texte 1 Qui parle? Qu'est-ce
2. qu'ils pensent?

2 6–7 L'avenir de l'école

«L'école dans vingt ans. Quel avenir?» Marion et Romain écoutent une émission à la radio sur l'avenir de l'école. Les auditeurs peuvent appeler pour donner leur avis.

1. «Aujourd'hui, la plupart des écoles sont encore mixtes. Je pense que, dans quelques années, on aura des écoles de filles et des écoles de garçons. On sera séparés.»

2. «Si ça continue comme ça, l'école sera obligatoire jusqu'à 18 ans. Et si on veut trouver du travail, il faudra apprendre de plus en plus de choses.»

3. «De toute façon presque tout le monde va à l'école jusqu'à 18 ans puisque beaucoup de jeunes passent le bac. Et même si on ne passe pas le bac, on va de plus en plus longtemps à l'école. Et puis, si on fait une formation en alternance, comme moi, on passe 40 % de son temps en classe.»

4. «Moi, je ne vois pas l'avenir comme ça. Dans vingt ans, tu n'auras plus besoin d'aller à l'école, tu recevras tes cours par mail.»

5. «Nous aurons des cartables électroniques, qui remplaceront les livres et les cahiers. On y trouvera bien sûr des tas d'informations et de nombreuses images.»

6. «Tout ne changera pas, l'informatique jouera un rôle de plus en plus important, il n'y aura peut-être plus de livres un jour, mais on ne remplacera pas les profs par des robots. On aura toujours besoin de vrais profs, de notes, de quelqu'un qui s'intéresse à vous ... et de discipline. Moi, si personne ne me contrôle, je ne fais rien. Je pense qu'un robot ne me fera pas le même effet qu'un prof furieux.»

7. «Apprendre des langues deviendra de plus en plus important. Si on veut trouver du travail, il faudra pouvoir partir, aller à l'étranger. Et si nous voulons bien apprendre des langues, nous devrons passer une année scolaire à l'étranger, dès le collège.»

Comprendre

DELF C 64/1 **2** **a** *Quel est l'avis des sept auditeurs sur l'avenir de l'école?* (→ Texte, p. 83–84)

b *Que pensent Marion et Romain de l'avis des auditeurs? Et vous?*

Vocabulaire et expression

3 **a** *Trouvez les mots.* (→ Liste des mots, p. 173)

b ◐ ►◄ *À vous. Faites réviser le vocabulaire de l'unité à vos camarades: Trouvez des explications, des synonymes ou des contraires.*

1. Ce mot veut dire «pour filles et garçons». mixte
2. Un sac où on met ses livres et ses cahiers pour aller à l'école. le cartable
3. Ce mot veut dire «dessin» et «photo». une image
4. Ce verbe veut dire «ne pas être très différent». se ressembler
5. Un synonyme de «quitter» dans la phrase: «J'ai quitté ma ville.» partir
6. Ce mot veut dire «un pays différent de son pays». l'étranger
7. Un synonyme de «évident» dans la phrase: «Ce n'est pas évident.» clair

Écouter

DELF **4** **a** 2 8 *Que dit la voyante[1] à ses clients? Écoutez et racontez au futur simple.* (→ Repères, p. 87/3)
▶ GH p. 44/21.2

1. Le premier client[2] aura ___

1 **la voyante** die Wahrsagerin 2 **le client / la cliente** der Kunde / die Kundin

b ►◄ *À vous. Vous êtes la voyante. Imaginez l'avenir de votre camarade.*

S'entraîner

C 64/2
C 64/3 **5** **a** *Voilà des conditions*. Finissez les phrases. Utilisez le futur simple.* (→ Repères, p. 87/3, 4)
▶ GH p. 44/21.2

1. Si le prof d'allemand est d'accord, on ___ .
2. Si je réussis mon interro, je ___ .
3. Si je prépare l'interro de maths avec toi, ___ .
4. Si je ne passe pas en troisième, ___ .
5. Si ça continue comme ça, à l'école, ___ .
6. Si un jour, on a des cartables électroniques, ___ .

* **la condition** die Bedingung

b *Trouvez des conditions.* (→ Repères, p. 87/4)
▶ GH p. 45/22

1. Romain ne passera pas en troisième s'il ___ .
2. Ses parents seront contents si ___ .
3. Ses grands-parents lui achèteront un chien si ___ .
4. Antonia ira à l'étranger si ___ .
5. Ils entreront à l'université si ___ .
6. Il faudra que nous soyons à l'heure si ___ .

c *À vous. Qu'est-ce que vous ferez si ___ ? Formez six phrases avec* si.

C 65/5 **6** ►► *Continuez cette chaîne* ou trouvez en autres. Utilisez des phrases avec „si".* (→ Repères, p. 87/4)
▶ GH p. 45/22

Exemple:
Si je participe à l'échange en France, je ferai des progrès en français.
Si je fais des progrès en français, j'aurai de bonnes notes.
Si j'ai de bonnes notes, mes parents me permettront de sortir plus souvent.
Si mes parents me permettent de sortir plus souvent, ___ .

* **la chaîne** die Kette

Conversation

▶ FDT 12

C 66/7 **7** *Qu'est-ce qui vous plaît, qu'est-ce qui ne vous plaît pas dans votre école? Qu'est-ce que vous voudriez changer? Discutez.*

Il faudrait ___ . On pourrait ___ . Je voudrais ___ . Il y a trop de ___ .
Il n'y a pas assez de ___ . Ce qui me plaît, c'est ___ . Ce qui ne me plaît pas, c'est ___ .

Qu'est-ce qu'on dit?

1 **a**

Du findest etwas ganz schlimm:	C'est l'enfer.
Etwas ist nicht ganz einfach:	Ce n'est pas évident.
Jemand kommt dir bekannt vor:	Dites-moi / Dis-moi, on ne s'est pas déjà vus quelque part?
Du gibst dir besonders viel Mühe:	Je fais mon maximum.
Du bist anderer Meinung:	Je ne vois pas (l'avenir) comme ça.
Du fragst jemanden nach seiner Meinung:	Qu'est-ce que tu en penses?
Du richtest von jemandem Grüße aus:	(Il/Elle) t'envoie le bonjour. / Le bonjour (de mes parents).
Du gehst mit jemandem zur Schule:	Je vais en classe avec ____ .
Du kommst in die Schule / in die sechste Klasse:	J'entre à l'école / en sixième.
Du beginnst ein Studium:	J'entre à l'université.
Du wirst in die nächste Klasse versetzt:	Je passe en (quatrième).
Man verbringt fünf Jahre in der Grundschule:	On passe cinq années à l'école primaire.
Man muss eine Prüfung machen:	Il faut passer un examen.

b Suche weitere Ausdrücke, (→ Petit dictionnaire, p. 208)
– um deine Meinung zu äußern.
– um zu sagen, dass du jemandem (nicht) zustimmst.

c ►◄ *Prépare un dialogue avec ton/ta camarade: Deux copains/copines parlent de l'école dans vingt ans. Ils ne sont pas d'accord.*

Grammaire

C 61/4
C 62/7
C 63/8

2 **Die neuen Verben** Les verbes (→ GH, p. 43) ► FDT 2

remplacer wie: **commencer**
défendre wie: **attendre**
se plaindre
plaindre
envoyer
interdire wie: **dire** ⚠ aber: vous interdi**sez**

Complète par les nouveaux verbes.

1. Le délégué de classe [?] bien [?] *(passé composé)* les autres élèves. Mais ses copains [?] *(présent)* quand même.
2. Dans vingt ans l'ordinateur [?] *(futur simple)* les livres et les cahiers et les élèves [?] *(futur simple)* des mails à leurs profs.

3 Das „futur simple“ Le futur simple (→ GH, p. 44)

			parler	réussir	⚠ apprendre
	-ai	je	parler**ai**	réussir**ai**	apprendr**ai**
	-as	tu	parler**as**	réussir**as**	apprendr**as**
Infinitiv +	-a	il	parler**a**	réussir**a**	apprendr**a**
	-ons	nous	parler**ons**	réussir**ons**	apprendr**ons**
	-ez	vous	parler**ez**	réussir**ez**	apprendr**ez**
	-ont	ils	parler**ont**	réussir**ont**	apprendr**ont**

a Worauf musst du beim „futur simple“ der Verben auf „-re“ achten?

⚠

acheter	→ j'achèterai	envoyer	→ j'enverrai	savoir	→ je saurai
aller	→ j'irai	être	→ je serai	venir	→ je viendrai
avoir	→ j'aurai	faire	→ je ferai	voir	→ je verrai
devoir	→ je devrai	pouvoir	→ je pourrai	vouloir	→ je voudrai

b *Traduis.*

1. Ich werde sein.
2. Du wirst machen.
3. Sie wird lernen.
4. Wir werden gehen.
5. Sie werden haben.
6. Er wird sehen.
7. Ich werde kaufen.
8. Sie wird lesen.
9. Du wirst nehmen.
10. Wir werden kommen.

4 Der reale Bedingungssatz La condition réelle (→ GH, p. 45)

Si je peux, je passerai une année scolaire à l'étranger.
Si elle passe son bac pro, elle deviendra sommelière.
S'ils parlent allemand avec toi, tu ne feras pas de progrès.

a Welche Zeit steht im „si-“Satz? Und welche im Hauptsatz?

⚠ S'il aber: Si elle
S'ils Si elles
Si on

⚠ Verwechsle nicht:
si und **quand**
Si j'ai le temps, je lirai un livre. (Bedingung)
Quand j'ai le temps, je lis un livre. (Zeitangabe)

b *Traduis.*

1. Wenn ich Zeit habe, werde ich Spanisch lernen.
2. Wenn ihr pünktlich ankommt, werden wir noch die Kathedrale besichtigen.
3. Wenn sie Französisch mit mir sprechen, werde ich ihnen auf Deutsch antworten.
4. Wenn es nicht regnet, werden wir mit dem Schiff nach Koblenz fahren.
5. Wenn ich die Formen des „Futur simple“ lerne, werde ich eine gute Note bekommen.
6. Wenn meine Eltern nicht dagegen sind, werde ich mit meinen Freunden einen Ausflug machen.

Pratiques et révisions facultatif

Écouter

1 **a** 🎧2 9 *Quel temps fait-il à Nantes, à Paris, à Toulouse, à Lyon?*

b *Regardez la carte à droite. Quel temps est-ce qu'il fera demain dans ces villes?* (→ Repères, p. 87/3)

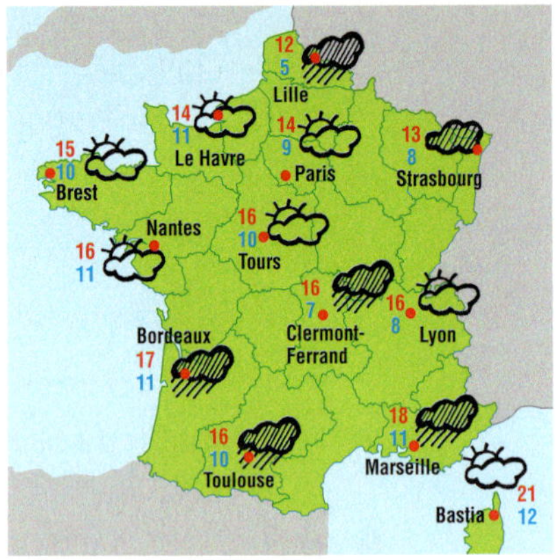

2 🎧2 10 *Pendant l'échange, Romain et Florian rencontrent une voisine de Florian. Elle pose beaucoup de questions à Romain. Écoutez et aidez Romain à comprendre.*

Vocabulaire et expression

3 **a** *Notez au tableau les noms de métiers que vous connaissez.* (→ Liste alphabétique des mots, p. 188)

b *Voici des noms de métiers que vous ne connaissez peut-être pas, mais que vous pouvez comprendre parce que vous connaissez un mot de la même famille. Lequel? Traduisez les noms de métiers et complétez votre liste au tableau.*

le dessinateur / la dessinatrice   le dentiste / la dentiste   le pharmacien / la pharmacienne
le boulanger / la boulangère   le libraire / la libraire   le photographe / la photographe
le musicien / la musicienne   le traducteur / la traductrice
le mathématicien / la mathématicienne

c *Faites des devinettes sur ces métiers. Vos camarades devinent.*

Exemple: C'est quelqu'un qui s'occupe des malades.

S'entraîner

4 ►◄ *Vous invitez un ami français à passer quelques jours chez vous. Proposez-lui un programme d'activités. Utilisez la phrase conditionnelle.* (→ Repères, p. 87/4)

Si tu veux, on visitera ___ .   S'il fait beau, on ira à ___ .   S'il pleut, ___ .
Si on a le temps, ___ .   Si tu as envie, ___ .   Si ça te plaît, ___ .   Si tu aimes, ___ .   ___

5 *Paul explique à son ami français comment il peut arriver de la gare jusqu'à chez lui. Aidez-le! Utilisez* quand *ou* si. (→ Repères, p. 87/4)

1. Er erklärt ihm, dass er den Bus oder die U-Bahn nehmen kann.
2. Wenn er die U-Bahn nimmt, muss er am Augustaplatz aussteigen.
3. Wenn er aus der U-Bahn kommt, muss er links in die Schillerstraße einbiegen. Er muss bis zur Apotheke gehen.
4. Wenn er vor der Apotheke angelangt ist, muss er in das zweite Haus rechts gehen und den Hof überqueren.
5. Wenn er ihn nicht findet, soll er ihn per Handy anrufen.

Réviser

DELF **6** 2 11 *Révisez le discours indirect. Écoutez le texte, puis racontez à vos camarades ce que Louise dit.* (→ GH, p. 24)

Utilisez:

	dit	
	pense	
Louise/Elle	croit	que ___ .
	est d'avis	
	trouve	

7 *Révisez le passé composé et l'imparfait. Les correspondants ont fait l'excursion à Coblence. Regardez les dessins et racontez l'histoire. Utilisez l'imparfait ou le passé composé.* (→ Repères, p. 39/6)

arriver *bousculer* *descendre* de *discuter*
donner des explications *écouter* être *faire* beau
manger *regarder* *tomber* *voler*

à __ heures
ce jour-là
tout à coup

8 *Révisez les pronoms relatifs. Alina a écrit une lettre à sa correspondante française. Complétez les phrases par* qui, que *ou* où. (→ GH, p. ###)

> L'école [?] je vais s'appelle Anne-Frank-Gymnasium. J'aime bien mon école et mes profs. Le prof d'allemand est le prof [?] je préfère et la géo est la matière [?] m'intéresse le plus. J'aime aussi le français. Je fais souvent mes devoirs avec ma copine Caroline [?] parle très bien français: sa mère est Française. Quand il y a des choses [?] Caroline et moi ne comprenons pas, elle nous les explique.
> Après l'école, je vais au conservatoire [?] j'apprends la guitare. C'est un instrument [?] j'adore. Dans mon cours, il y a un garçon [?] joue très bien, c'est un vrai plaisir de l'entendre jouer!

Projet: Mon dossier de français

9 *Rassemble tout ce que tu sais sur l'école en France (par exemple, journée scolaire, emploi du temps, matières, cours, système scolaire ...). Si tu cherches d'autres informations regarde* www.fplusd.org.

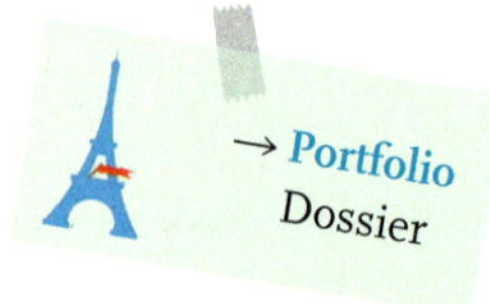

Méthodes et stratégies: Comment apprendre le genre des noms?

C 67/9 **10** Einigen französischen Nomen kann man an ihrer Endung ansehen, ob sie männlich oder weiblich sind. Du weißt schon, dass Nomen, die auf „-tion" enden, meistens weiblich sind, die meisten Nomen auf „-age" männlich. (→ Unité 3, p. 51/6) In den folgenden Listen findest du weitere „männliche" und „weibliche" Endungen. Lerne sie am besten auswendig.

Die meisten Nomen auf

-tion	la recréation
-ine	la colline
-ette	la cassette
-ie	la librairie
-ure	la voiture
-ade	la promenade

sind weiblich.

Die meisten Nomen auf

-ment	le vêtement
-eau	le bateau
-ent	le vent
-teur	l'ordinateur
-age	le message

sind männlich.

Die meisten Sprachen sind männlich: le français, l'anglais, ...
Die meisten Automarken und -namen sind weiblich: la Clio, la Peugeot, ...

11 Suche nach weiteren Nomen, die du schon kennst und die in diese Listen passen. Suche auch nach Ausnahmen, die du kennst.

C 67/8 **12** *Lisez et commentez ce sondage. À votre avis, est-ce qu'il y a des points importants qu'il faudrait ajouter? Si oui, nommez-les.*

Respect, confiance, autorité, ambiance … Ça va comment avec tes profs? Des collégiens ont participé à ce sondage d'un magazine de jeunes: Voici les résultats.

97 % «Les profs veulent que leurs élèves réussissent» pensent 97 % des collégiens. Voici une des réponses les plus positives du sondage: Vous faites confiance à vos profs et vous pensez qu'ils ont vraiment envie que vous réussissiez. «Bien sûr qu'ils ont envie qu'on réussisse, les profs!» dit Ianis, élève dans un collège parisien. Et il ajoute: «Moi, j'ai une prof qui ne s'énerve jamais, elle réexplique autrement si on ne comprend pas.» Bien sûr il y a aussi d'autres profs, mais dans l'ensemble, vous êtes d'accord pour dire que vos profs essaient toujours de trouver des solutions à vos problèmes. Des chiffres pour donner le moral à vos profs!

71 % des collégiens disent qu'ils s'ennuient de temps en temps.

60 % des élèves ne comprennent pas toujours les punitions.

92 % pensent que le prof principal est important, qu'il s'intéresse aux élèves et à leurs problèmes.

83 % des collégiens pensent que l'autorité est une qualité pour un prof.

97 % pensent qu'écouter son baladeur en cours est un grand manque de respect.

73 % des collégiens pensent qu'ils sont de bons élèves.

69 % pensent que l'ambiance de la classe, ce sont les collégiens.

42 % pensent que les profs ne les écoutent pas et que, de toute façon, ils ont toujours raison.

90 % des élèves sont en général intéressés par leurs profs.

38 % des élèves disent que leurs profs ne les respectent pas.

OKAPI N° 755, 1er mars 2004

UNITÉ 6 Tim au Québec

Préparer l'écoute

1 *Regardez la photo. Imaginez que vous êtes dans le canot. À quoi pensez-vous?*

Écouter

2|12 Entre le ciel et l'eau*

C 69/1 C 69/2 **2** *Écoutez le texte. Parlez de vos impressions.*

*Vous pouvez lire ce texte p. 143

2 13 Au camp de vacances de Pabos Mills. Le journal de Tim

▶ FDT 14

1er juillet

J'ai décidé d'écrire un journal. D'abord, les phrases à apprendre par cœur: «La Gaspésie est une péninsule dans l'est du Québec. Tout autour: l'océan Atlantique.» Le nom de Gaspésie vient d'un mot micmac qui veut dire «là où finit la terre» et Pabos est un village de pêcheurs.

Brandon et moi, on venait d'arriver à Montréal, chez ses grands-parents, quand on a dû repartir en train pour le camp. Dans quinze jours, les grands-parents de Brandon viendront nous chercher. Pour rentrer à Montréal, nous prendrons notre temps, on s'arrêtera pour voir les baleines dans le golfe du Saint-Laurent et on visitera la ville de Québec.

L'ambiance du camp est super. On peut faire de la voile, de la plongée, du canot, du kayak, du vélo, du tir à l'arc, de l'escalade … Il y a la mer, les lacs, des paysages fantastiques.

C'est marrant, les Québécois sont quelquefois plus français que les Français. Ils n'envoient pas des «mails» mais des «courriels», pour eux une «voiture» c'est un «char», comme au Moyen-Âge. Mais il n'y a pas seulement des mots de vieux français dans leur langue, il y a aussi des mots anglais: ils disent «cooker» pour «faire la cuisine». Mais j'arrête là, William, notre moniteur, vient de nous appeler pour manger.

5 juillet

Je ne sais pas ce que je préfère ici: tout, je crois. Le soir, on fait des feux de camp sur la plage et autour du feu, on fait des brochettes, on se raconte des histoires et on joue de la guitare, on chante. On fait plein de choses intéressantes et on voit plein de beaux paysages. Hier, on a fait du kayak. Ce n'est pas évident, il faut faire attention aux rochers et ne pas aller trop vite. Hier, on était en train de faire du kayak quand un des kayaks s'est renversé et les deux «gars» (ils disent «gars» pour garçons) se sont retrouvés dans l'eau. Tout le monde criait. Heureusement, on a réussi à les sauver.

J'adore le kayak et le «vélo de montagne». Mes sports préférés sont les sports qu'on pratique dans la nature. (Les sports en salle, ce n'est pas mon truc.) J'ai essayé aussi le tir à l'arc mais là, je ne suis vraiment pas champion.

12 juillet

Dans cinq jours, il va falloir rentrer. Aujourd'hui, on a marché en forêt. J'ai appris plein de choses sur les Indiens et les trappeurs, comment survivre dans la nature par exemple. Je ne suis pas encore très fort pour attraper les poissons à la main ou les préparer.

Ici, Laura est en train de faire du kayak.

Là, on est en train de chanter.

Comprendre

DELF C 70/1 **1** **a** *Retrouvez les phrases dans le texte qui montrent que:* (→ Texte, p. 94)

1. Tim et Brandon ont passé très peu de temps à Montréal.
2. Tim visitera le Québec.
3. le français des Québécois est différent du français qu'on parle en France.
4. le camp propose plein d'activités.
5. faire du kayak, ce n'est pas vraiment facile.
6. le camp lui plaît beaucoup.

b *Tim envoie une carte postale à un de ses copains parisiens. Écrivez-la pour lui.*

S'entraîner

C 70/3 **2** *Qu'est-ce qu'ils sont en train de faire? Complétez et utilisez* être en train de. (→ Repères, p. 101/4)
▶ GH p. 47/23.4

1. jouer au ping-pong

2. prendre des photos

3. écrire des cartes postales

4. allumer le feu

5. nettoyer mes chaussures

6. ne pas faire votre valise

3 **a** ►◄ *Imaginez ce qu'ils étaient en train de faire quand … Utilisez* être en train de *à l'imparfait.* (→ Repères, p. 101/4)
► GH p. 47/23.4

Exemple: Brandon était en train de ranger ses affaires quand ses grands-parents sont arrivés.

1. (Brandon) / quand ses grands-parents sont arrivés.
2. (vous) / quand il a commencé à pleuvoir?
3. (nous) / quand nous avons vu un caribou.
4. (Tim et Brandon) / quand le kayak s'est renversé.
5. (Émilie) / quand elle est tombée à l'eau.
6. (Tim) / quand le moniteur l'a appelé.
7. (Léa) / quand la baleine est sortie de l'eau.

b ◐ *Choisissez une des phrases de* **a** *et inventez une petite histoire. Racontez-la aux autres.*

C 71/4 **4** *Imaginez la fin des phrases. Utilisez* venir de. (→ Repères, p. 101/4) ► GH p. 47/23.5

Exemple: Je n'ai presque plus d'argent sur moi parce que je viens de faire les courses.

1. Je n'ai presque plus d'argent sur moi parce que je [?].
2. Nous sommes contents parce que nous [?].
3. Ils arrêtent de jouer parce que le surveillant [?].
4. Elles sont furieuses parce qu'elles [?].
5. Il court parce que le train [?].
6. Garance est fière parce qu'elle [?].
7. Anne est déçue parce qu'elle [?].

5 *Traduisez les phrases. Utilisez* être en train de *ou* venir de. (→ Repères, p. 101/4)
► GH p. 47/23.4, 23.5

d'attraper un grand poisson
d'allumer le feu
faire la cuisine

1. Was hast du gerade gesagt?
2. Ich räume gerade mein Zimmer auf.
3. Wir haben gerade den Bus verpasst. rater le bus
4. Adrien bringt gerade eine Lampe an. de poser une lampe
5. Antoine ruft gerade Clara an. téléphoner avec
6. Justine hat gerade einen großen Fisch gefangen.
7. Wir machen gerade Feuer.
8. Julie und Nicolas kochen gerade.
9. Der Film hat gerade angefangen.

DELF C 71/5 **6** **a** *Décrivez. Qu'est-ce qu'ils sont en train de faire?*

b *Imaginez ce qu'ils viennent de faire et ce qu'ils vont faire.*
► GH p. 47/23.4, 23.5

7 **a** *Faites une liste des sports que vous connaissez.* (→ Liste alphabétique, p. 188)

faire du kayak
faire de la gymnastique
___

b *Faites un sondage sur les sports qu'on pratique dans votre classe.*

8 **a** *Retrouvez les expressions françaises qui correspondent aux expressions québécoises.*

Au Québec
la chambre de bain le char cleaner
magasiner le chien chaud en trip
une postecarte prendre une marche
tomber en amour le vélo de montagne

En France
faire les courses le hot dog la voiture
une carte postale en voyage
la salle de bains tomber amoureux
se promener le VTT nettoyer

DELF **b** 2 14 *Écoutez le texte et racontez ce que la personne a fait.*

Si vous avez envie de connaître encore plus d'expressions québécoises, allez sur le site www. lexilogos.com/quebecois_langue_dictionnaires.htm

Recherche

C 72/8 **9** *Vous voulez partir cet été en camp de vacances au Québec.*

a *Recherchez sur Internet www.google.fr → camp + Québec et renseignez-vous sur les camps qui existent, les activités, les sports et les dates de séjours* offertes.*

b *Présentez à vos camarades le camp où vous aimeriez aller.*

* **la date de séjours** *hier:* der Termin

Avant la lecture

▶ Folie 16 ▶ FDT 2

1 *Recherchez des informations sur Cartier, Champlain, Maisonneuve et la «Nouvelle-France».*
(→ Petit dictionnaire de civilisation, p. 144, www.civilisations.ca)

2 15 À Montréal

Lorsque Tim est revenu à Montréal, le choc a été grand. Il avait passé des jours dans l'eau et dans la forêt et maintenant il se retrouvait dans une ville internationale, une métropole de presque 4 millions d'habitants.
Avant de rentrer en France, Tim a voulu découvrir Montréal. Avec les grands-parents de Brandon, Monsieur et Madame Tremblay, qui habitent loin du centre, ils ont pris le métro pour aller en ville. La ville souterraine de Montréal plaît beaucoup à Tim. «On peut y faire toutes ses courses en hiver sans mourir de froid, dit la grand-mère de Brandon. Tu sais quand il fait moins vingt, c'est plutôt pratique!»
Ensuite, ils montent sur la colline du Mont Royal qui domine la ville.

Cartier sur le Mont Royal

Pour se reposer, ils vont faire un tour en bateau et voient de loin le port. Madame Tremblay essaie d'expliquer simplement l'histoire compliquée du Québec: «À l'époque de François Ier, les choses se sont bien passées. Jacques Cartier était un explorateur qui cherchait la route des Indes et a trouvé la Gaspésie. Les problèmes ont commencé plus tard, quand les Français ont décidé de rester et de coloniser le pays. La «Nouvelle-France» est née en 1608 avec Champlain, le fondateur de la ville de Québec. Bien sûr, les Iroquois ont défendu leur pays et alors une longue guerre a commencé. Les Anglais, qui se trouvaient en Amérique depuis le début du XVIIe siècle, s'intéressaient aussi beaucoup aux terres de la «Nouvelle-France». Ils sont entrés en guerre contre les Français. Les Français ont perdu et les Anglais ont occupé la «Nouvelle-France».»

les gratte-ciel de Montréal

Plus tard, ils se promènent dans la vieille ville. Place d'Armes, Tim photographie son ami devant la statue de Paul de Maisonneuve, le fondateur de Montréal. Rue Sainte-Catherine, Tim achète un souvenir pour sa famille (du sirop d'érable!). Ensuite, ils traversent un quartier de gratte-ciel. «Ça me rappelle un peu le quartier de la Défense à Paris.», dit Tim. Et puis, il faut rentrer pour se reposer un moment, car le soir, ils veulent aller au Cirque du soleil, le cirque le plus célèbre du Québec. Son fondateur s'appelle Guy Laliberté. Au début, ses copains et lui étaient de petits artistes de rue. Maintenant, leur cirque emploie 700 artistes et donne des spectacles dans le monde entier. Ce soir, les Tremblay amèneront Tim au spectacle «O».

– «O», comme la lettre «O»? demande Tim.

– Oui, «O» comme l'eau du fleuve, dit Brandon. Eau comme les eaux du Saint-Laurent et de l'Atlantique.

un spectacle du Cirque du soleil

Le séjour de Tim au Canada va se terminer. Des années après, quand il pensera au Canada, le mot «EAU» lui viendra tout de suite à l'esprit, les grands paysages de lacs et de forêts et les images de l'océan.

Comprendre

DELF C 73/1 C 73/2 **2** *Répondez aux questions.*

1. Qu'est-ce que vous apprenez sur Montréal?
2. D'où vient le nom de la ville de Montréal?

Montréal aujourd'hui	Montréal autrefois

6

Découvrir

3 **a** *Écrivez ces phrases dans votre cahier et soulignez les verbes.*

Tim est revenu à Montréal. Il avait passé 15 jours au camp de vacances de Pabos.

Beide Sätze beschreiben vergangene Handlungen. Welche der beiden Handlungen liegt zeitlich weiter zurück?

b Wie wird das „plus-que-parfait" gebildet? ▶ GH p. 46/23.2

c *Complétez:*

1. Les Anglais ont pu occuper la «Nouvelle-France» parce que les Français *(perdre)* la guerre contre les Anglais.
2. Tim a offert à ses parents le sirop d'érable qu'il *(acheter)* dans une boutique de souvenirs à Montréal.

avaient perdu
avait acheté

la devise du Québec

S'entraîner

C 73/3 C 74/4 **4** *Complétez les phrases. Utilisez le plus-que-parfait.*
Pensez à l'accord du participe passé. (→ Repères, p. 101/3) ► GH p. 46/23

Exemple: Quand nous sommes arrivés au cinéma, le film avait déjà commencé.

1. Quand nous sommes arrivés au cinéma, (film / déjà *commencer*).
2. Quand je suis arrivée chez toi, (tu / déjà *sortir*).
3. Quand nous sommes arrivés à la gare, (le train / déjà *partir*).
4. Louise était crevée parce que (elle / *se lever* très tôt le matin).
5. Pierre et Véronique étaient fiers parce que (ils / *réussir* le concours d'entrée).
6. Quand Tim et Brandon sont arrivés à la plage, (les autres / déjà *mettre* les canots à l'eau).
7. À Pabos, Brandon a rencontré un copain que (il / ne pas *voir* depuis longtemps).
8. Quand les grands-parents sont venus chercher Tim et Brandon, (les deux garçons / ne pas encore *faire* leurs valises).

5 **a** ►◄ *Posez des questions à vos camarades. Ils choisissent une explication et répondent.*
► GH p. 46/23

Exemple:
– Pourquoi est-ce que Max était malade?
– Parce qu'il avait trop mangé.

1. Pourquoi est-ce que Max était malade? (trop *manger*) (se *promener* sous la pluie)
2. Qu'est-ce qu'il avait, Antoine, samedi dernier? (ses parents lui *interdire* de sortir) (se *disputer* avec sa copine)
3. Pourquoi est-ce qu'elles étaient en retard? (*rater* le bus) (le réveil ne pas / *sonner*)
4. Pourquoi est-ce que vous étiez si crevés en fin de journée? (*faire* du kayak tout l'après-midi) (*danser* toute la nuit)

b ►◄ *Continuez. Trouvez vous-même une explication.*

5. Pourquoi est-ce que l'enfant pleurait?
6. Pourquoi se plaignaient-ils?
7. Pourquoi est-ce que tu étais si fatigué/e, content/e, déprimé/e, lundi dernier?

Vocabulaire et expression

6 *Expliquez les mots suivants:*

un explorateur   un gratte-ciel
une métropole   la ville souterraine
un fondateur   se reposer
coloniser   occuper

C'est quelque chose / quelqu'un qui ___ .
C'est un endroit où ___ .
C'est un autre mot pour ___ .
C'est la même chose que ___ .
C'est pour faire ___ .
C'est presque comme ___

Repères

Qu'est-ce qu'on dit?

1 **a**

Du bist gerade dabei, etwas zu tun:	Je suis en train de (lire un livre).
Du hast gerade etwas getan:	Je viens de (lire mes mails).
Etwas kommt dir in den Sinn:	(Le mot) me vient à l'esprit.
Du tust etwas vor etwas anderem:	Avant de (partir, je vais t'appeler).
Etwas riecht gut/schlecht:	Ça sent bon/mauvais.

b

Du sprichst über das Wetter:	Le soleil brille. / Il fait moins vingt.

Retrouve toutes les expressions que tu connais déjà pour parler du temps qu'il fait.
(→ Petit dictionnaire, p. 208)

Grammaire

2 **Die neuen Verben** Les verbes ▶ FDT 2

se diriger wie: **manger**, **survivre** wie: **vivre**, **employer** wie: **payer**

3 **Das „plus-que-parfait"** **Le plus-que-parfait** (→ GH, p. 46–47)

1. La formation

j'	avais parlé	j'	étais allé(e)
tu	avais parlé	tu	étais allé(e)
il	avait parlé	il	était allé
elle	avait parlé	elle	était allée
nous	avions parlé	nous	étions allé(e)s
vous	aviez parlé	vous	étiez allé(e/s)
ils	avaient parlé	ils	étaient allés
elles	avaient parlé	elles	étaient allées

2. L'emploi

20 h
20 h 20
maintenant

4 📖 **«être en train de» + infinitif et «venir de» + infinitif** (→ GH, p. 47)

1. – Tu peux m'aider, s'il te plaît? – Désolé, je **suis en train d'**allumer le feu.
2. Nous **étions en train de** faire nos exercices quand Tim est arrivé.
3. – Tim et Brandon sont là depuis longtemps? – Non, ils **viennent d'**arriver.
4. On **venait de** rentrer quand il a commencé à pleuvoir.

Traduis les phrases.

Merke Je **viens de** faire qc. — Je **suis en train de** faire qc. — Je **vais** faire qc.

Vergangenheit — Gegenwart — Zukunft

Écouter

DELF **1** **a** 2 16 *Racontez ce que vous apprenez sur Nanuk.* (→ Méthodes et stratégies, p. 27/11)

b 2 16 *Écoutez encore une fois et expliquez les mots:*

Esquimau inuktitut Inuit

Réviser

2 **a** *C'est la fin du séjour de Tim au Canada. Ses copains québecois lui posent des questions. Posez les questions et utilisez* qu'est-ce qui *ou* qu'est-ce que.

Exemple:
– Qu'est-ce qui t'a le plus intéressé?
– Qu'est-ce que tu as vu à Montréal?

intéresser photographier acheter déranger aimer apprendre faire voir amuser plaire lire penser regarder préférer adorer comprendre ___

b *Imaginez les réponses de Tim.*

3 *Tim écrit une lettre à Romain. Mettez les verbes entre parenthèses au passé (imparfait ou passé composé).*

Hier, Céline et moi, nous *(partir)* sans les autres dans la forêt. Nous *(ne pas / être)* encore très loin du camp quand tout à coup, nous *(entendre)* un bruit. Nous *(s'avancer)* et là, derrière les arbres, nous *(découvrir)* une mère caribou avec son petit. Ils *(être)* en train de manger. Il y *(avoir)* une jolie lumière, tout *(être)* calme, on *(entendre)* les oiseaux chanter. Alors Céline *(vouloir)* prendre une photo. Elle *(sortir)* son portable de son sac. À ce moment, le portable *(sonner)* et les deux animaux *(prendre)* la fuite.

S'entraîner

4 *En août, Magali est partie pour le Canada. Elle avait décidé de faire ce voyage depuis longtemps et elle l'a bien préparé. Racontez ce qu'elle a fait. Utilisez le plus-que-parfait.*

En décembre
Une semaine avant
En juin Mais en juillet
Avant de partir

regarder sur Internet *gagner* de l'argent
demander qc à qn *penser* à + *inf.* *parler* à qn
décider de + *inf.* *aller* *faire* *acheter* *lire* *changer*
organiser *écrire* *recevoir* *regarder* *écouter*

5 Faites deux groupes. Chaque groupe prépare un quiz sur le Québec pour l'autre groupe. Préparez au moins six questions. L'autre groupe doit répondre à vos questions. Attention: vous avez dix minutes au maximum pour répondre. Choisissez un prix pour le groupe qui gagne.

C 74/6 **6** *Racontez les grandes étapes de l'histoire du Québec au présent ou au passé composé.* ▶ FDT 15
(→ Texte, p. 98–99, → Petit dictionnaire de civilisation, p. 144)

1
L'explorateur J.C. a pris
prendre / la route des Indes

2
Il est arrivé à Gaspé en
1534 et il est entré dans les pays par le Saint-Laurent

3
En la Nouvelle France est
1608 née avec Champlain le fondateur de la ville Québec

4
les Iroquois ont défendu leurs pays

5
les Anglais ont lutté contre les Fr.

6
perdre
Les Fr. ont perdu la guerre

Projet: Mon dossier de français

7 *Rassemble des informations sur le Québec et ses habitants, les langues qu'on y parle, les animaux qui y vivent, les villes et les campagnes etc. Classe-les par thème dans ton classeur. (www.vieux.montreal.qc.ca; www.bonjourquebec.com)*

→ Portfolio
Dossier

Le Canada en direct: Les langues au Canada

8 **a** *Regardez et commentez les statistiques:*

* **la langue maternelle**
die Muttersprache

Adresse http://www.statcan.ca
Liens Démarrage de Internet Guide des chaînes Infos sur Internet Explorer Le meilleur du Web Personnalisation des liens

Langues maternelles* au Canada	Langues maternelles au Québec
59 % anglais	9 % anglais
23 % français	80 % français
18 % autres langues	11 % autres langues

b *Quelles sont les autres langues parlées au Canada?*

Notre tuyau: http://www40.statcan.ca

Méthodes et stratégies: Comment utiliser un dictionnaire (2)

C 76/7 **9** Du willst schreiben, dass Champlain die Stadt Québec gegründet hat, weißt aber nicht, was „gründen" auf Französisch heißt. Du schlägst unter dem Verb „gründen" nach.

gründen ['gryndən] v. tr. [den Grund legen] fonder; jeter les fondements de; établir; créer. || FIG. fonder; bâtir; créer; établir. | *eine Stadt gründen,* fonder une ville.
◊ v. pr. **sich gründen**, se fonder; se baser, s'appuyer, reposer sur. | *sich auf die Erfahrung gründen,* se fonder sur l'expérience.

tr. = transitif: bedeutet, dass das Verb ein direktes Objekt hat

FIG. = figuré: bildlich

v. pr. = verbe pronominal: reflexives Verb

In den meisten Fällen findest du mehrere Übersetzungen für das deutsche Wort, weil ein Wort in unterschiedlichen Zusammenhängen unterschiedliche Bedeutungen haben kann.
– Greife keinesfalls nur die erste Übersetzung heraus.
– Lies den gesamten Eintrag durch und suche erst dann die passende Bedeutung aus.

Tipp Du kannst die ausgewählte Übersetzung in einem französisch-deutschen Wörterbuch nachschlagen. Findest du dort das deutsche Wort wieder, von dem du ausgegangen bist?

10 Finde die französische Entsprechung folgender Verben heraus:

Die Indianer verteidigen ihr Land gegen die Franzosen.
Die Engländer besiegen die Franzosen.
Die Franzosen ziehen sich zurück.

Tipp Diese Verben kannst du in der Übung 6 (Seite 103) verwenden.

Photos du Québec

1 **a** *Regardez ces photos. Lesquelles[1] se rapportent[2] aux textes de cette unité?*

b *Qu'est-ce qui vous vient à l'esprit quand vous entendez le mot «Canada»? Faites un associogramme.*

1 **lesquelles** welche 2 **se rapporter à qc** sich auf etwas beziehen

le port du vieux Montréal

sport et nature

l'hiver au Québec

le château Frontenac à Québec

l'été indien

un tipi d'Indien

un caribou

En route pour la Loire

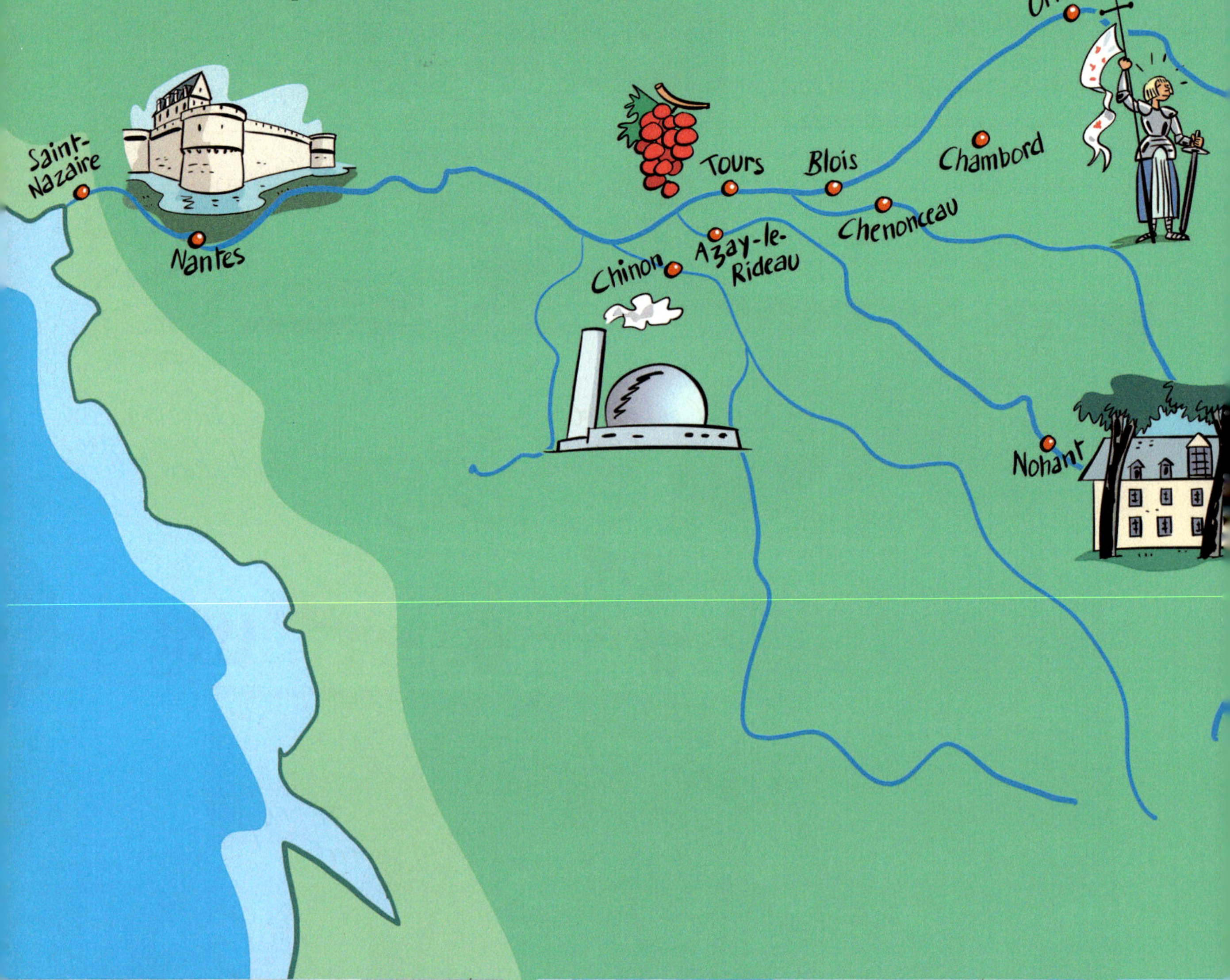

Saint-Nazaire

Blois

Choisissez une de ces photos et retrouvez des informations sur l'endroit représenté. (→ Kleines landeskundliches Lexikon, encyclopédie, internet)

le château de Chambord

page 108

Choisissez votre château

- Die Bruchzahlen
- Das Relativpronomen „dont"

Chinon

page 110

Entre Tours et Chinon

- Das Relativpronomen „lequel"

la maison de George Sand à Nohant

page 112

George Sand

- Das „conditionnel présent" und „conditionnel passé"
- Der irreale Bedingungssatz
- „plus de", „moins de", „autant de"

La Loire

Orléans

page 115

Au festival de jazz d'Orléans

- Die Demonstrativpronomen
- „avant de" und „après avoir"
- Der adverbiale Gebrauch von Adjektiven

2 17 Choisissez votre château!

▶ Folie 17

Marion, sa marraine et son cousin ont décidé de «faire» la vallée de la Loire à vélo avec Antonia. Ils dormiront au camping et feront entre 30 et 50 kilomètres par jour. Marion et Antonia se renseignent sur les itinéraires et sur les châteaux de la Loire. Il y a presque cent châteaux, des grands, des très grands et des moins grands! Neuf châteaux sur dix sont propriété privée.

Le plus beau château de la Renaissance est Chambord dont la construction commence en 1519. Chambord a 440 salles qui s'organisent autour du génial escalier dont Léonard de Vinci a peut-être dessiné les plans. Quand on survole le château en ballon, on voit 365 cheminées et une forêt de petits clochers. François Ier qui a fait construire Chambord, y a peut-être habité six semaines: Il était plus souvent à Amboise et passait, en plus, les trois quarts de son temps à la guerre, en Italie surtout.

Chenonceau, construit de 1513 à 1521, est le château d'un grand amour. Ce beau château se reflète dans le Cher, un affluent de la Loire: En 1547, Henri II l'offre à Diane de Poitiers dont il était très amoureux. Diane avait vingt ans de plus que le roi, mais elle était très belle. Diane fait construire le pont sur le Cher. Après la mort d'Henri II, Diane doit quitter Chenonceau sur l'ordre de la reine Catherine de Médicis: le château que lui donne la reine est un ancien château du Moyen-Âge où Diane ne restera pas longtemps.

Gilles Berthelot, un financier, fait construire Azay-le-Rideau de 1518 à 1529. Sa femme, dont le prénom est Philippe, dirige les travaux. Mais ce riche financier, qui a des problèmes avec François Ier, doit quitter le pays. François Ier lui prend son château.

Les femmes dont on parle ici étaient drôlement actives. Elles faisaient construire des châteaux, donnaient de grandes fêtes et menaient les rois par le bout du nez.

Comprendre

DELF **1** *Répondez aux questions.*

1. Regardez les images et lisez les lignes 1 à 4. Que font Marion, son cousin et Antonia? Que veut dire «faire la vallée de la Loire»?
2. Lisez maintenant tout le texte. Classez les informations sous les rubriques suivantes:

châteaux	personnages historiques

S'entraîner

2 ►◄ *Imaginez et complétez ces phrases.* (→ Repères, 118/2)
► GH p. 49/24

Exemple: J'ai acheté les chaussures dont j'avais envie depuis longtemps.

1. J'ai acheté les chaussures dont ___ .
2. Est-ce que tu connais la région dont ___ ?
3. Est-ce que tu as vu le film dont ___ ?
4. Mes parents vont m'acheter l'ordinateur dont ___ .
5. Ma copine va faire le voyage dont ___ .
6. J'ai lu un des romans dont ___ .

avoir besoin de avoir envie de discuter de parler de rêver de

3 *Complétez les phrases par les pronoms relatifs* dont, où, qui *ou* que. (→ Repères, p. 118/2)

1. François Ier, [?] on appelle aussi le «père des arts», aimait cette région.
2. C'était un grand roi [?] aimait la guerre et aussi la chasse[1].
3. Alors, il a fait construire Chambord dans la forêt de Sologne [?] il voulait chasser[2].
4. Le château, [?] est une construction magnifique, a 440 salles.
5. Mesdames et Messieurs, vous êtes devant le célèbre escalier [?] je vous ai parlé au début.
6. Cet escalier, [?] Léonard de Vinci a peut-être dessiné, est le plus grand du château.
7. François Ier, [?] la femme était Claude de France, a eu un fils avec elle: Henri II.
8. Henri II, [?] était marié avec Catherine de Médicis, a offert le célèbre château de Chenonceau à la très belle Diane de Poitiers [?] il était très amoureux, mais [?] sa femme détestait.

1 **la chasse** die Jagd 2 **chasser** jagen

4 2 18 *Écoutez puis écrivez les fractions* dans votre cahier.* (→ Repères, p. 118/1) ► GH p. 50/25

* **les fractions** die Bruchzahlen

2|19 Entre Tours et Chinon

▶ Folie 18

«Vous savez ce qui me plaît le plus dans cette région? demande Marion.
– Dis toujours, répond sa marraine qui répare son pneu crevé.
– On passe d'un siècle à l'autre à toute vitesse.»

C'est vrai. Hier, ils ont visité Tours, une ville industrielle dans laquelle on peut voir aussi des maisons du XVème siècle. Puis, ils ont visité le château d'Azay-le-Rideau du XVIème siècle.

Tours

Chinon

Et aujourd'hui, ils vont dormir près de Chinon, une ville dans laquelle on trouve partout des souvenirs du passage de Jeanne d'Arc en 1429.

Mais ils savent aussi qu'ils ne sont pas loin d'Avoine Chinon, une des centrales nucléaires de la Loire.
«En 2000, la Loire a eu des problèmes pour rentrer dans la liste du Patrimoine de l'Unesco, dit Mme Prémont, la marraine de Marion. À cause des centrales nucléaires.
– Et pourquoi est-ce que la vallée de la Loire est quand même sur la liste du Patrimoine?
– Parce que c'est le seul fleuve vraiment sauvage d'Europe: pas de barrage, pas de digue. Et il y a une grande variété d'oiseaux, de poissons, de plantes … Et, bien sûr, à cause des châteaux, de tout le patrimoine culturel.

vignobles sur la Loire

– Et de tous les siècles qu'on traverse, demande Antonia, lequel vous plaît le plus?
– Quel siècle? Hm … le seizième siècle, peut-être. Pouvoir parler à Léonard …
– À qui?
– À Léonard de Vinci. Un vrai génie! Je voudrais bien le rencontrer, lui dire: «Dis, tu ne pourrais pas me dessiner un mouton ou un bel escalier ou la Joconde …
– La Joconde, dit Philippe, le cousin de Marion, c'était Léonard de Vinci, déguisé en femme. J'ai lu ça quelque part.
– C'est pour ça que la Joconde sourit comme ça!»
Les jeunes passent maintenant devant des vignobles. Il y en a dans toute la vallée de la Loire.

«Les vignobles, c'est le lien entre les siècles, dit Mme Prémont.
– On est trop jeunes pour goûter, c'est dommage, dit Antonia.
– Et il y a des choses pour lesquelles on est déjà trop vieilles, dit Marion. On doit payer le prix normal pour visiter les châteaux. On n'a plus douze ans.
– On approche de Chinon, dit Antonia. Il faut regarder sur la carte où on peut trouver un camping.
– Regarde là, j'en vois deux. Auquel on va?»

Comprendre

1 ►◄ *Répondez aux questions.* (→ Carte, p. 106/107)

1. De quels endroits est-ce que le texte parle? Notez-les et retrouvez-les sur la carte.
2. Qu'est-ce que vous apprenez sur ces endroits?
3. La vallée de la Loire a eu des problèmes pour rentrer dans la liste du Patrimoine de l'Unesco. Pourquoi? Pourquoi a-t-elle quand même réussi à y entrer?

S'entraîner

2 *Complétez par une forme de* lequel. (→ Repères, p. 119/5) ▶ GH p. 51/26

1. Tours, c'est la ville dans [?] Marion et Antonia étaient hier.
2. Azay-Le-Rideau est le château dans [?] Marion a oublié sa veste.
3. Philippe a pris des photos sur [?] on peut voir la centrale nucléaire de Chinon.
4. Sur une photo, on peut voir Philippe qui garde les vélos avec [?] ils ont fait leur balade.

3 ◐ *Marion et Antonia discutent. Complétez le dialogue par une préposition +* qui *ou une forme de* lequel. (→ Repères, p. 119/5) ▶ GH p. 51/26

Marion: Qui était cette fille (à / [?]) tu as longuement parlé devant le château cet après-midi?
Antonia: Une Italienne! Et les deux types, (avec / [?]) elle était, sont de Naples!
Marion: Le monde est bien petit ... Et ils visitent la région?
Antonia: Oui, le camping (dans / [?]) ils sont, n'est pas loin d'ici. Si j'ai bien compris, c'est le camping (en face de / [?]) il y a cette crêperie où ta marraine veut nous inviter.
Marion: Je ne vois pas du tout ... Ah si! Ce n'est pas la crêperie (à côté de* / [?]) il y a une super belle piscine?
Antonia: Si! Tu sais, le concert (à / [?]) on est allés samedi, eh bien, les Italiens y étaient aussi.
Marion: Il faut croire qu'ils aiment les choses (à / [?]) on s'intéresse, nous aussi!

* **à côté de** neben

Activité

4 *Regardez les photos de cette unité et les textes p. 108 et 110. Présentez la Loire à quelqu'un qui ne comprend pas le français: Que peut-on y voir? Que peut-on y faire? Pourquoi est-ce une région intéressante?*

S

2 20–21 George Sand[1]

▶ FDT 2

George Sand est née à Paris en juillet 1804 et elle est morte au château de Nohant en 1876. Elle a grandi dans la campagne du Berry, une région de la vallée de la Loire. Peu d'auteurs ont écrit plus de romans, de pièces de théâtre et de poèmes qu'elle. Elle s'intéresse à tout. Elle aime les voyages, la nature, les arts, la politique. Elle voudrait tout connaître, elle écrit même qu'elle aimerait «mourir par curiosité». Les paysages de sa région et la vie de ses habitants se retrouvent dans ses romans.

Un de ses romans les plus célèbres est «La mare au diable», une histoire très simple et romantique qui raconte l'histoire de Germain, un paysan du Berry, de petit Pierre, son fils et de Marie, une jeune fille de seize ans, très pauvre.

Germain a vingt-huit ans, il a perdu sa femme il y a plus de deux ans, et a trois enfants. L'aîné, Pierre, a sept ans. Germain vit avec ses enfants chez ses beaux-parents qui lui demandent de trouver une autre femme. Il faudrait que cette femme soit assez riche, pas trop jeune et qu'elle accepte autant d'enfants. Le beau-père en connaît une dans le village voisin. C'est la fille d'un de ses amis. Il pense que Germain devrait faire la connaissance de cette femme. «Si tu avais une femme, dit-il, elle s'occuperait de tes enfants, elle pourrait tenir ton ménage, et tes pauvres enfants auraient une nouvelle mère.»

«Mais est-ce que mes enfants seraient heureux avec elle? Et moi?» se demande Germain.

Germain part dans le village voisin pour faire la connaissance de cette femme riche. Il y va avec petit Pierre et sa jeune voisine, Marie, qui doit aller travailler chez un paysan de ce village. Ils se perdent dans la brume.

Ils passent la nuit au bord de la «mare au diable», une mare connue pour son mystère. On dit qu'un enfant s'y est noyé autrefois. Germain regarde Marie et Pierre qui dorment. Il rêve.

1 [ʒɔʀʒəsɑ̃d]

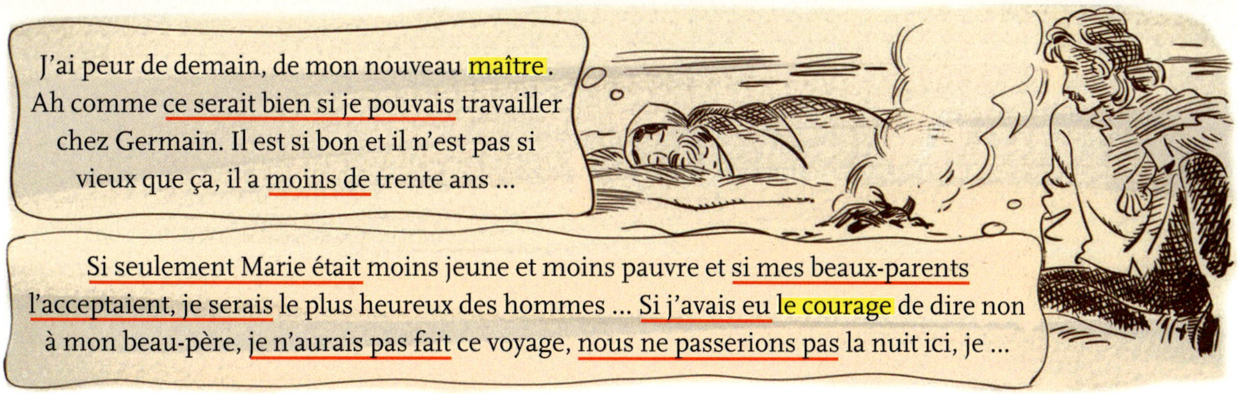

Comprendre

DELF **1** **a** *Vrai ou faux? Justifiez votre réponse.*

1. George Sand est une femme écrivain du XIXe siècle. Elle a vécu dans la vallée de la Loire.
2. C'est une personne curieuse qui s'intéresse à beaucoup de choses différentes.
3. Comme elle voyage beaucoup, elle écrit peu.
4. Son roman «La mare au diable» est très connu.
5. Il raconte l'histoire de Germain, un paysan, qui part dans un village voisin pour s'y marier.
6. Il part avec son fils et une jeune fille qui travaille pour lui.
7. Ils se perdent dans la campagne et doivent passer la nuit dans un village.
8. Ils dorment au bord d'une mare qu'on appelle la «mare au diable» parce qu'un enfant y est mort.

b ►◄ *Répondez.*

1. Qu'apprenez-vous sur Marie? Et sur Germain?
2. À votre avis, quels sont les sentiments de Marie pour Germain? Et quels sont les sentiments de Germain pour Marie?

Écouter

2 **a** 2|22 *Futur ou conditionnel? Notez le numéro des phrases au conditionnel dans votre cahier.*

b 2|22 *Écoutez encore une fois les phrases au conditionnel. Est-ce qu'il s'agit d'un souhait* (Wunsch), *d'une proposition* (Vorschlag/Ratschlag) *ou d'une demande* (Bitte)?

S'entraîner

3 ►◄ *Donnez des conseils à vos camarades. Utilisez:*
(→ Repères, p. 120/8)
► GH p. 52/28

Moi, à ta place, je + *conditionnel présent*

1. J'ai encore eu une mauvaise note en allemand.
2. Je n'ai encore rien lu de George Sand.
3. On m'a volé mon porte-monnaie!
4. Ma meilleure copine ne me parle plus et je ne sais pas pourquoi.
5. Je ne m'entends plus avec mon frère.
6. Je me sens mal. Je ne bouge pas assez.

4 **a** ►► *Répondez à ces questions.* (→ Repères, p. 120/8)

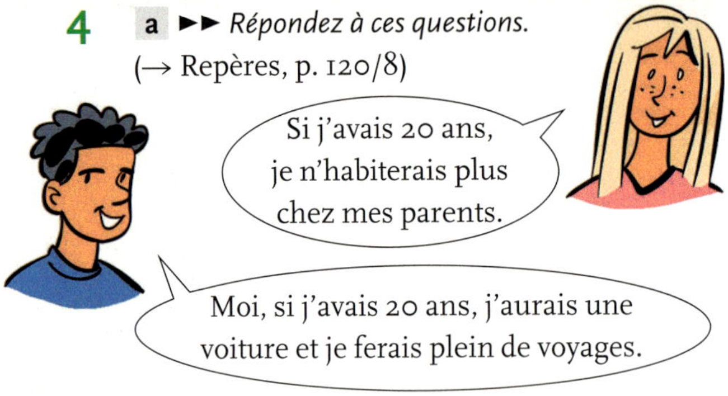

Qu'est-ce que tu ferais

1. si tu avais 20 ans?
2. si tu avais plus de temps?
3. si tu gagnais beaucoup d'argent?
4. si tu vivais dans un autre pays?
5. si tu étais le/la principal/e de ton collège?

b *Imaginez, comme en* **a** *, d'autres questions pour vos camarades, qui répondent.* ► GH p. 54/29

5 **a** *Regardez le dessin. Qu'est-ce que ces jeunes pourraient dire dans cette situation? Utilisez le conditionnel passé.* (→ Repères, p. 121/9) ► GH p. 54/29

1. *savoir* / ne pas *faire* cette excursion
2. *savoir* / *prendre* des vêtements chauds
3. *partir* plus tôt / déjà *arriver*
4. ne pas *oublier* mon portable / *appeler* nos parents
5. mieux *regarder* la carte / ne pas se *perdre*

b *À vous. Imaginez encore une phrase.*

6 **a** *Romain et Marion ont fait un sondage sur la lecture dans leur classe. Lisez les résultats et commentez-les. Utilisez* plus de, autant de *ou* moins de. (→ Repères, p. 120/6) ► GH p. 52/27

Exemple: Les filles lisent plus de romans que de bédés.

Romans: 46%	Filles: 65%	Garçons: 35%
Magazines: 45%	Filles: 50%	Garçons: 50%
Livres d'histoire: 20%	Filles: 59%	Garçons: 41%
Bédés: 18%	Filles: 46%	Garçons: 64%
Littérature classique: 16%	Filles: 57%	Garçons: 43%
Encyclopédie: 11%	Filles: 50%	Garçons: 50%

b *À vous! Faites un sondage sur la lecture dans votre classe et commentez les résultats.*

Activité

7 *Choisissez une des deux situations suivantes et imaginez la suite de l'histoire.*

1. Marie arrive chez son nouveau maître.
2. Germain fait connaissance avec la femme riche.

Préparer la lecture

▶ Folie 19 ▶ FDT 10

1 *Informez-vous sur Jeanne d'Arc.*
(→ Petit dictionnaire de civilisation, p. 144, encyclopédie)

Jeanne d'Arc

2 23 Au festival de jazz d'Orléans

Chaque année, à Orléans, il y a un grand festival de jazz. Des groupes du monde entier se retrouvent dans le centre et il y a des concerts jour et nuit. Johanna, une jeune chanteuse de 18 ans de Genève, y participe pour la première fois. Fabien, 15 ans, fait une interview avec elle pour une radio de jeunes.

Fabien: Je peux te dire «tu»?
Johanna: Bien sûr! On a au maximum trois ans de différence!
Fabien: Oui, mais moi, je chante faux et toi, tu chantes juste, et mieux que ça, tu chantes comme un ange!
Johanna: Oh là là! Merci!
Fabien: À propos, est-ce que tu sais que tu portes le prénom d'une de nos héroïnes?
Johanna: Tu veux dire Jeanne d'Arc? Oui, je sais, mais moi, contrairement à Jeanne d'Arc, je n'entends pas de voix ...
Fabien: Tu en as une et celle-là, tout le monde a envie de l'entendre! Est-ce que tu es allée à la maison Jeanne d'Arc, voir l'exposition sur sa vie?
Johanna: Bien sûr ... Ce personnage me fascine. Une simple bergère timide qui a réussi à chasser les Anglais d'Orléans. Avoue qu'il faut le faire!

Fabien: C'est vrai que ce n'est pas banal ... Qu'est-ce que tu as fait d'autre à Orléans?

Johanna: Pas grand-chose. Je me suis un peu promenée au Parc floral, pour me détendre un peu et pour regarder les fleurs, surtout celles qui sentent bon. Mais la plupart du temps, j'étais au festival. Pour moi, un festival, c'est l'occasion d'écouter des concerts qu'on n'entend pas tous les jours, comme ceux des Brésiliens, par exemple. J'ai aussi beaucoup aimé le groupe du Sénégal. Avant de venir ici, je ne connaissais pas Orléans. Pour moi, c'était une petite ville de province. Je n'ai pas vraiment eu le temps de visiter la ville, mais je crois que c'est une ville très dynamique.

Fabien: Hm ... Parlons encore un peu de toi. Qu'est-ce que tu détestes le plus?

Johanna: La musique dans les magasins pour faire acheter des produits, les gens qui ne respectent pas les autres, ceux qui rient ou parlent haut pendant un concert, par exemple.

Fabien: Tu seras chanteuse, c'est absolument clair dans ta tête?

Johanna: Absolument, et après avoir chanté au cours d'un festival comme celui-là, je ne peux rien m'imaginer d'autre. Je veux chanter aussi d'autres choses, des chansons, du classique, mais pour le moment et parmi tous les styles, celui que je préfère, c'est le jazz.

Fabien: Dernière question: Pour toi, qu'est-ce qui est le plus important pour bien mener sa vie?

Johanna: Bien savoir ce qu'on veut et surtout ce qu'on peut, et quand on y voit clair, tout faire pour réaliser ses rêves.

la place du Martroi

le Parc floral

Comprendre

DELF **2** **a** *Retrouvez dans le texte les informations sur la ville d'Orléans, Jeanne d'Arc et le festival de jazz.*

b *Qu'est-ce que vous apprenez sur Johanna? Présentez-la.*

Écouter

3 2 24 *Écoutez les différentes scènes et commentez-les. Utilisez ces expressions* (→ Repères, p. 121/11):
▶ GH p. 55/30

chanter juste — *chanter* faux — *parler* fort — *sentir* bon
sentir mauvais — *jouer* mal — *rire* fort — *coûter* cher

Exemple: Léa chante faux.

4

a *Des touristes ont répondu aux questions de Fabien. Lisez ce qu'ils disent et racontez ce qu'ils ont fait. Utilisez* avant de + infinitif. (→ Repères, p. 121/13) ▶ GH p. 56/32

Exemple: 1. Avant de visiter la maison Jeanne d'Arc, il est allé au parc.

* **les Beaux-Arts** die bildenden Künste

b *Refaites l'exercice et utilisez* après + infinitif.

Exemple: Après être allé au parc, il a visité la maison Jeanne d'Arc.

5

Des touristes veulent acheter des souvenirs d'Orléans. Faites des dialogues. Utilisez des pronoms démonstratifs. Faites attention aux prépositions. (→ Repères, p. 121/12) ▶ GH p. 55/31

Exemple:
- On prend cette affiche pour mamie[1]?
- **Celle de** la cathédrale?
- Oui, celle-là. / Non, pas celle-là. Je préfère **celle du** Parc floral.

[1] **mamie** Oma, Omi

[2] **le porte-clé** der Schlüsselanhänger

SÉQUENCE SUPPLÉMENTAIRE 1

Qu'est-ce qu'on dit?

1

etwas bauen lassen:	faire construire qc
jdn an der Nase herum führen:	mener qn par le bout du nez
Du gibst Bruchteile von etwas an:	
ein Fünftel (der Schlösser)	un cinquième (des châteaux)
ein Viertel (der Schlösser)	un quart (des châteaux)
die Hälfte (der Schlösser)	la moitié (des châteaux)
drei Viertel (der Schlösser)	les trois quarts (des châteaux)
neun von zehn (Schlössern)	neuf (châteaux) sur dix

Traduis:
1. Er lässt ein Haus bauen.
2. ein Viertel aller Lehrer
3. zwei Drittel der Touristen
4. die Hälfte der Autos
5. drei Viertel der Bücher
6. zwei Fünftel der Jungen
7. fünf von 1000 Kindern

Grammaire

2 **Das Relativpronomen „dont"** Le pronom relatif «dont» (→ GH, p. 49)

Henri II offre un château à Diane de Poitiers.
Il est très amoureux <u>de Diane</u>.

Henri II offre un château à Diane de Poitiers **dont** il est très amoureux.

Une femme dirige les travaux.
Le prénom <u>de cette femme</u> est Philippe.

Une femme, **dont** le prénom est Philippe, dirige les travaux.

Ils parlent <u>d'un camping</u>.
Le camping est encore très loin.

Le camping **dont** ils parlent est encore très loin.

Elle avait besoin <u>de baskets</u>.
Elle a acheté ces baskets.

Elle a acheté les baskets **dont** elle avait besoin.

a *Traduis les exemples.*

b *Traduis:*
1. Die Probleme, über die sie sprechen, sind wichtig.
2. Das Mädchen, um das sie sich kümmert, heißt Muriel.
3. Antonia kauft die Karten, die sie braucht.
4. Erinnerst du dich an die Frau, deren Vorname Philippe war?

Merke Diese Relativpronomen kennst du:

La ville **qui** me plaît le plus, c'est ...
La ville **que** je préfère, c'est ...
La ville **où** j'ai fait mes études, c'est ...

Ce que j'aime le plus dans cette ville, c'est ...
Ce qui ne me plaît pas dans cette ville, c'est ...
La ville **dont** je t'ai parlé, c'est ...

3 **Neue Verben** ▶ FDT 2

mener wie: **amener**

Qu'est-ce qu'on dit?

4

Nun sag schon!	Dis toujours.
Stell dir das mal vor!	Tu te rends compte!
Du bedauerst etwas:	C'est dommage!
Du fragst genauer nach:	(– Tu vois, ce garçon / cette fille, là-bas?) – Lequel?/Laquelle?

Grammaire

5 **Das Relativpronomen „lequel"** Le pronom relatif «lequel» (→ GH, p. 51)

Le journal **dans** lequel Tim décrit son voyage est très intéressant.

Voilà les livres **avec** lesquels ils apprennent le français.

C'est une ville industrielle **dans** laquelle on peut voir de vieilles maisons.

Il y a des choses **pour** lesquelles on est trop vieux.

Le camping auquel on est allé est très beau. (aller à)

Ce sont les jeux auxquels vous avez joué quand vous étiez jeunes. (jouer à)

Les questions auxquelles j'ai dû répondre étaient difficiles. (répondre à)

La fille **à qui** j'ai parlé s'appelle Marie.
C'est un problème **auquel** je n'ai pas encore réfléchi.

Für Personen verwendest du in der Regel: Präposition + „qui" (z. B. „à qui").
Für Dinge verwendest du: Präposition + „lequel/laquelle" (z. B. „à laquelle", „auquel").

Merke
lequel – laquelle
lesquels – lesquelles

Traduis:

1. Das Buch, mit dem ich Französisch lerne, heißt „À plus!"
2. Das Schloss, an das ich dachte, heißt Chenonceau.
3. Antonia ist die Freundin, mit der Marion den Urlaub verbracht hat.

S

Qu'est-ce qu'on dit?

6

Du äußerst einen Wunsch:	Je voudrais / J'aimerais (partir).
Du gibst einen Ratschlag:	Tu devrais (aller en France).
Du stellst eine höfliche Bitte:	Pourriez-vous (fermer la fenêtre) s.v.p.?
Du vergleichst Mengen:	Elle a plus de / autant de / moins de (bédés que son frère).

Traduis:
1. Wir könnten ins Kino gehen.
2. Du solltest ihn anrufen.
3. Könnten Sie mir bitte helfen?
4. Wir würden gerne nach Kanada fahren.

Grammaire

7 **Neue Verben** ▶ FDT 2

grandir, wie: **réagir**
noyer wie: **payer**

8 **Die Bildung des „conditionnel présent"** La formation du conditionnel présent (→ GH, p. 52–53)

			parler	finir	prendre
	-ais	je	parler**ais**	finir**ais**	prendr**ais**
	-ais	tu	parler**ais**	finir**ais**	prendr**ais**
Infinitiv +	**-ait**	il	parler**ait**	finir**ait**	prendr**ait**
	-ions	nous	parler**ions**	finir**ions**	prendr**ions**
	-iez	vous	parler**iez**	finir**iez**	prendr**iez**
	-aient	ils	parler**aient**	finir**aient**	prendr**aient**

a Welche Zeitform hat die gleichen Endungen wie das conditionnel?

⚠

être	→ je **serais**	aller	→ j'**irais**
faire	→ je **ferais**	pouvoir	→ je **pourrais**
avoir	→ j'**aurais**	vouloir	→ je **voudrais**
il faut	→ il **faudrait**	devoir	→ je **devrais**
savoir	→ je **saurais**	recevoir	→ je **recevrais**
voir	→ je **verrais**	venir	→ je **viendrais**
envoyer	→ j'**enverrais**		

b Vergleiche die Verbformen des „conditionnel" mit denen des „futur simple":

conditionnel	futur
je parlerais	je parlerai
j'aurais	j'aurai
j'irais	j'irai
je ferais	je ferai

c Bilde das „conditionnel présent":

1. je (manger)
2. ils (sortir)
3. nous (aller)
4. tu (choisir)
5. vous (venir)
6. elle (pouvoir)
7. il (plaire)
8. elles (arriver)
9. je (s'habiller)
10. nous (prendre)
11. vous (connaître)
12. tu (écrire)

9 Die Bildung des „conditionnel passé“ La formation du conditionnel passé (→ GH, p. 53–54)

J'**aurais parlé** avec lui.
Il **aurait dû** rester sur la route.
Elle ne **serait** pas **venue**.
Ils **seraient arrivés** plus tard.

a Wie bildest du das „conditionnel passé“? Welche Hilfsverben brauchst du?

b Setze die Verben ins „conditionnel passé“:

1. je (parler)
2. nous (manger)
3. ils (sortir)
4. tu (réagir)
5. elle (aller)
6. vous (tenir)
7. il (courir)
8. elles (vivre)
9. je (défendre)
10. il (dire)
11. nous (faire)
12. vous (mettre)

10 Der irreale Bedingungssatz La condition irréelle (→ GH, p. 54)

Si tu avais une femme, elle s'**occuperait** de tes enfants.
Est-ce que ses enfants **seraient** plus heureux si Germain se remariait?

Si Germain avait eu le courage, il **aurait dit** non à son beau-père.
S'ils étaient restés sur la route, ils ne se **seraient** pas **perdus**.

SÉQUENCE SUPPLÉMENTAIRE 4

Qu'est-ce qu'on dit?

11

Jemand singt falsch/richtig:	Il/Elle chante faux/juste.
Jemand spricht laut:	Il/Elle parle haut/fort.
Jemand sieht klar:	Il/Elle voit clair.
Etwas riecht gut/schlecht:	(La fleur) sent bon/mauvais.

Grammaire

12 Die Demonstrativpronomen Les pronoms démonstratifs (→ GH, p. 55)

Tu prends quel pantalon?	Celui à 60 euros.
Est-ce que ce sont tes livres?	Non, ce sont ceux de ma sœur.
Tu parles de quelle chanteuse?	De celle qui vient du Sénégal .
J'aime beaucoup ses chansons.	Moi, je préfère celles de Johanna.

13 Der Infinitivsatz La phrase infinitive (→ GH, p. 56–57)

Après avoir passé son bac, elle est devenue chanteuse.
Après être allée au concert, elle a voulu rentrer.

Traduis et compare à l'allemand.

Avant de rentrer, elle téléphone à son ami.

UNITÉ R Révision: Esmeralda et Quasimodo

Préparer la lecture

1 *Où et quand se passe cette scène? Décrivez le dessin. Cherchez les mots que vous ne connaissez pas dans un dictionnaire.* (→ Petit dictionnaire, p. 208)

Esmeralda et Quasimodo

2 25 Prologue

PRÉSENTATRICE: Cette histoire se passe en 1482. C'est la fin du Moyen-Âge. En France règne le roi Louis XI, roi célèbre qui fera beaucoup pour l'économie de son pays. Mais c'est un roi méchant et sans pitié pour son peuple. La cathédrale Notre-Dame de Paris sur l'île de la Cité est le centre de la vie publique. Sur son parvis, on peut voir de nombreux spectacles et des fêtes populaires. C'est là aussi que la danseuse Esmeralda, une belle bohémienne de 16 ans, vient danser. Elle y montre aussi sa chèvre qui sait compter et dire oui ou non. Esmeralda vit à la Cour des miracles, un quartier de bandits et de mendiants, un endroit où personne ne peut aller sans le payer de sa vie. Chers spectateurs, voilà Esmeralda, regardez-la danser … et attendez-vous au pire!

ESMERALDA:
Bohémienne
Nul ne sait le pays d'où je viens
Bohémienne
Je suis fille de grands chemins
Bohémienne, Bohémienne
Qui peut dire où je serai demain
Bohémienne, bohémienne
C'est écrit dans les lignes de ma main …

Scènes du film «Notre-Dame de Paris» (France/Italie 1956, Jean Delanney)

2 26 Premier tableau

PRÉSENTATEUR: Dans la cathédrale vivent deux personnes bizarres: L'un, c'est Frollo, l'archidiacre de la cathédrale, un homme sévère, impressionnant et toujours triste. Il s'intéresse à la science et essaie de transformer le plomb en or. L'autre, c'est Quasimodo, le sonneur de cloches, que Frollo a adopté quand il était petit. «Il est affreux, difforme, il a l'air d'un monstre», dit Esmeralda. Tous deux ont regardé la jeune fille danser et sont tombés amoureux d'elle.

FROLLO *en aparté:* Je suis devenu fou. Je suis prêtre et je ne peux pas, je n'ai pas le droit d'aimer. Esmeralda, tu fais mon malheur …

FROLLO:
Belle, est-ce le diable qui s'est incarné en elle
Pour détourner mes yeux du Dieu éternel?

QUASIMODO *en aparté:* Tu es l'ange et je suis le monstre sans espoir, tu es ma lumière, mon soleil. Pourquoi, pourquoi suis-je si affreux?

FROLLO *à Quasimodo:* Quasimodo, tu vas enlever Esmeralda. C'est une étrangère, une sorcière. C'est une chienne. Elle n'a pas le droit de danser sur ce parvis. Nous allons l'enfermer dans la tour et lui apprendre notre religion.

QUASIMODO *triste:* Je ferai tout ce que tu me commanderas… *en aparté* … Mais ne lui fais pas de mal …

R

27 Deuxième tableau

PRÉSENTATEUR: Frollo et Quasimodo suivent Esmeralda dans les petites rues sombres de Paris. Et voilà Quasimodo qui essaie d'enlever la jeune fille, mais à ce moment passe Phœbus, le beau capitaine avec ses soldats. Le capitaine Phœbus sauve Esmeralda des mains de Quasimodo.

ESMERALDA: Quel est ton nom, beau prince?

PHŒBUS: Je suis le capitaine Phœbus. Nous reverrons-nous, belle jeune fille?

ESMERALDA: Oui, quand vous le voudrez.

PRÉSENTATRICE: Frollo a pris la fuite et les gardes emmènent le pauvre Quasimodo. Esmeralda tombe amoureuse de ce beau capitaine qui porte si bien l'uniforme et le nom du Soleil.

ESMERALDA:
Il est beau comme le soleil
Est-ce un prince, un fils de roi
Je sens l'amour qui s'éveille
Au fond de moi plus fort que moi
Il est beau comme le soleil
C'est un prince, un fils de roi
De roi, je crois ...

28 Troisième tableau

PRÉSENTATEUR: Pendant ce temps, un jeune homme, le poète Gringoire, s'est perdu dans les petites rues noires de Paris et il est arrivé dans la Cour des miracles. Mais qui entre dans cet endroit perd la vie ... Voilà qu'une foule d'hommes et de femmes, tous terriblement sales et agressifs, l'entourent et le mènent au roi de la Cour des miracles. On lui met la corde au cou, on le fait monter sur une chaise.

CLOPIN, *le roi de la Cour des Miracles:* Pendez-le!

GRINGOIRE: Non! Pitié! Pitié! Je ne suis qu'un pauvre poète, je n'ai rien, rien que ma vie et mes poèmes.

CLOPIN *rigole:* Je sais, tes poèmes ennuient tout le monde! Pendez-le! À moins qu'une de nos femmes le prenne pour mari. Allez, les femmes! Qui veut ce bon à rien pour mari?

PRÉSENTATRICE: Les femmes viennent voir Gringoire de près. L'une le trouve trop pauvre, l'autre a peur de son premier mari, qui est jaloux, la troisième est si affreuse, si vieille et si sale que Gringoire se demande s'il ne préfère pas mourir.

LA VIEILLE: Non, il est trop maigre.

PRÉSENTATEUR: Mais voici Esmeralda que Phœbus vient de sauver. Elle entre dans la salle où la foule est réunie.

ESMERALDA: Moi, je le prends pour mari.

CLOPIN: Très bien. Il sera ton mari pour quatre ans.

ESMERALDA *à Gringoire:* Je t'ai sauvé. Mais tu ne me toucheras pas. J'aime Phœbus, le capitaine Phœbus.

29 Quatrième tableau ▶ FDT 16

PRÉSENTATRICE: Mais que devient entre temps Quasimodo que les gardes ont emmené? Le pauvre homme va subir le supplice de la roue. Il souffre. On ne lui donne pas à boire, il a très soif. Et tout le monde se moque de lui, personne n'a pitié de ses cris.

QUASIMODO:
Pitié pour le pauvre Quasimodo
Qui porte déjà sur son dos
Tous les malheurs du monde
Et qui ne vous demande qu'une goutte d'eau ...
Pitié ...

PRÉSENTATEUR: Esmeralda a pitié de lui. Elle vient, elle lui donne à boire. Quasimodo réussit à prendre la fuite. L'amour de Quasimodo pour la jeune fille sera plus grand encore. Et il aura l'occasion de le lui prouver car un grand malheur attend la bohémienne.

Cinquième tableau

PRÉSENTATRICE: Esmeralda a rendez-vous avec Phœbus dans une auberge, mais Frollo, qui est très jaloux, la suit. Il donne un coup de couteau au capitaine. On accuse Esmeralda de ce meurtre et de sorcellerie. On va la pendre, elle et sa chèvre ... Mais Quasimodo, qui protège la belle bohémienne, la sauve et l'emmène dans la cathédrale. Au Moyen-Âge, les cathédrales donnaient le droit d'asile, un droit qui existe encore de nos jours.

QUASIMODO: N'aie pas peur, Esmeralda. N'aie pas peur de moi. Je ne te toucherai pas. Je t'apporterai du pain et tu pourras te promener dans les galeries et la nuit, sur les toits de la cathédrale. Ici, les soldats n'ont pas le droit d'entrer. Personne ne pourra te faire de mal.

ESMERALDA:
Ave Maria
Protège-moi
De la misère du mal et des fous
Qui règnent sur la terre
Ave Maria
Des étrangers, il en vient de partout
Ave Maria
Écoute-moi
Fais tomber les barrières entre nous
Qui sommes tous des frères

PRÉSENTATEUR: Mais Louis XI et Frollo ne respecteront pas le droit d'asile. Ils enverront les soldats dans l'église pour arrêter Esmeralda.

D'après: Notre-Dame de Paris, roman de Victor Hugo et comédie musicale de Luc Plamodon et Richard Cocciante

Pour aller plus loin (1)

La Cour des miracles était un endroit typique de Paris au Moyen-Âge. Des milliers de mendiants et de bandits y vivaient autour de leur roi. Ils défendaient leur cour contre les soldats qui n'aimaient pas entrer dans ce quartier.
Pourquoi appelait-on ce quartier la Cour des miracles? Le matin, c'étaient des pauvres gens qui partaient dans les rues de Paris pour mendier. Ils étaient malades, aveugles[1] ou sourds[2], n'avaient plus de jambes, plus de bras. Mais le soir, quand ils rentraient dans la cour, c'était le miracle, ces pauvres gens recommençaient à marcher, à voir, à entendre et à danser. Même les vieux redevenaient jeunes. Toutes leurs maladies avaient disparu ... un vrai miracle!

Pour aller plus loin (2)

Né à Besançon en 1802, mort à Paris en 1885, Victor Hugo est un des plus grands écrivains français. Il a écrit de nombreux poèmes, des pièces de théâtre et aussi des romans historiques comme «Notre-Dame de Paris» (1831) ou «Les Misérables» (1845–1862) sur la vie des pauvres dans le Paris du 19ème siècle. Si vous allez à Paris, vous pouvez visiter le musée Victor Hugo qui se trouve 6, place des Vosges, dans la maison où il a habité de 1832 à 1848.

1 **aveugle** blind
2 **sourd** taub

Préparer un spectacle de fin d'année

▶ Folie 20 ▶ FDT 17

1 **a** *Trouvez dans le texte le nom des personnages de la pièce et faites une liste.*

DELF **b** *Qui sont-ils? Comment sont-ils? Trouvez pour chaque personnage une courte description* et complétez votre liste.*

Exemple: Esmeralda, danseuse / belle bohémienne

* **la description** die Beschreibung

2 *Dites qui sont les personnages principaux de l'histoire et décrivez leurs relations entre eux.*

Exemple: Esmeralda est tombée amoureuse de Phœbus. Phœbus ___ .

3 **a** *Formez des groupes. Chaque groupe lit un tableau et répond aux questions suivantes.*

1. Où se passe la scène?
2. Qu'est-ce qui se passe?

b *Reconstituez ensemble les étapes de l'histoire et racontez l'histoire.*

4 *Chaque groupe imagine la fin de l'histoire. Présentez ensuite vos résultats à vos camarades et choisissez ensemble une version.*

5 **a** *Choisissez les costumes et les accessoires[1], parlez aussi des décors[2] pour chaque lieu.*

b *Distribuez les rôles: Qui joue, qui s'occupe de la mise en scène[3], des costumes, des décors? Puis présentez le spectacle.*

1 **les accessoires** *m. pl.* die Requisiten
2 **le décor** das Bühnenbild 3 **la mise en scène** die Inszenierung

Scènes de la comédie musicale «Notre-Dame de Paris» (1998)

Exercices de révision

Écouter

DELF **1** **a** 2 31 *Écoutez le texte, prenez des notes et répondez. Quels endroits est-ce qu'on peut visiter à Paris?*

b 2 31 *Écoutez le texte encore une fois. Qu'est-ce que vous apprenez sur le Pont-Neuf, la tour de l'Horloge, le marché aux fleurs et la cathédrale Notre-Dame?*

c *Regardez le plan de Paris et suivez le chemin décrit.*

Réviser le passé composé et l'imparfait

2 *Mettez les verbes entre parenthèses au passé composé ou à l'imparfait.*

Notre-Dame de Paris
En 1160, Maurice de Sully qui *(être)* évêque[1] de Paris *(décider)* de construire une nouvelle cathédrale au centre de Paris. D'abord, on *(abattre)* les maisons du VIe siècle qui *(se trouver)* sur l'île de la Cité. En 1163, le pape[2] Alexandre *(poser)* la première pierre[3]. Le plan de la nouvelle cathédrale *(être)* impressionnant: Longue de 138 m, large de 48 m et haute de 39 m, Notre-Dame *(être)* la plus grande cathédrale de son époque. Les travaux *(durer)* presque deux siècles, de 1163 à 1351. Beaucoup d'événements[4] importants *(se passer)* à Notre-Dame. Par exemple, en 1455, le procès[5] de Jeanne d'Arc y *(commencer)*, et en 1804, Napoléon Ier y *(devenir)* empereur[6]. En 1792, on *(abattre)* les têtes des statues des Rois de France dans la cathédrale. Pendant presque deux siècles on *(ne pas / savoir)* où elles *(se trouver)*. On *(croire)* qu'elles *(être)* perdues. Mais en 1977, on *(retrouver)* 21 de ces têtes dans le sous-sol[7] de la Banque de France.

1 **l'évêque** *m.* der Bischof 2 **le pape** der Papst 3 **la pierre** der Stein 4 **l'événement** *m.* das Ereignis 5 **le procès** der Prozess
6 **l'empereur** *m.* der Kaiser 7 **le sous-sol** der Keller

R

Réviser les pronoms avec l'impératif

3 **a** *Retrouvez l'ordre des mots et écrivez les phrases dans votre cahier.*

1. t' heure toi copain une attend dépêche depuis ton
2. comme moi pas me ça aidez ne regardez
3. dis n'importe quoi vérité raconte pas ne moi me la
4. plus envoie ne de ça moi va lettres des plutôt m' messages plus écris vite
5. mieux moi mon c' fais de cinéma pas pour est ne anniversaire invite au me cadeau

b *Écrivez un autre puzzle comme en* **a** *pour vos camarades.*

Réviser l'interrogation indirecte

4 **a** *Les touristes allemands et leur guide parisien ne se comprennent pas. Aidez-les.*

Utilisez: Ils demandent / Ils veulent savoir | si ___ . / pourquoi ___ . / quand ___ . / où ___ . / comment ___ . / combien ___ . / ce que ___ .

b *Trouvez les réponses aux questions 1, 5, 6, 7, 8, 9, 10. Regardez dans le Petit dictionnaire de civilisation et sur Internet* (www.parisrama.com → antiquité).

Vocabulaire et expression

5 *Faites un concours d'écriture.*

1. Formez des groupes de deux, trois ou quatre. Chaque groupe joue contre un autre groupe.
2. Chaque groupe choisit et écrit le thème d'une histoire sur une feuille (par exemple, «Un voyage à Paris» ou «Fantômas à la campagne» ...).
3. Chaque groupe choisit et écrit aussi deux noms, deux adjectifs et deux verbes sur la feuille.
4. Les groupes adversaires* échangent leurs feuilles.
5. Chaque groupe doit écrire une histoire sur le thème donné et utiliser obligatoirement tous les mots sur la feuille.
6. Avant de commencer, fixez un temps maximum.
7. Puis présentez vos textes à vos camarades.
8. Choisissez le meilleur.

* **l'adversaire** *m./f.* der Gegner / die Gegnerin

6 **a** *Anna prépare son voyage à Paris. Qu'est-ce qu'il faut qu'elle fasse? Utilisez* il faut que + *subjonctif.*

écrire à l'office de tourisme
lire un guide*
acheter de nouvelles baskets
réfléchir à un cadeau pour sa corres
parents *donner* argent de poche
faire sa valise
prendre son dictionnaire
dire au revoir à ses grands-parents

* **le guide** der Reiseführer

b *À toi. Qu'est-ce qu'il faut que tu fasses avant les vacances? Utilise* il faut que + *subjonctif.*

7 *Subjonctif ou indicatif? Complétez les bulles.*

Réviser le futur

8 **a** *Ces personnes rêvent de leurs vacances à Paris. Qu'est-ce qu'elles pensent? Utilisez le futur simple.*

b *Et toi, qu'est-ce que tu feras pendant tes vacances? Écris au moins cinq phrases au futur simple.*

Réviser les phrases conditionnelles

9 ►► *Formez les phrases. Utilisez* si.

Exemple: Si tout va bien, nous arriverons à Paris à cinq heures.

1. tout aller bien / arriver à Paris à cinq heures
2. arriver à Paris à cinq heures / avoir le temps de faire une promenade
3. avoir le temps de faire une promenade / aller au Trocadéro
4. aller au Trocadéro / voir la tour Eiffel
5. voir la tour Eiffel / vouloir y monter
6. vouloir y monter / falloir faire la queue
7. falloir faire la queue / *Continuez.*

Réviser les prépositions

DELF **10** *Décrivez la scène et les personnages, p. 131. Utilisez un maximum de prépositions.*

à   sur   de   devant   derrière   chez   à côté de   près de   en face de
dans   sous   avec   pour   pendant   en   ___

Réviser les compléments à l'infinitif

11 *Imaginez que le dessin de l'exercice 10 devienne un film. Qu'est-ce qui se passe? Que font les personnages? Racontez.*

Exemple: Le jeune homme dans le parc arrête de lire son roman parce qu'il a envie de boire un jus de fruits. Il sort du parc et va au café.

commencer à *apprendre* à *aider* qn à
réussir à *avoir* besoin de
avoir envie de *arrêter* de *essayer* de
demander à qn de *finir* de
oublier de *penser* à *renoncer* à

Réviser le «en» partitif

12 **a** *Faites ce quiz. Utilisez* en *dans vos réponses.* (→ Livre, Petit dictionnaire, p. 146–149)

Exemple: 1. Combien d'habitants est-ce qu'il y a à Paris? – Il y en a 2 125 246.

b *À vous. Trouvez encore deux ou trois questions de quiz pour vos camarades.*

Connaissez-vous Paris?

1. Combien d'habitants est-ce qu'il y a à Paris?
2. Combien de tours a la cathédrale Notre-Dame?
3. Où est-ce qu'on peut voir des tombes de morts très célèbres?
4. Où est-ce qu'on peut acheter de très bonnes glaces?
5. Combien d'arrondissements y a-t-il à Paris?
6. Où peut-on rencontrer des «petits rats»?
7. Où peut-on voir des films sur un très grand écran?
8. Dans quel quartier peut-on acheter des produits* internationaux?
9. Où peut-on voir de très grands immeubles?
10. Où peut-on rencontrer des gens célèbres?
11. Où est-ce qu'on peut faire des courses?
12. Il y a combien de stations de métro entre «Champs-Élysées» et «Louvre»?

* **le produit** das Produkt

R

Les signes dans la phrase **Die Zeichen im Satz**

la minuscule · *LA MAJUSCULE* · *l'apostrophe* f. · *le trait d'union* · *l'accent circonflexe* m. · *l'accent aigu* m. · *l'accent grave* m. · *le «c» cédille*

Samedi, c'est l'anniversaire de Jérôme! Il fait une fête et il invite ses amis: deux garçons et trois filles. Mercredi après-midi, les copains achètent des cadeaux. Hélène achète le CD «Joyeux anniversaire». René regarde une bédé – elle est super, mais trop chère. Et moi? (Je n'ai pas encore d'idée ...)

les points de suspension · *les parenthèses* f. · *les guillemets* m. · *le tiret* · *le point d'exclamation* · *la virgule* · *les deux points* · *le point* · *le point d'interrogation*

La transcription phonétique **Die Lautschrift**

Les consonnes **Die Konsonanten**

[b] banane, bonbon
[d] danse, ordinateur
[f] photo, soif
[g] gare, guide
[k] classe, chocolat
[l] la, ville
[m] mardi, aimer, film
[n] non, tonne
[ŋ] camping
[ɲ] campagne, Allemagne
[p] page, répondre
[ʀ] rue, livre
[s] *scharfes „s" wie in* Kuss: ça, merci, sonner, passer
[z] *summendes „s" (tritt nur zwischen zwei Vokalen, als Bindungs -s bzw. -x oder in der Schreibung „z" auf) wie in* rasen: maison, les‿enfants, six‿heures, zéro
[ʃ] „sch" *wie in* Tasche: chercher, chat
[ʒ] „j" *wie in* Garage: agenda, jouer
[t] tour, mettre
[v] voisin, livre, élève

Les voyelles **Die Vokale**

[a] *kurzes „a" wie in* Ball: ami, femme
[ɑ] *langes „a" wie in* Bahn: ne ... pas, gâteau
[ɛ] *offenes „e" wie in* Ende: mais, disquette, c'est
[e] *geschlossenes „e" wie in* See: école, bébé
[ə] *stummes „e" wie in* Kabel: le, de, regarder
[i] idée, guide, lit
[o] *geschlossenes „o" wie in* Floh: trop, pauvre
[ɔ] *offenes „o" wie in* doch: poste, sortir
[ø] *geschlossenes „ö" wie in* böse: jeudi, Monsieur
[œ] *offenes „ö" wie in* öffnen: fleuve, cœur
[u] „u" *wie in* Mut: où, bonjour, sous
[y] „ü" *wie in* müde: unité, muscle, minute

Les semi-voyelles **Die Gleitlaute**

[ɥ] cuisine, minuit
[j] caillou, famille, dossier
[w] oiseau, histoire, oui

Les voyelles nasales **Die nasalierten Vokale**

[ɑ̃] enfant, cantine, lampe
[ɔ̃] pont, raconter, pardon
[ɛ̃] un, dessin, faim, copain

Les verbes et leurs compléments **Die Verben und ihre Ergänzungen**

Einige Verben schließen das Objekt im Französischen anders als im Deutschen an:

demander **à** qn	jdn fragen
téléphoner **à** qn	jdn anrufen
s'identifier **à** qn	sich mit jdm identifizieren
s'intéresser **à** qc/qn	sich für etw./jdn interessieren
s'opposer **à** qn/qc	sich jdm/etw. widersetzen
comparer qn/qc **à** qn/qc	jdn/etw. mit jdm/etw. vergleichen
discuter **de** qn/qc	sich über jdn/etw. unterhalten
se moquer **de** qn/qc	sich über jdn/etw. lustig machen
se plaindre **de** qn/qc	sich über jdn/etw. beschweren
se souvenir **de** qn/qc	sich an jdn/etw. erinnern
aider qn	jdm helfen
attendre qn	auf jdn warten
écouter qn	jdm zuhören, auf jdn hören

Comment former le féminin d'un nom **Wie man die weibliche Form eines Nomens bildet**

Häufig unterscheidet sich die weibliche Form von der männlichen nur durch die Endung **-e**.

l'ami *m.* – l'ami**e** *f.*	l'Allemand *m.* – l'Allemand**e** *f.*	le Berlinois – la Berlinois**e**
le voisin – la voisin**e**	l'Américain *m.* – l'Américain**e** *f.*	le Bavarois – la Bavarois**e**

Einige Nomen verfügen über besondere weibliche Formen:

-teur → **-trice**

l'acteur *m.* – l'ac**trice** *f.*	le moniteur – la moni**trice**	l'auditeur *m.* – l'audi**trice** *f.*
l'aviateur *m.* – l'avia**trice** *f.*	l'instituteur *m.* – l'institu**trice** *f.*	le conducteur – la conduc**trice**
le directeur – la direc**trice**	le fondateur – la fonda**trice**	l'explorateur *m.* – l'explora**trice** *f.*

-eur → **-euse**

le vendeur – la vend**euse**
le danseur – la dans**euse**
le chanteur – la chant**euse**

-er → **-ère**

le boulanger – la boulang**ère**	le sommelier – la sommeli**ère**
le charcutier – la charcuti**ère**	le policier – la polici**ère**
le cuisinier – la cuisini**ère**	l'étranger *m.* – l'étrang**ère** *f.*

Verdoppelung des Endkonsonanten + -e

le Parisien – la Parisie**nne**
le Breton – la Breto**nne**
le Canadien – la Canadie**nne**
le champion – la champio**nne**
le chien – la chie**nne**
le chat – la cha**tte**

Bei männlichen Nomen, die auf -e enden, ist die weibliche Form meistens gleich.

le /la touriste	l'artiste *m./f.*
le/la journaliste	l'adulte *m./f.*
le/la secrétaire	l'élève *m./f.*
le/la documentaliste	

ANNEXE

Les États membres et les nationalités de l'Union Européenne (UE)
Die Mitgliedsstaaten und Nationalitäten der Europäischen Union (EU)

Pays	Nationalité
l'Allemagne *(f.)*	allemand/e
l'Autriche *(f.)*	autrichien/ne
la Belgique	belge *(m./f.)*
la Chypre	chypriote *(m./f.)*
le Danemark	danois/e
l'Espagne *(f.)*	espagnol/e
l'Estonie *(f.)*	estonien/ne
la Finlande	finlandais/e
la France	français/e
la Grèce	grec/grecque
la Hongrie *(f.)*	hongrois/e
l'Irlande *(f.)*	irlandais/e
l'Italie *(f.)*	italien/ne
la Lettonie	letton/ne
la Lituanie	lituanien/ne
le Luxembourg	luxembourgois/e
Malte	maltais/e
les Pays-Bas	néerlandais/e
la Pologne	polonais/e
le Portugal	portugais/e
la République tchèque	tchèque *(m./f.)*
le Royaume-Uni	britannique *(m./f.)*
la Slovaquie	slovaque *(m./f.)*
la Slovénie	slovène *(m./f.)*
la Suède	suédois/e

Kleinschreibung
– wenn du die Nationalität von jdm angeben willst: Elle est **française**. J'ai un copain **espagnol**.
– wenn du die Sprache meinst: Tu parles **allemand**?

Großschreibung
– wenn du eine Person bezeichnen willst: C'est un **Italien** super sympa.

Le vocabulaire de la discussion   Diskutieren

Dire son avis   Seine Meinung äußern

Je pense / Je trouve / Je crois / Je suis sûr/e | que ___ .

J'aime / Je n'aime pas | les acteurs / la musique / ___ .

Ça me plaît. / Ça ne me plaît pas.

C'est | une histoire / un roman | qui nous touche. / qui nous concerne.

À mon avis, ___ .
Je suis pour. / Je suis contre.
On pourrait aussi ___ .
Je voudrais finir ma phrase.
Je ne sais pas, ça dépend (de ___).

Accepter   Zustimmen

C'est une idée intéressante.
Tu as raison.
Je suis d'accord avec toi.
C'est juste.
C'est vrai.
Pourquoi pas?
Bien sûr!

Demander son avis à qn   Nachfragen

Qu'est-ce que tu penses de ___ ?
Qu'est-ce que ça veut dire?
Qu'est-ce que tu veux dire par là?
Je voudrais savoir si ___ .
À quoi penses-tu quand ___ ?
Tu peux expliquer ce que tu penses de ___ ?
Est-ce que tu crois que ___ ?
Tu peux nous dire ce qui te plaît?

Refuser   Ablehnen

Ce n'est pas mon avis.
Ce n'est pas vrai.
Ce n'est pas juste.
C'est faux.
On ne peut pas comparer.
Ce n'est pas un argument!
Il ne s'agit pas de ça.
Je ne suis pas d'accord.
Ça ne sert à rien.

À votre avis, ...?	... eurer Meinung nach ...?
Choisissez un personnage / une des situations.	Wählt eine Person / eine der Situationen aus.
Classez les mots dans différentes rubriques.	Ordnet die Wörter in verschiedene Rubriken ein.
Comment est-ce qu'il faut prononcer les mots en gras?	Wie müssen die fettgedruckten Wörter ausgesprochen werden?
Commentez le sondage.	Kommentiert die Umfrage.
Complétez les phrases.	Vervollständigt die Sätze.
Décrivez la situation / une émission / le tableau.	Beschreibt die Situation / eine Sendung / das Gemälde.
Donnez-leur des conseils.	Gebt ihnen Ratschläge.
Écrivez une lettre / des phrases / les mots (dans votre cahier).	Schreibt einen Brief / Sätze / die Wörter (in euer Heft).
Faites/préparez un dialogue et jouez-le (à deux).	Macht/Bereitet einen Dialog (vor) und spielt ihn (zu zweit).
Faites une affiche / une fiche / des devinettes / un tableau.	Macht ein Plakat / eine Kartei / Rätsel / eine Tabelle.
Formez les adverbes / un maximum de phrases.	Bildet die Adverbien / so viele Sätze wie möglich.
Identifiez les deux personnages.	Findet heraus, wer die beiden Personen sind.
Imaginez la suite de l'histoire.	Stellt euch vor, wie die Geschichte weitergeht.
Justifiez votre réponse.	Begründet eure Antwort.
Mettez les verbes (entre parenthèses) au passé compose.	Setzt die (in Klammern stehenden) Verben ins passé composé.
Notez les mots dans votre cahier / au tableau.	Notiert die Wörter in euer Heft / an die Tafel.
Posez des questions à vos camarades.	Stellt euren Mitschülern Fragen.
Présentez les personnages.	Stellt die Personen vor.
Quel texte correspond le mieux (au poème)?	Welcher Text passt am besten (zum Gedicht)?
Reformulez les phrases au subjonctif.	Formuliert die Sätze in den subjonctif um.
Relevez les informations dans le texte.	Listet die Informationen aus dem Text auf.
(Re)trouvez les réponses / les informations / les combinaisons possibles / l'ordre des mots / les intrus.	Findet die Antworten / die Informationen / die möglichen Kombinationen / die richtige Reihenfolge der Wörter / die Eindringlinge (wieder).
Révisez (le vocabulaire). / Faites réviser (le vocabulaire) à vos camarades.	Wiederholt (die Vokabeln). / Lasst eure Mitschüler (die Vokabeln) wiederholen.
Traduisez les phrases (en allemand).	Übersetzt die Sätze ins Deutsche.
Transformez les indications.	Formuliert die Anweisungen um.
Utilisez le comparatif / l'imparfait.	Benutzt den Komparativ / das imparfait.
Visitez le site.	Besucht die Webseite.

Les nombres en français Die französischen Zahlen

1. Les nombres cardinaux Die Grundzahlen

0	zéro	[zeRo]	
1	un/une	[ɛ̃] *(männlich)* / [yn] *(weiblich)*	
2	deux	[dø]	[døz] *in der Bindung:* deux enfants [døzɑ̃fɑ̃]
3	trois	[tRwa]	[tRwaz] *in der Bindung:* trois enfants [tRwazɑ̃fɑ̃]
4	quatre	[katR]	
5	cinq	[sɛ̃k]	[sɛ̃] *vor Konsonanten:* cinq romans [sɛ̃Romɑ̃]
6	six	[sis]	[si] *vor Konsonanten:* six livres [silivR]
			[siz] *in der Bindung:* six heures [sizœR]
7	sept	[sɛt]	
8	huit	[ɥit]	[ɥi] *vor Konsonanten:* huit musées [ɥimyze]
9	neuf	[nœf]	*aber:* neuf ans [nœvɑ̃] und neuf heures [nœvœR]
10	dix	[dis]	[di] *vor Konsonanten:* dix livres [dilivR]
			[diz] *in der Bindung:* dix heures [dizœR]
11	onze	[ɔ̃z]	
12	douze	[duz]	
13	treize	[tRɛz]	
14	quatorze	[katɔRz]	
15	quinze	[kɛ̃z]	
16	seize	[sɛz]	
17	dix-sept	[disɛt]	
18	dix-huit	[dizɥit]	
19	dix-neuf	[diznœf]	*wie bei* neuf
20	vingt	[vɛ̃]	[vɛ̃t] *in der Bindung:* vingt heures [vɛ̃tœR]
21	vingt et un[1]	[vɛ̃teɛ̃] *(männlich)*	
	vingt et une	[vɛ̃teyn] *(weiblich)*	
22	vingt-deux	[vɛ̃tdø]	*wie bei* deux
30	trente	[tRɑ̃t]	
40	quarante	[kaRɑ̃t]	
50	cinquante	[sɛ̃kɑ̃t]	
60	soixante	[swasɑ̃t]	
70	soixante-dix[2]	[swasɑ̃tdis]	*wie bei* dix
71	soixante et onze	[swasɑ̃teɔ̃z]	
72	soixante-douze	[swasɑ̃tduz]	
73	soixante-treize	[swasɑ̃ttRɛz]	
74	soixante-quatorze	[swasɑ̃tkatɔRz]	
75	soixante-quinze	[swasɑ̃tkɛ̃z]	
76	soixante-seize	[swasɑ̃tsɛz]	
77	soixante-dix-sept	[swasɑ̃tdisɛt]	
78	soixante-dix-huit	[swasɑ̃tdizɥit]	*Bindung wie bei* huit
79	soixante-dix-neuf	[swasɑ̃tdiznœf]	*Bindung wie bei* neuf
80	quatre-vingts[3]	[katRəvɛ̃]	*Bindung wie bei* vingt
81	quatre-vingt-un[4]	[katRəvɛ̃ɛ̃]	*(männlich)*
	quatre-vingt-une	[katRəvɛ̃yn]	*(weiblich)*
82	quatre-vingt-deux	[katRəvɛ̃dø]	*Bindung wie bei* deux
90	quatre-vingt-dix[5]	[katRəvɛ̃dis]	*Bindung wie bei* dix
91	quatre-vingt-onze	[katRəvɛ̃ɔ̃z]	
100	cent	[sɑ̃]	[sɑ̃t] *in der Bindung:* 100 ans [sɑ̃tɑ̃]
101	cent un[6]	[sɑ̃ɛ̃]	
102	cent deux	[sɑ̃dø]	[-døz] *in der Bindung*
110	cent dix	[sɑ̃dis]	[-di] *vor Konsonanten*
			[-diz] *in der Bindung*

200	deux cents[7]	[døsɑ̃]	[-sɑ̃z] *in der Bindung*
201	deux cent un[8]	[døsɑ̃ɛ̃]	
1.000	mille	[mil]	
1.001	mille un	[milɛ̃]	
2.000	deux mille[9]	[dømil]	
100.000	cent mille	[sɑ̃mil]	
200.000	deux cent mille	[døsɑ̃mil]	
1.000.000	un million	[ɛ̃miljɔ̃]	
2.000.000	deux millions	[dømiljɔ̃]	

1 *Bei 21, 31, 41, 51, 61 wird der Einer mit* et *an den Zehner gebunden. Die nachfolgenden Einer (z.B. 22, 23, 24, ...) werden jedoch mit Bindestrich angeschlossen.*
2 *Ein eigenes Zahlwort für 70 hat das Französische nicht. Diese Zahl wird durch Zusammensetzen von 60 (+) 10 gebildet.*
3 *Das Zahlwort* vingt *hat eine Pluralform:* quatre-vingts. *Die Zahl 80 ist eine Zusammensetzung aus: 4 (x) 20.*
4 *Wenn auf* vingt *eine weitere Zahl folgt, entfällt das Plural-*s.
5 *Auch bei 90 wird eine zusammengesetzte Form gebildet: 4 (x) 20 (+) 10.*
6 *Ab 100 werden die Einer und Zehner nicht mehr mit Bindestrich angeschlossen.*
7 *Das Zahlwort* cent *hat eine Pluralform:* deux cents, trois cents.
8 *Wenn noch eine Zahl folgt, hat* cent *kein* -s.
9 *Das Zahlwort* mille *ist unveränderlich:* deux mille, trois mille.

Die Schreibung mit Bindestrich ist nach den neuen Empfehlungen zur französischen Rechtschreibung möglich. Du kannst also schreiben: vingt-et-un, deux-cents, trois-mille-cinq-cents.
(www.orthographe-recommandee.info)

Les années **Jahreszahlen**

Die Jahreszahlen unter 2000 kannst du auf zweifache Weise ausdrücken:

1999 dix-neuf cent quatre-vingt-dix-neuf *oder* mille neuf cent quatre-vingt-dix-neuf

Um eine Jahreszahl als Datum anzugeben, benutzt man die Präposition en: Mon frère est né **en** 2002.
Um ein vollständiges Datum anzugeben, trennt man im Französischen Tag, Monat und Jahr mit Schrägstrichen ab: Ma sœur est née le 17/07/2001.

2. Les nombres ordinaux **Die Ordnungszahlen**

Ordnungszahlen		**Aussprache**
le 1er / la 1ère	le premier, la première	[pʀəmje]/[pʀəmjɛʀ]
le/la 2e	le/la deuxième *oder* le/la second/e	[døzjɛm] *oder:* [səgɔ̃]/[səgɔ̃d]
le/la 3e	le/la troisième	[tʀwazjɛm]
le/la 4e	le/la quatrième	[katʀjɛm]
le/la 5e	le/la cinquième	[sɛ̃kjɛm]
le/la 6e	le/la sixième	[sizjɛm]
le/la 7e	le/la septième	[sɛtjɛm]
le/la 8e	le/la huitième	[ɥitjɛm]
le/la 9e	le/la neuvième	[nœvjɛm]
le/la 10e	le/la dixième	[dizjɛm]
le/la 20e	le/la vingtième	[vɛ̃tjɛm]
le/la 21e	le/la vingt et unième	[vɛ̃teynjɛm]

Man sagt:	le 1er mai	le premier mai	[ləpʀəmjemɛ]
aber:	le 2 mai	le deux mai	[lədømɛ]

Bei Datumsangaben gebraucht man die Ordnungszahl nur beim ersten Tag eines Monats.

ANNEXE

Hier findest du die Konjugationen der Verben aus den sechs obligatorischen Unités.

⚠ (ê) *So gekennzeichnete Verben bilden das* „passé composé“ *mit* „être“.

Les verbes auxiliaires „avoir“ *et* „être“ ***Die Hilfsverben*** „avoir“ ***und*** „être“

infinitif	avoir		être	
présent	j'	ai	je	suis
	tu	as	tu	es
	il/elle/on	a	il/elle/on	est
	nous	avons	nous	sommes
	vous	avez	vous	êtes
	ils/elles	ont	ils/elles	sont
imparfait	j'	avais	j'	étais
futur simple	j'	aurai	je	serai
subjonctif	que j'	aie	que je	sois
	que tu	aies	que tu	sois
	qu'il/elle/on	ait	qu'il/elle/on	soit
	que nous	ayons	que nous	soyons
	que vous	ayez	que vous	soyez
	qu'ils/elles	aient	qu'ils/elles	soient
impératif	Aie. Ayons. Ayez.		Sois. Soyons. Soyez.	
participe passé	eu		été	

Les verbes réguliers en -er/-ir/-(d)re ***Die regelmäßigen Verben auf*** -er/-ir/-(d)re

infinitif	parler	
présent	je	parle
	tu	parl**es**
	il/elle/on	parl**e**
	nous	parl**ons**
	vous	parl**ez**
	ils/elles	parl**ent**
imparfait	je	parl**ais**
futur simple	je	parler**ai**
subjonctif	que je	parle
impératif	Parle. Parl**ons**. Parl**ez**.	
participe passé	parlé	

⚠ *Diese Verben auf* -er *bilden das* passé composé *mit* être: (ê)arriver, (ê)entrer, (ê)monter, (ê)passer en, (ê)rentrer, (ê)rester, (ê)retourner, (ê)tomber

⚠ *Diese Verben haben jeweils eine Besonderheit in der Schreibung:*

-cer:	nous avançons, nous (re)commençons, nous dénonçons, nous lançons, nous remplaçons, nous renonçons
-ger:	nous bougeons, nous changeons, nous dérangeons, (ê)nous nous dirigeons, nous échangeons, nous mangeons, nous nageons, nous partageons, (ê)nous nous protégeons, nous rangeons
-yer:	je paie, tu paies, il/elle/on paie, nous payons, vous payez, ils/elles paient; *ebenso:* employer, essayer, nettoyer
-érer:	j'espère; j'exagère; je préfère
acheter:	j'achète, nous achetons; *ebenso:* enlever
peser:	je pèse, nous pesons; *ebenso:* (ê)se lever, peler, épeler
s'appeler:	(ê)je m'appelle, nous nous appelons
jeter:	je jette, nous jetons
-ener:	j'amène, nous amenons; *ebenso:* (ê)se promener
-éter:	(ê)je me reflète, je (me) répète

infinitif	**réagir**		**attendre**	
présent	je	réag**is**	j'	attend**s**
	tu	réag**is**	tu	attend**s**
	il/elle/on	réag**it**	il/elle/on	atten**d**
	nous	réag**issons**	nous	attend**ons**
	vous	réag**issez**	vous	attend**ez**
	ils/elles	réag**issent**	ils/elles	attend**ent**
imparfait	je	réag**issais**	j'	attend**ais**
futur simple	je	réagir**ai**	j'	attendr**ai**
subjonctif	que je	réagiss**e**	que j'	attend**e**
impératif	Réag**is**. Réag**issons**. Réag**issez**.		Attend**s**. Attend**ons**. Attend**ez**.	
participe passé	réag**i**		attend**u**	
	ebenso: agir, applaudir, choisir, finir, réfléchir, réunir, réussir		*ebenso:* défendre, dépendre, (ê)se détendre, entendre, (ê)s'entendre, perdre, (ê)(re)descendre, répondre	

Les verbes irréguliers *Die unregelmäßigen Verben*

infinitif	(ê)**aller**		**battre**		**boire**	
présent	je	vais	je	bats	je	bois
	tu	vas	tu	bats	tu	bois
	il/elle/on	va	il/elle/on	bat	il/elle/on	boit
	nous	allons	nous	battons	nous	buvons
	vous	allez	vous	battez	vous	buvez
	ils/elles	vont	ils/elles	battent	ils/elles	boivent
imparfait	j'	allais	je	battais	je	buvais
futur simple	j'	irai	je	battrai	je	boirai
subjonctif	que j'	aille [aj]	que je	batte	que je	boive
	⚠ *aber:* que nous allions, que vous alliez				⚠ *aber:* que nous buvions, que vous buviez	
impératif	Va. Allons. Allez.		Bats. Battons. Battez.		Bois. Buvons. Buvez.	
participe passé	allé/e		batt**u**		bu	
			ebenso: abattre			

infinitif	**connaître**		**construire**		**courir**	
présent	je	connais	je	construis	je	cours
	tu	connais	tu	construis	tu	cours
	il/elle/on	connaît	il/elle/on	construit	il/elle/on	court
	nous	connaissons	nous	construisons	nous	courons
	vous	connaissez	vous	construisez	vous	courez
	ils/elles	connaissent	ils/elles	construisent	ils/elles	courent
imparfait	je	connaissais	je	construisais	je	courais
futur simple	je	connaîtrai	je	construirai	je	courrai
subjonctif	que je	connaisse	que je	construise	que je	coure
impératif	Connais. Connaissons. Connaissez.		Construis. Construisons. Construisez.		Cours. Courons. Courez.	
participe passé	connu		construit		couru	

infinitif	**croire**		**devoir**		**dire**	
présent	je	crois	je	dois	je	dis
	tu	crois	tu	dois	tu	dis
	il/elle/on	croit	il/elle/on	doit	il/elle/on	dit
	nous	croyons	nous	devons	nous	disons
	vous	croyez	vous	devez	vous	dites
	ils/elles	croient	ils/elles	doivent	ils/elles	disent
imparfait	je	croyais	je	devais	je	disais
futur simple	je	croirai	je	**dev**rai	je	dirai
subjonctif	que je	croie	que je	doive	que je	dise
	⚠ *aber:* que nous croyions, que vous croyiez		⚠ *aber:* que nous devions, que vous deviez			
impératif	Crois. Croyons. Croyez.		*(selten verwendet)*		Dis. Disons. Dites.	
participe passé	cru		dû		dit *ebenso:* interdire qc ⚠ *aber:* vous interdisez	

infinitif	**écrire**		**envoyer**		**faire**	
présent	j'	écris	j'	envoie	je	fais
	tu	écris	tu	envoies	tu	fais
	il/elle/on	écrit	il/elle/on	envoie	il/elle/on	fait
	nous	écrivons	nous	envoyons	nous	faisons [nufəzɔ̃]
	vous	écrivez	vous	envoyez	vous	faites
	ils/elles	écrivent	ils/elles	envoient	ils/elles	font
imparfait	j'	écrivais	j'	envoyais	je	faisais [ʒəfəzɛ]
futur simple	j'	écrirai	j'	enverrai	je	ferai
subjonctif	que j'	écrive	que j'	envoie	que je	fasse
			⚠ *aber:* que nous envoyions, que vous envoyiez			
impératif	Écris. Écrivons. Écrivez.		Envoie. Envoyons. Envoyez.		Fais. Faisons. Faites.	
participe passé	écrit *ebenso:* décrire		envoyé		fait	

infinitif	**falloir**		**lire**		**mettre**	
présent			je	lis	je	mets
			tu	lis	tu	mets
	il	faut	il/elle/on	lit	il/elle/on	met
			nous	lisons	nous	mettons
			vous	lisez	vous	mettez
			ils/elles	lisent	ils/elles	mettent
imparfait	il	fallait	je	lisais	je	mettais
futur simple	il	faudra	je	lirai	je	mettrai
subjonctif	qu'il	faille [kilfaj]	que je	lise	que je	mette
impératif	*(kein Imperativ)*		Lis. Lisons. Lisez.		Mets. Mettons. Mettez.	
participe passé	fallu		lu		mis *ebenso:* promettre	

infinitif	**ouvrir**		**plaindre**		**plaire**	
présent	j'	ouvre	je	plains	je	plais
	tu	ouvres	tu	plains	tu	plais
	il/elle/on	ouvre	il/elle/on	plaint	il/elle/on	plaît
	nous	ouvrons	nous	plaignons	nous	plaisons
	vous	ouvrez	vous	plaignez	vous	plaisez
	ils/elles	ouvrent	ils/elles	plaignent	ils/elles	plaisent
imparfait	j'	ouvrais	je	plaignais	je	plaisais
futur simple	j'	ouvrirai	je	plaindrai	je	plairai
subjonctif	que j'	ouvre	que je	plaigne	que je	plaise
impératif	Ouvre. Ouvrons. Ouvrez.		Plains. Plaignons. Plaignez.		Plais. Plaisons. Plaisez.	
participe passé	ouvert *ebenso:* couvrir, découvrir, offrir		plaint *ebenso:* (ê)se plaindre		plu	

infinitif	**pleuvoir**		**pouvoir**		**prendre**	
présent			je	peux	je	prends
			tu	peux	tu	prends
	il	pleut	il/elle/on	peut	il/elle/on	prend
			nous	pouvons	nous	prenons
			vous	pouvez	vous	prenez
			ils/elles	peuvent	ils/elles	prennent
imparfait	il	pleuvait	je	pouvais	je	prenais
futur simple	il	pleuvra	je	pourrai	je	prendrai
subjonctif	qu'il	pleuve	que je	puisse	que je	prenne ⚠ *aber:* que nous prenions, que vous preniez
impératif	*(kein Imperativ)*		*(kein Imperativ)*		Prends. Prenons. Prenez.	
participe passé	plu		pu		pris *ebenso:* apprendre, comprendre	

infinitif	**recevoir**		**rire**		**savoir**	
présent	je	reçois	je	ris	je	sais
	tu	reçois	tu	ris	tu	sais
	il/elle/on	reçoit	il/elle/on	rit	il/elle/on	sait
	nous	recevons	nous	rions	nous	savons
	vous	recevez	vous	riez	vous	savez
	ils/elles	reçoivent	ils/elles	rient	ils/elles	savent
imparfait	je	recevais	je	riais	je	savais
futur simple	je	recevrai	je	rirai	je	saurai
subjonctif	que je	reçoive ⚠ *aber:* que nous recevions, que vous receviez	que je	rie	que je	sache
impératif	Reçois. Recevons. Recevez.		Ris. Rions. Riez.		Sache. Sachons. Sachez.	
participe passé	reçu *ebenso:* décevoir		ri		su	

infinitif	[ê]**sortir**		**suivre**	
présent	je	sors	je	suis
	tu	sors	tu	suis
	il/elle/on	sort	il/elle/on	suit
	nous	sortons	nous	suivons
	vous	sortez	vous	suivez
	ils/elles	sortent	ils/elles	suivent
imparfait	je	sortais	je	suivais
futur simple	je	sortirai	je	suivrai
subjonctif	que je	sorte	que je	suive
impératif	Sors. Sortons. Sortez.		Suis. Suivons. Suivez.	
participe passé	sorti/e *ebenso:* dormir, [ê]partir, servir, [ê] se sentir		suivi	

infinitif	[ê]**venir**		**vivre**	
présent	je	viens	je	vis
	tu	viens	tu	vis
	il/elle/on	vient	il/elle/on	vit
	nous	venons	nous	vivons
	vous	venez	vous	vivez
	ils/elles	viennent	ils/elles	vivent
imparfait	je	venais	je	vivais
futur simple	je	viendrai	je	vivrai
subjonctif	que je	vienne	que je	vive
	⚠ *aber:* que nous venions, que vous veniez			
impératif	Viens. Venons. Venez.		Vis. Vivons. Vivez.	
participe passé	venu/e *ebenso:* [ê](re)devenir, [ê]revenir, [ê]se souvenir, tenir		vécu *ebenso:* survivre	

infinitif	**voir**		**vouloir**	
présent	je	vois	je	veux
	tu	vois	tu	veux
	il/elle/on	voit	il/elle/on	veut
	nous	voyons	nous	voulons
	vous	voyez	vous	voulez
	ils/elles	voient	ils/elles	veulent
imparfait	je	voyais	je	voulais
futur simple	je	**verr**ai	je	**voud**rai
subjonctif	que je	voie	que je	**veuill**e
	⚠ *aber:* que nous voyions, que vous voyiez			
impératif	Vois. Voyons. Voyez.		*(selten verwendet)*	
participe passé	vu *ebenso:* revoir		voulu	

Merke
Alle reflexiven Verben haben in den zusammengesetzten Zeiten das Hilfsverb *être*.
Das Partizip der reflexiven Verben ist also veränderlich.

infinitif	(ê)**se doucher**			(ê)**s'intéresser**		
présent	je	**me**	douche	je	**m'**	intéresse
	tu	**te**	douches	tu	**t'**	intéresses
	il/elle/on	**se**	douche	il/elle/on	**s'**	intéresse
	nous	**nous**	douchons	nous	**nous**	intéressons
	vous	**vous**	douchez	vous	**vous**	intéressez
	ils/elles	**se**	douchent	ils/elles	**s'**	intéressent
imparfait	je	me	douchais	je	m'	intéressais
futur simple	je	me	doucherai	je	m'	intéresserai
subjonctif	que je	me	douche	que je	m'	intéresse
impératif	Douche-toi. Douchons-nous. Douchez-vous.			Intéresse-toi. Intéressons-nous. Intéressez-vous.		
participe passé	douché/e			intéressé/e		

Transcription du texte U6/A, p. 93

Entre le ciel et l'eau

Vous fermez les yeux. Vous vous détendez. Imaginez la carte du Canada, dirigez-vous vers l'est, vers le Québec. Pensez à un ami ou une amie de votre classe qui va partir avec vous en voyage ... Les murs du collège tombent comme un château de cartes. Vous survolez une région de lacs et de forêts ... Maintenant vous baignez dans la couleur bleue. Autour de vous, du bleu, beaucoup de bleu. Le bleu du ciel avec quelques nuages blancs. Le soleil brille. L'aventure commence.
Vous marchez dans une forêt d'érables, c'est l'été, mais déjà vous voyez ici et là une feuille jaune ou rouge. Vous touchez l'écorce d'un vieil arbre. Vous sentez la force de cet arbre, la fraîcheur de son écorce. Vous regardez votre ami(e) mais vous ne lui parlez pas.
La forêt sent bon. Vous entendez des bruits, un animal, peut-être un caribou ... Vous marchez, vous marchez et enfin voilà, le lac. Là, vous voyez le bleu du ciel, le bleu du lac et les nuages qui se reflètent dans l'eau. Un canot vous attend. Il est jaune. Vous y montez et vous commencez à ramer.
Loin de la rive, vous arrêtez de ramer et vous mettez la main dans l'eau. Elle est froide, très froide. La lumière sur l'eau est très belle. Vous vous laissez aller, la main dans l'eau, autour de vous, l'eau, le ciel et la lumière ... Il y a un peu de vent. Vous entendez les petites vagues du lac contre le canot. Mais il ne faut pas vous endormir. La nuit tombe, vous devez rentrer.
Vous ramez, votre ami(e) et vous, vous ramez de toutes vos forces. Vous arrivez sur la rive du lac, vous descendez du canot. Il fait plus frais maintenant. Vous reprenez le chemin de la forêt ...
Vous allez rouvrir les yeux. Étirez-vous, comme le matin quand vous vous réveillez. Étirez-vous et regardez l'ami(e) avec qui vous avez fait ce voyage. Échangez maintenant vos impressions ...

Die Angabe in Klammern zeigt dir an, in welcher Unité/Séquence der Begriff zum ersten Mal vorkommt: (→ U6/A) heißt z. B. Unité 6 / Approches.

Personen

Berthelot, Gilles [bɛʀtəlo]
Bürgermeister von → Tours und Schatzmeister von König → François Ier. Im 16. Jh. einer der reichsten Männer Frankreichs. Ließ zwischen 1518 und 1527 das Wasserschloss Azay-le-Rideau erbauen. (→ Supp/1)

Cartier, Jacques [kaʀtje] (1491–1557)
Französischer Entdecker und Seefahrer, der im Auftrag von König → François Ier den nördlichen Seeweg nach Asien finden sollte. Er segelte an Neufundland und Labrador vorbei und entdeckte dabei Gebiete des heutigen → Canada, die er für Frankreich in Besitz nahm. (→ U6/2)

Champlain, Samuel de [ʃɑ̃plɛ̃] (1567–1635)
Französischer Forschungsreisender, Gründer und erster Gouverneur der Kolonie → Nouvelle-France und Gründer der Stadt → Québec. Bekannt wurde er auch für seine Erkundung des St.-Lorenz-Stroms (→ Saint-Laurent). (→ U6/2)

Chedid, Louis [ʃedid] (* 1948)
Bekannter französischer Sänger ägyptischer Herkunft. (→ U1/A)

Chopin, Frédéric [ʃopɛ̃] (1810–1849)
Polnisch-französischer Komponist und Pianist; wichtiger Vertreter der Romantik; Komponist gefühlsbetonter Klaviermusik. Lebte seit 1861 in Paris und verkehrte mit vielen bedeutenden Künstlern seiner Zeit, u. a. mit → George Sand, mit der ihn über zehn Jahre eine Liebesbeziehung verband. (→ U1/3)

François Ier [fʀɑ̃swapʀəmje] **Franz I.** (1494–1547)
Gilt als der erste französische König der → Renaissance und als Begründer des Absolutismus in Frankreich. Unter seiner Herrschaft (1515–1547) wurde Französisch zur Amtssprache erklärt. Er holte verschiedene italienische Künstler an seinen Hof, u. a. → Léonard de Vinci, und kaufte viele italienische Kunstwerke auf, womit er den Grundstock für die Gemäldesammlung im → Louvre legte. (→ 6/3; Supp/1)

Henri II [ɑ̃ʀidø] **Heinrich II.** (1519–1559)
Sohn von → François Ier, 1547–1559 König von Frankreich. Seine Regierungszeit war insbesondere von der Verfolgung der protestantischen Hugenotten geprägt. (→ Supp/1)

Hugo, Victor [ygo] (1802–1885)
Einer der bedeutendsten Schriftsteller der französischen Romantik. Als Verfechter demokratischer Werte auch politisch stark engagiert. Zu seinen bekanntesten Romanen gehören „Notre-Dame de Paris" (Der Glöckner von Notre-Dame) sowie „Les Misérables" (Die Elenden). Beide Romane dienten als Vorlage für zwei erfolgreiche Musicals und wurden mehrmals verfilmt. (→ Rév/1)

Jeanne d'Arc [ʒandaʀk] **Johanna von Orléans, auch: Jungfrau von Orléans** (1412–1431)
Bauernmädchen, das „göttliche Stimmen" hörte und daraufhin im 100-jährigen Krieg die Franzosen gegen die Engländer führte, wobei sie → Orléans von den englischen Besatzern befreite. Durch einen Verrat wurde sie festgenommen und an die Engländer verkauft. Da sie angeblich gegen die Gesetze der Kirche verstoßen hatte – dazu gehörte u. a. das Tragen von Männerkleidung –, wurde sie zum Tode verurteilt und auf dem Scheiterhaufen verbrannt. Seit dem 19. Jahrhundert gilt sie in Frankreich als Volksheldin und wird auch als Heilige verehrt. Ihre Geschichte wurde weltweit in der Literatur und in Filmen verarbeitet. (→ Supp/2)

Jugnot, Gérard [ʒyɲo] (* 1951)
Französischer Schauspieler und Regisseur, der durch die Hauptrolle als Monsieur Matthieu in „Les choristes" (2003) auch einem internationalen Publikum bekannt wurde. (→ U4/1)

Laliberté, Guy [libɛʀte] (* 1959)
Schauspieler und Feuerschlucker aus → Québec, Gründer des → Cirque du soleil. (→ U6/2)

Maisonneuve, Paul de [dəmɛzɔ̃nœv] (1612–1676)
Französischer Offizier, Gründer der Stadt → Montréal (1642). (→ U6/2)

Médicis, Catherine de [dəmedisis]
Katharina von Medici (1519–1589)
Italienischstämmige Ehefrau von König → Henri II. Regentin von Frankreich, die maßgeblich die kulturelle Entwicklung des Landes vorantrieb. Baute ihre Macht nach dem Tod ihres Mannes zunehmend aus. So war sie mitverantwortlich für das Massaker an tausenden von Protestanten in der Bartholomäusnacht (1572) in Paris. (→ Supp/1)

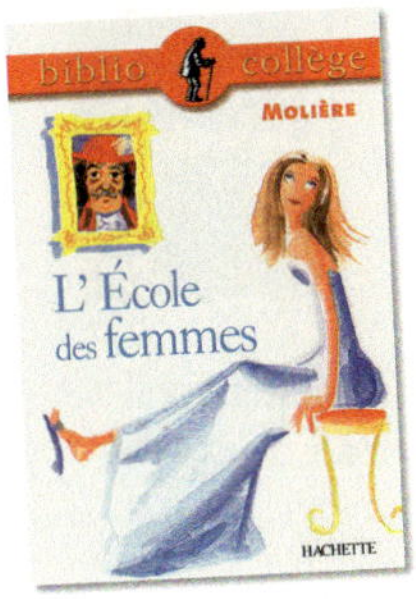

Molière [mɔljɛʀ] (1622–1673)
Großer französischer Theaterautor und Theaterdirektor, der vor allem durch seine Komödien bekannt wurde, in denen er menschliche Schwächen und Probleme seiner Zeit satirisch verarbeitet. Seine Stücke erfreuen sich bis heute weltweit großer Beliebtheit. Zu den bekanntesten gehören: „L'Avare" (Der Geizige) und „L'école des femmes" (Die Schule der Frauen). (→ U1/3)

Poitiers, Diane de [dəpwatje] (1499–1566)
Zwanzig Jahre ältere Geliebte des Königs → Henri II, auf dessen Regierungsgeschäfte sie großen Einfluss ausübte und dadurch selbst zu großer Macht gelangte. Rivalin von → Catherine de Médicis. (→ Supp/1)

Ravel, Maurice [ʀavɛl] (1875–1937)
Französischer Komponist, wichtiger Vertreter des Impressionismus. Als sein bekanntestes Werk gilt der „Bolero". (→ U2/2)

Sand, George [sɑ̃d] (1804–1876)
Eigentlicher Name: Aurore Dupin de Franceuil. Französische Schriftstellerin der Romantik, die neben vielen Romanen auch sozialkritische Beiträge verfasste, in denen sie sich für die Emanzipation der Frau einsetzte. Gab sich einen Männernamen, um ihre Werke leichter veröffentlichen zu können; trat auch häufig in Männerkleidung auf. Über zehn Jahre verband sie eine Liebesbeziehung mit → Chopin. (→ Supp/3)

Vinci, Léonard de [dəvɛ̃si]
Leonardo da Vinci (1452–1519)
Weltberühmter italienischer Maler, Bildhauer, Architekt, Mechaniker, Musiker, Ingenieur und Naturphilosoph. Maler des Bildes la Joconde (Mona Lisa). Entwarf als bedeutender Vertreter der italienischen Renaissance im Auftrag des französischen Königshauses Details für die Loire-Schlösser Chambord und Amboise. Blieb bis zu seinem Tod in Frankreich. (→ Supp/1)

Geografische Namen

la Belgique [bɛlʒik] **Belgien**
Westeuropäischer Staat. Belgien hat drei Amtssprachen: Niederländisch (Flämisch), Französisch und Deutsch. Die zweisprachige Hauptstadt Brüssel (Niederländisch/Französisch) ist Sitz der EU und des Ständigen Rates der NATO. (→ U1/1)

le Canada [kanada] ca. 32 Mio Einwohner
An die USA grenzender Staat in Nordamerika. Hauptstadt: Ottawa. Amtssprachen: Englisch, Französisch und in einigen Gegenden Inuktitut, die Sprache der Inuit. Die Bevölkerung ist auf wenige städtische Zentren konzentriert. Beinahe die Hälfte der Fläche des Landes besteht aus Wasser. Die kanadische Gesellschaft zeichnet sich durch eine hohe sprachliche und kulturelle Vielfalt aus. So gibt es neben Einwanderern aus aller Welt verschiedene Gruppen von Ureinwohnern sowie in → Québec eine große französischsprachige Bevölkerungsgruppe. (→ U1/A)

Chinon [ʃinɔ̃]
Stadt in der Region Centre mit einer mittelalterlichen Burg. Gelegen an der Vienne, einem Nebenfluss der → Loire. Die Burganlage hat eine Länge von 430 m, eine Breite von 85 m und verfügt über einen ca. 40 m hohen Turm. (→ Supp/2)

la Côte d'Azur [kotdazyʀ]
Französische Mittelmeerküste zwischen Cassis und der italienischen Grenze. Beliebtes Urlaubsziel. (→ U1/1)

Gaspé [gaspe]
Kleine Stadt in → Canada an der Spitze der Halbinsel → Gaspésie. (→ U6/2)

la Gaspésie [gaspezi]
Halbinsel im Osten von → Québec. Länge: 250 km, Fläche: 21 000 km², ca. 150 000 Einwohner. Kann seit der Einschiffung von → Jacques Cartier (1534) in der Bucht von → Gaspé als „Wiege Kanadas" bezeichnet werden. Beliebtes Urlaubsgebiet. Der Name Gaspé ist von dem Wort Gespeg abgeleitet, was so viel wie „am Ende der Welt" bedeutet. (→ U6/1)

Genève [ʒənɛv] **Genf** ca. 180 000 Einwohner
Hauptstadt des gleichnamigen Kantons der französischen Schweiz, am Lac Léman (Genfer See) und an der Rhône gelegen. Sitz vieler internationaler Organisationen (UNO, Weltgesundheitsorganisation, Internationales Rotes Kreuz). (→ Supp/4)

la Loire [lwaʀ]
Mit einer Länge von 1020 km der längste Fluss Frankreichs; entspringt im Zentralmassiv und mündet bei Nantes in den Atlantik. Letzter frei fließender, d. h. nicht kanalisierter Fluss in Westeuropa mit einzigartiger Flora und Fauna. (→ Supp/1)

Marseille [maʀsɛj] ca. 800 000 Einwohner
Stadt an der Rhônemündung am Mittelmeer. Älteste und nach → Paris zweitgrößte Stadt Frankreichs. Frankreichs bedeutendster Hafen. Am Anfang der bekannten Einkaufsstraße La Canebière liegt der Alte Hafen (le Vieux Port), den schon die Griechen benutzten. (→ U2/2)

la Meuse [møz] **Maas**
950 km langer Fluss, der südöstlich von → Paris entspringt, Teile von Frankreich und → Belgien durchfließt und in den Niederlanden in den Rhein mündet. (→ U1/1)

le Mont Royal [mɔ̃ʀwajal] (dt.: Königlicher Berg)
Mit 233 m höchster Punkt der Stadt → Montréal und gleichzeitig ihr Namensgeber. (→ U6/2)

Montréal [mɔ̃ʀeal] ca. 1,8 Mio Einwohner, im Großraum: ca. 3,4 Mio
Zweitgrößte Stadt von → Canada; größte Stadt der Provinz → Québec sowie nach → Paris zweitgrößte französischsprachige Stadt der Welt. 1967 fanden hier die Weltausstellung, 1976 die Olympischen Spiele statt. (→ U1/A)

Nanterre [nɑ̃tɛʀ]
Vorort westlich von Paris; Universitäts- und Industriestandort. (→ U1/1)

la Nouvelle-France [nuvɛlfʀɑ̃s] **Neufrankreich**
Offizieller Name für die französische Kolonie in Nordamerika von 1608 bis 1763, die u. a. das Gebiet des heutigen → Québec umfasste. (→ U6/2)

Orléans [ɔʀleɑ̃] ca. 115 000 Einwohner
An der → Loire gelegene Stadt in Zentralfrankreich. Bekannt geworden durch → Jeanne d'Arc, unter deren Führung die Stadt im 100jährigen Krieg von der Besatzung der Engländer befreit wurde. (→ Supp/4)

Pabos Mills [pabosmils]
Fischerdorf auf der Halbinsel → Gaspésie. Heute beliebter Urlaubsort mit ca. 8 500 Einwohnern. (→ U6/1)

Paris [paʀi] ca. 2,15 Mio Einwohner, im Ballungsraum ca. 9,5 Mio Einwohner
Hauptstadt Frankreichs und größte Stadt des Landes. An der → Seine gelegen. Politisches, wirtschaftliches und kulturelles Zentrum Frankreichs; Knotenpunkt des Eisenbahn-, Flug- und Straßenverkehrsnetzes. (→ U1/1)

la Provence [pʀovɑ̃s] ca. 4,5 Mio Einwohner
Gebiet in Südfrankreich entlang des Mittelmeers von der italienischen Grenze bis etwa Montpellier. Anbau von Wein, Oliven, Obst und Blumen. Die lila blühenden Lavendelfelder gelten als typisch für die Provence. Wichtigste französische Feriengegend wegen des warmen Klimas, der schönen Landschaft und vieler Sehenswürdigkeiten. (→ U4/A)

Québec (ville) [kebɛkvil] ca. 734 500 Einwohner
Hauptstadt der kanadischen Provinz → Québec mit gut erhaltener Altstadt und Festungsanlage aus dem 17. Jh. Berühmt ist der Karneval im Winter. Die Stadt liegt auf einem großen Felsen, an einer Engstelle des Sankt-Lorenz-Stroms (→ Saint-Laurent). Der Ortsname leitet sich von dem indianischen Wort „Kebek" (= Engstelle) ab. (→ U6/1)

le Québec [kebɛk]
Mit ca. 7,5 Mio Einwohnern größte Provinz von → Canada, im Osten des Landes gelegen. Im Norden an die Arktis und im Süden an die USA grenzend; reich an Seen, Flüssen und riesigen Wäldern. Seit 1974 ist Französisch Amtssprache. Nur eine Minderheit der Bevölkerung spricht Englisch. (→ U1/A)

Saint-Germain-en-Laye [sɛ̃ʒɛʀmɛ̃ɑ̃lɛ]
Stadt mit ca. 40 200 Einwohnern, etwa 20 km westlich von Paris gelegen. Vor der Französischen Revolution Residenz zahlreicher französischer Könige. (→ U1/1)

le Saint-Laurent [sɛ̃loʀɑ̃] **Sankt-Lorenz-Strom**
1 200 km langer Fluss in Nordamerika. Bis oberhalb von → Montréal Grenzfluss zwischen den USA und → Canada. Bildet bei → Québec eine 150 km breite Trichtermündung in den Sankt-Lorenz-Golf. Wichtigster Zufluss des Atlantik; eine der verkehrsreichsten Binnenwasserstraßen der Erde. (→ U6/1)

la Seine [sɛn]
776 km langer Fluss im Norden Frankreichs, entspringt in der Nähe von Dijon und fließt nach Nordwesten über → Paris und Rouen in den Ärmelkanal. (→ U1/PR)

Tours [tuʀ] ca. 137 000 Einwohner
Stadt an der → Loire zwischen → Orléans und der Atlantikküste. Wichtige Handels- und Universitätsstadt; Tourismuszentrum im → Vallée de la Loire. (→ U1/A)

la Tunisie [tynizi] **Tunesien**
Nordafrikanischer Staat am Mittelmeer (ca. 9 Mio Einwohner). Hauptstadt: Tunis. Ehemalige französische Kolonie. Seit 1956 unabhängig. Amtssprache ist Arabisch, Französisch spielt allerdings noch eine wichtige Rolle in den Schulen und im Handel. (→ U1/A)

la Vallée de la Loire [valedəlalwaʀ] **Loiretal**
Französische Landschaft zwischen → Orléans und Nantes. Die → Loire und ihre Nebenflüsse werden hier von ausgedehnten Wäldern, Weinbergen, Obstplantagen und ca. 300 berühmten Burgen und Schlössern aus dem 15. und 16. Jahrhundert gesäumt, z. B. Blois, Chambord, Chenonceau und Amboise. (→ Supp/1)

Sehenswürdigkeiten von Paris

l'Arc de triomphe [aʀkdətʀiɔ̃f] *m.*
Der von Napoleon in Auftrag gegebene gigantische Triumphbogen mit einer Höhe von 50 m und einer Breite von 45 m ist architektonischer Höhepunkt der → Champs-Élysées und befindet sich auf der → place de l'Étoile. Er gehört zu den bekanntesten Denkmälern und Wahrzeichen von → Paris. Er erinnert u. a. an Napoleons Siege und den Waffenstillstand zwischen Frankreich und Deutschland 1918. In seinem Inneren befindet sich ein kleines Museum. (→ U1/3)

Belleville [bɛlvil]
Verwinkeltes Viertel im Osten von Paris, bekannt für seine bunten Straßenmärkte, zahlreiche internationale Imbisse und Restaurants sowie einen auf einem Hügel gelegenen Park mit einer herrlichen Aussicht auf Paris. (→ U1/1)

les Catacombes [katakɔ̃b] *f. pl.*
Ehemalige Kalksteinbrüche, 25 m unter der Erdoberfläche. Seit 1787 Aufbewahrungsstätte von ca. 6 Mio Gebeinen, die wegen Infektionsgefahr auf den Pariser Friedhöfen in die Katakomben überführt und hier kunstvoll in den endlosen Gängen und Sälen aufgestapelt wurden. (→ U1/3)

le centre Pompidou [sɑ̃tʀəpɔ̃pidu]
Modernes Kunst- und Kulturzentrum, benannt nach einem französischen Staatspräsidenten. In dem imposanten Gebäude aus Stahl und Glas, das aussieht wie eine Erdölraffinerie, befinden sich u. a. ein Museum für moderne Kunst, eine öffentliche Bibliothek, ein Forschungszentrum für elektronische Musik und eine international bedeutende Filmsammlung. Der großzügig angelegte Vorplatz ist beliebter Treffpunkt für Straßenkünstler und Touristen aus aller Welt. (→ U1/1)

les Champs-Élysées [ʃɑ̃zelize] *m. pl.*
Weltberühmte Prachtstraße, 1,9 km lang und 71 m breit, die ihren Namen (etwa: „Heiliges Feld") einem ehemaligen Park in der Nähe verdankt. Sie beginnt am → Louvre und dem → jardin des Tuileries und endet am → Arc de triomphe. Man findet hier viele Cafés, Luxusgeschäfte, Kinos, Theater und Restaurants. Jedes Jahr endet hier die Tour de France, das wichtigste Radrennen der Welt. (→ U1/3)

le cimetière du Père-Lachaise [simtjɛʀdypɛʀlaʃɛz]
Friedhof im XX. Arrondissement von Paris. Hier sind zahlreiche bekannte Persönlichkeiten wie → Molière, Edith Piaf, Jim Morrison u. a. begraben. (→ U1/3)

la Cité des sciences et de l'industrie
[sitedesjɑ̃sedəlɛ̃dystʀi] (auch bekannt unter „La Villette")
1986 eingeweihtes Wissenschafts- und Technikmuseum im Parc de la Villette im XIX. Arrondissement am östlichen Stadtrand von Paris. Hier befindet sich auch die beeindruckende → Géode. (→ U1/3)

la Défense [defɑ̃s]
Hochhausviertel am westlichen Stadtrand von Paris. Büro- und Geschäftszentrum. Bekanntestes Bauwerk ist la Grande Arche de la Défense, ein moderner Triumphbogen, der auf einer Achse mit dem → Arc de triomphe, den → Champs-Élysées und dem → Louvre liegt. (→ U1/1)

la galerie Vivienne [galʀivivjɛn]
Eine der meistbesuchten und schönsten überdachten historischen Einkaufspassagen mit uralten Antiquariaten, edlen Boutiquen, kleinen Restaurants und Teestuben. (→ U1/3)

la Géode [ʒeɔd]
In der → Cité des Sciences gelegenes Bauwerk in Form einer riesigen silberfarbenen Kugel, in der sich das Panoramakino Cinaxe befindet. (→ U1/3)

les Halles [al] *f. pl.*
Modernes Einkaufszentrum auf vier unterirdischen Etagen mit Geschäften, Restaurants, einem Theater, mehreren Kinos und einer Metrostation. Vom 12. Jahrhundert bis 1969 Standort der historischen Pariser Markthallen. (→ U1/3)

l'île Saint-Louis [ilsɛ̃lwi] *f.*
Seine-Insel im Herzen der Stadt; ruhiges Wohnviertel mit eleganten Stadthäusern. (→ U1/2)

le jardin des Tuileries [ʒaʀdɛ̃detɥilʀi]
Beliebte Parkanlage hinter dem → Louvre, Musterbeispiel französischer Gartenarchitektur, mit großzügigen Alleen, vielen Statuen und Brunnen sowie zwei bekannten Ausstellungspavillons. (→ U1/3)

le Louvre [luvʀ]
Für etwa vier Jahrhunderte französische Königsresidenz. Heute das weltweit größte Museum, dessen Sammlung fast 400 000 Exponate umfasst, darunter la Joconde (Mona Lisa) von → Léonard de Vinci. Der Eingangs- und Kassenbereich wird von einer modernen gläsernen Pyramide überdacht, die von den Parisern auch spöttisch „Käseglocke" oder „Gewächshaus" genannt wird. (→ U1/3)

Montmartre [mɔ̃maʀtʀ]
Künstlerviertel im Norden von Paris und höchster Punkt der Stadt (130 m). Eines der malerischsten Viertel von Paris und Touristenmagnet, z. B. durch die Basilika Sacré-Cœur und die place du Tertre. (→ U1/1)

Montparnasse [mɔ̃paʀnas]
Stadtviertel im XIV. Arrondissement, in dem sich einer der höchsten Wolkenkratzer Europas befindet: la tour Montparnasse. (→ U1/2)

le musée d'Orsay [myzedɔʀsɛ]
Kunstmuseum, das aus dem alten Pariser Bahnhof Gare d'Orsay entstanden ist; berühmt für seine Sammlungen französischer Künstler des 18. und 19. Jh., insbesondere der Impressionisten. (→ U1/PR)

Notre-Dame [nɔtʀədam] *f.*
Kathedrale des Erzbischofs von Paris auf der île de la Cité, dem ältesten Teil von Paris. Erbaut im 12. bis 14. Jahrhundert, in der Französischen Revolution jedoch stark beschädigt, im 19. Jahrhundert restauriert. Weltberühmt wurde Notre-Dame nicht zuletzt durch den Film und das Musical „Der Glöckner von Notre-Dame" nach dem Roman von → Victor Hugo. (→ U1/3)

l'Opéra Garnier [ɔpeʀagaʀnje] auch:
Opéra National de Paris [ɔpeʀanasjɔnaldəpaʀi] *m.*
Opernhaus in neobarockem Stil, 1875 eingeweiht, flächenmäßig größtes Theater der Welt. Seit 1989 hauptsächliche Nutzung für Ballettaufführungen und klassische Opern. Originalschauplatz der Geschichte des „Phantoms der Oper". (→ U1/PR)

Paris-Plage [paʀiplaʒ]
In den Sommermonaten künstlich angelegter, 3,5 km langer Strand vor dem Rathaus und auf der Schnellstraße Georges Pompidou im Stadtzentrum, direkt am Quai der → Seine, mit Blick auf → Notre-Dame. Man kann sich hier sonnen, Volleyball spielen, picknicken oder einfach nur den Feierabend genießen. (→ U1/A)

le passage Jouffroy [pɑsaʒufʀwa]
Eine der historischen glasüberdachten, früher zahlreichen Einkaufspassagen, die einmal ganz Paris miteinander vernetzten. (→ U1/3)

la place de l'Étoile [plasdəletwal]
Großer Platz im Zentrum von Paris, auf dem der → Arc de triomphe steht. Zwölf breite Straßen, u. a. die → Champs-Élysées, führen sternförmig auf den Platz zu, der heute place Charles de Gaulle heißt. (→ U1/3)

la tour Eiffel [tuʀɛfɛl]
Wahrzeichen von Paris. Gusseiserner Turm, gebaut für die Pariser Weltausstellung 1889 aus über 6 000 Tonnen Eisen, mit einer Höhe von 300 Metern. (→ U1/1)

le Trocadéro [tʀokadeʀo]
Park im Herzen des XVI. Arrondissement gegenüber dem Eiffelturm. Einer der Lieblingsorte der Skater, deren Können man dort allabendlich bewundern kann (z. B. Slalom aus Cola-Dosen und selbst gebaute Sprungschanzen). (→ U1/1)

Französischsprachige Fernsehsender

Arte [aʀte]
Französisch-deutscher Kultursender, der – häufig in Form von Themenabenden – über Wissenswertes aus aller Welt informiert und anspruchsvolle Filme ausstrahlt.
www.arte-tv.com/ (→ U4/A)

Canal plus [kanalplys]
Kostenpflichtiger Privatsender mit Programmschwerpunkt auf Sport und Unterhaltung.
www.mon.cplus.fr (→ U4/A)

France 2 [fʀɑ̃sdø]
Öffentlich-rechtlicher Sender mit Unterhaltungs- und Wissensprogrammen sowie Filmen.
www.france2.fr (→ U4/A)

France 3 [fʀɑ̃stʀwa]
Öffentlich-rechtlicher Sender, der auf die Ausstrahlung von Regionalprogrammen spezialisiert ist.
www.france3.fr (→ U4/A)

M 6 [ɛmsis]
Ursprünglich reiner Musiksender, der sich an Jugendliche richtet. Zeigt seit einigen Jahren auch Filme und Unterhaltungssendungen.
www.m6.fr/ (→ U4/A)

TF1 [teɛfɛ̃]
Seit 1987 Privatsender. Höchste Zuschaueranteile. Ausgestrahlt werden Sportsendungen, Spiele, populäre Filme und Fernsehshows.
www.tf1.fr (→ U4/A)

TV 5 [tevesɛ̃k]
Gemeinschaftsprogramm französischsprachiger Sender (Frankreich, Kanada, Belgien, Schweiz), sendet seit 1983.
www.TV5.org (→ U4/A)

Sonstiges

le Cirque du soleil [siʀkdysɔlɛj]
Alternativer moderner Zirkus ohne Tierdressur aus → Québec. 1984 von → Guy Laliberté gegründet; heute der größte und erfolgreichste Zirkus der Welt. Markenzeichen ist das weiße Aufführungszelt.
(→ U6/2)

la Fnac [fnak]
Beliebte französische Medienkaufhauskette.
www.fnac.com (→ U1/3)

Noël [nɔɛl] *m.* **Weihnachten**
In Frankreich ist es üblich, dass sich die Familie am Abend des 24. Dezember zu einem Festessen, dem „réveillon“, trifft. Die Weihnachtsgeschenke gibt es traditionell erst am Morgen des 25. Dezember. Der 26.12. ist in Frankreich kein Feiertag. (→ 3/1)

la Renaissance [ʀənɛsɑ̃s]
Von Italien ausgehende Bewegung im 15./16. Jahrhundert, die die Abkehr vom Mittelalter und somit den Beginn der Neuzeit markiert. Die Förderung von Wissenschaft, Kunst und Kultur steht im Mittelpunkt dieser Epoche. In der Malerei und Bildhauerei besinnt man sich auf die Werte der griechischen Antike zurück und wendet sich der idealisierten Darstellung des einfachen Menschen und der Natur zu. Auch in der Architektur ist man auf das Einhalten idealer Maße und harmonischer Proportionen bedacht. Bekanntestes Bauwerk der französischen Renaissance ist der → Louvre in Paris. (→ Supp/1)

le Thalys [talis]
Belgischer Hochgeschwindigkeitszug, der auf der Technik des französischen TGV basiert. Gebaut für den länderübergreifenden Verkehr im Beneluxgebiet. Es gibt zwei Varianten der Thalyszüge, den Thalys PBA (Paris–Brüssel–Amsterdam) und den Thalys PBKA (Paris–Brüssel–Köln–Amsterdam). (→ U5/1)

Grundschrift: obligatorischer Wortschatz
kursiv: fakultativer Wortschatz

Symbole und Abkürzungen

~ bezeichnet die Lücke, in die das neue Wort einzusetzen ist.
~[1] Die Fußnote zeigt dir an, dass du auf die Angleichung des Wortes achten musst. Die richtige Lösung findest du auf einem grauen Streifen **am Ende jeder Séquence**.
⚠ Hier musst du besonders gut aufpassen.
le ~ die ~ Vergleiche mit deutschem Artikel.
≠ Gegenteil von
▶ Vergleiche mit bereits bekannten Wörtern.
Vergleiche mit dem Englischen.

→ Civilisation zeigt dir an, dass du im Petit dictionnaire de civilisation, S. 144–149, weitere Informationen zu dem Begriff findest.
→ Verbes zeigt dir an, dass du in der Liste des verbes, S. 138–143, die Konjugation des Verbs findest.

etw.	etwas	*Pron.*	Pronomen	*fam.*	familier (umgangssprachlich)
jdm/jdn	jemandem/jemanden	*Inf.*	Infinitiv	*f.*	féminin (weiblich)
f.	feminin (weiblich)	*adj.*	adjectif (Adjektiv)	*m.*	masculin (männlich)
m.	maskulin (männlich)	*adv.*	adverbe (Adverb)	*pl.*	pluriel (Plural)
umg.	umgangssprachlich	*conj.*	conjonction (Bindewort)	*qc*	quelque chose (etwas)
Pers.	Person	*prép.*	préposition (Präposition)	*qn*	quelqu'un (jemand)
Sg.	Singular (Einzahl)				
Pl.	Plural (Mehrzahl)				

Lerntipp

Viele Wörter kannst du verstehen, wenn du dir überlegst, ob du ein ähnlich lautendes deutsches oder englisches Wort kennst. Lege dir deshalb ein Vokabelheft (Französisch–Englisch–Deutsch) an, in dem du solche ähnlich lautenden Wörter sammelst. Manchmal schreiben sich diese Wörter aber anders oder sie sprechen sich anders aus. Markiere in deinem Vokabelheft also auch immer die Unterschiede, die du beachten musst.

Überall, wo dir diese Lupe begegnet, solltest du nach dem entsprechenden englischen Wort suchen. (→ Lösungen, S. 222)

UNITÉ 1, Approches

Paris [paʀi]	*Hauptstadt Frankreichs* → Civilisation, p. 146	Martin habite depuis trois ans à ~.
Paris-Plage [paʀiplaʒ]	*Stadtstrand in Paris* → Civilisation, p. 148	
la rive [laʀiv]	das Ufer	Blandine se promène souvent le week-end sur les ~[1] de la Seine.
Nanterre [nɑ̃tɛʀ]	*Vorort westlich von Paris* → Civilisation, p. 146	
l'hôtel de ville [lotɛldəvil]	das Rathaus	
la banlieue [labɑ̃ljø]	die Vororte einer Großstadt, der Stadtrand	Beaucoup de gens habitent en ~ mais travaillent à Paris.
le prénom [ləpʀenɔ̃]	der Vorname	Quel est le ~ de ton frère?

américain/e [ameʀikɛ̃/ameʀikɛn] *adj.*	amerikanisch	Véronique adore le cinéma ~.
le Canada [ləkanada]	Kanada → Civilisation, p. 145	Luc part en vacances au ~.
Montréal [mɔ̃ʀeal]	→ Civilisation, p. 146	~ est une grande ville au Canada.
le Québec [ləkebɛk]	→ Civilisation, p. 146	Au ~, on parle français.
les Pays-Bas [lepeibɑ] *m. pl.*	die Niederlande	La famille de Bernard vient des ~.
franco-italien/ne [fʀɑ̃ko-italjɛ̃/fʀɑ̃koitaljɛn] *adj.*	französisch-italienisch	Mario est ~.
Tours [tuʀ]	*Stadt an der Loire* → Civilisation, p. 147	
Naples [napl]	Neapel	~, c'est une ville en France?
l'Italie [litali] *f.*	Italien	Ma ville préférée en ~, c'est Naples.
Louis Chédid [luiʃedid]	*französischer Sänger* → Civilisation, p. 144	
la Tunisie [latynizi]	Tunesien → Civilisation, p. 147	Les grands-parents de Larissa viennent de ~.
l'Espagne [lɛspaɲ] *f.*	Spanien	Mon amie Élodie habite en ~.

Fast alle Ländernamen, die auf -e *enden, sind weiblich:* l'Allemagne *f.*, l'Angleterre *f.*, l'Autriche *f.*, l'Espagne *f.*, l'Italie *f.*, la Belgique, la France, la Turquie, la Pologne, la Serbie, la Croatie

1 rives

UNITÉ 1, SÉQUENCE 1

le choc [ləʃɔk]	der Zusammenstoß	Marc a vu le ~ entre les deux copains.
la culture [lakyltyʀ]	die Kultur	La ~ française est intéressante.

le choc des cultures = der Kulturschock

il y a [ilja]	vor *zeitlich*	Marie est allée à Paris ~ deux ans.

⚠ *Verwechsle nicht:*

il y a = es gibt — Dans la classe de Luc **il y a** dix filles.
il y a = vor *zeitlich* — Élodie est allée au Canada **il y a** trois ans.

rencontrer qn [ʀɑ̃kɔ̃tʀe]	jdn treffen, jdn kennen lernen	Gaspard a ~[1] sa copine l'hiver dernier.
haut/e [o/ot] *adj.*	hoch	Cette maison est très ~[2].
la patinoire [lapatinwaʀ]	die Eisbahn	En hiver, j'adore aller à la ~ avec mes copains.
la tour [latuʀ]	der Turm	
la tour Eiffel [latuʀefɛl]	der Eiffelturm → Civilisation, p. 148	On monte sur la ~?

vrai/e [vRɛ] *adj.*	echt, wahr	Jacques m'aide toujours pour les devoirs: c'est un ~ copain.

⚠ *Merke:* vraiment *adv.* = wirklich

ouille! [uj]	aua!	~! Je suis tombé!
vivre [vivR]	leben, etwas erleben → Verbes, p. 142	Tu sais combien de gens ~[3] à Paris?
dangereusement [dɑ̃ʒ(ə)Røzmɑ̃] *adv.* ▶ le danger, dangereux/-euse *adj.*	gefährlich	Mon grand-père roule ~.
le patin à glace [ləpatɛ̃aglas]	der Schlittschuh	Mon sport préféré en hiver, c'est le ~.

faire du patin à glace = Schlittschuh laufen

Saint-Germain-en-Laye [sɛ̃ʒɛRmɛ̃ɑ̃lɛ]	*Vorort südlich von Paris* → Civilisation, p. 146	
le Danemark [lədanmaRk]	Dänemark	On peut passer de bonnes vacances au ~.
drôlement [dRolmɑ̃] *adv. fam.* ▶ drôle *m./f. adj.*	*hier:* ganz schön	La tour Eiffel, elle est ~ haute!
dans le sud de [dɑ̃ləsydə] *adv.*	im Süden von	Avignon est ~ la France.
le sud [ləsyd]	der Süden	J'aime le ~!
au bord de [obɔRdə]	am Ufer von	C'est toujours très beau, ~ la mer.
la Meuse [lamøz]	Maas → Civilisation, p. 146	
la Belgique [labɛlʒik]	Belgien → Civilisation, p. 145	La mère de Paul vient de ~.
l'été [lete] *m.*	der Sommer	En ~, il fait souvent très chaud.
la Côte d'Azur [lakotdazyR]	*die französische Riviera, Teil der französischen Mittelmeerküste* → Civilisation, p. 145	Carole a passé ses vacances sur la ~.
malheureusement [maløRøzmɑ̃] *adv.* ▶ malheureux/-euse *adj.*	leider	Élodie voudrait devenir chanteuse, ~ elle ne sait pas chanter.
la Seine [lasɛn]	*Fluss, der durch Paris fließt* → Civilisation, p. 146	
le ballon [lebalɔ̃]	der Ball	Mon petit frère joue souvent au ~.
bronzer [bRɔ̃ze]	bräunen, sich sonnen	En été, les gens adorent aller à la plage pour ~.
sûrement [syRmɑ̃] *adv.* ▶ sûr/e *adj.*	sicherlich	Antoine a perdu le CD préféré de sa sœur: elle va ~ être fâchée.
l'ouest [lwɛst] *m.*	der Westen	Brest est dans l'~ de la France.
à l'ouest [alwɛst]	westlich (von)	La France se trouve ~ de l'Allemagne.
la direction [ladiRɛksjɔ̃]	die Richtung	Est-ce que c'est la bonne ~ pour aller à Paris-Plage?

le terminus [lətɛʀminys]	die Endstation	Au ~, il faut descendre.
le RER (= le Réseau express régional) [ləɛʀøɛʀ]	*die Pariser S-Bahn*	Pour aller à Saint-Germain-en-Laye, on prend le ~.
Montmartre [mɔ̃maʀtʀ]	*Stadtviertel von Paris* → Civilisation, p. 148	
le Trocadéro [lətʀokadeʀo]	*Park in Paris* → Civilisation, p. 148	
le centre Pompidou [ləsɑ̃tʀpɔ̃pidu]	*Kulturzentrum in Paris* → Civilisation, p. 147	Dans le ~ il y a un musée.
l'automne [lotɔn] *m.*	der Herbst	Anna est née en ~.

l'hiver *m.* | le printemps | l'été *m.* | l'automne *m.*

le club des cinq [ləklœbdesɛ̃k]	*französischer Titel der Jugendbuchserie „Fünf Freunde"*	
international/e [ɛ̃tɛʀnasjɔnal] *adj.* / **internationaux** [ɛ̃tɛʀnasjɔno] *m. pl.*	international	Paris est une ville ~[4].

1 rencontré 2 haute 3 vivent 4 internationale

UNITÉ 1, SÉQUENCE 2

la surprise [lasyʀpʀiz]	die Überraschung	Aujourd'hui, c'est l'anniversaire d'Hélène: ses amis ont préparé une ~.
Cologne [kolɔɲ]	Köln	Mon correspondant habite à ~.
Charles de Gaulle-Étoile [ʃaʀldəgoletwal]	*U-Bahn-Station in Paris*	
le ticket [lətikɛ]	der Fahrschein, die Fahrkarte	Tu as acheté les ~[1] pour le bus?
le métro [ləmetʀo]	die U-Bahn	Sans ticket, on ne peut pas prendre le ~.
la ligne [laliɲ]	die Linie	À Paris, il y a 14 ~[2] de métro.
Nation [nasjɔ̃]	*U-Bahn-Station in Paris*	
La Motte-Piquet Grenelle [lamɔtpikegʀənɛl]	*U-Bahn-Station in Paris*	
changer [ʃɑ̃ʒe]	*hier:* umsteigen	Pour aller à Charles de Gaulle-Étoile, il faut ~ où?
Boulogne Jean Jaurès [bulɔɲʒɑ̃ʒoʀɛs]	*U-Bahn-Station in Paris*	
prévoir qc [pʀevwaʀ]	etw. vorsehen *wird wie* voir *konjugiert* → Verbes, p. 142	On a ~[3] une excursion pour demain.

compliqué/e [kɔ̃plike] *adj.*	kompliziert	Notre prof est très ~.
se détendre [sədetɑ̃dʀ]	entspannen *wird wie* attendre *konjugiert* → Verbes, p. 139	Après l'école, il faut ~.
avoir la trouille [avwaʀ-latʀuj] *fam.*	Schiss haben *umg.*	Odile ~[4] toujours ~ quand elle voit une souris.
la station [lastasjɔ̃] Faux ami: station *(engl.)* = der Bahnhof	die Station	La ~ de métro n'est pas loin d'ici.
Javel André Citroën [ʒavɛlɑ̃dʀesitʀoɛn]	*U-Bahn-Station in Paris*	
la bise [labiz]	der Kuss, das Küsschen	En France, les amis se font la ~ pour se dire bonjour.
sortir qc [sɔʀtiʀ]	*hier:* etw. herausnehmen	Tu peux ~ ton livre de ton sac?
le foulard [ləfulaʀ]	der Schal, das Halstuch	Marie a acheté un beau ~ pour sa mère.
bander qc [bɑ̃de]	etw. verbinden	Les copains lui ont ~[5] les yeux.
la voix [lavwa]	die Stimme	La chanteuse a une très belle ~.
agréable [agʀeabl] *m./f. adj.*	angenehm	Ma voisine est une personne très ~.
l'accent [laksɑ̃] *m.*	der Akzent	Luc parle l'allemand avec un petit ~ français.
clair/e [klɛʀ] *adj.*	klar, deutlich	L'eau de ce fleuve est très ~[6].
clairement [klɛʀmɑ̃] *adv.*	klar, deutlich	Tu peux parler plus ~? Je ne comprends rien.
d'habitude [dabityd] *adv.*	gewöhnlich	~, il est toujours à l'heure.
l'habitude [labityd] *f.*	die Gewohnheit, die Angewohnheit	Beaucoup de Français ont l'~ de manger un fruit au dessert.
le bruit [ləbʀɥi]	das Geräusch, der Lärm	Il y a beaucoup de ~ dans ta rue.
lent/e [lɑ̃/lɑ̃t] *adj.*	langsam	C'est une voiture très ~[7].
lentement [lɑ̃tmɑ̃] *adv.* lentement ≠ vite	langsam	Mon grand-père roule ~, il est très prudent.
l'avion [lavjɔ̃] *m.*	das Flugzeug	Pour aller à Lyon, on prend le train ou l'~?
avancer [avɑ̃se]	voranschreiten *wird wie* commencer *konjugiert* → Verbes, p. 138	Aujourd'hui, je n' ~[8] pas dans mon travail.
enlever qc [ɑ̃ləve] enlever ≠ mettre	*hier:* etw. ausziehen, etw. ablegen *wird wie* acheter *konjugiert* → Verbes, p. 138	Il ne fait pas froid, mais mon petit frère ne veut pas ~ son anorak.
stupéfait/e [stypefɛ/stypefɛt] *adj.*	verblüfft	Paul était ~ quand il a vu sa grand-mère à Paris-Plage.
Montparnasse [mɔ̃paʀnas]	*Stadtviertel in Paris* → Civilisation, p. 148	
le sud-est [ləsydɛst]	der Südosten	Lyon est une ville dans le ~ de la France.
l'est [lɛst] *m.*	der Osten	
le ballon [ləbalɔ̃]	*hier:* der Ballon; *auch:* der Ball	

la balade en ballon [labaladɑ̃balɔ̃]	die Ballonfahrt	

Merke

au sud de = südlich von
dans le sud de = im Süden von

1 tickets 2 lignes 3 prévu 4 a 5 bandé 6 claire 7 lente 8 avance

UNITÉ 1, SÉQUENCE 3

le tuyau [lətɥijo] / **les tuyaux** [letɥijo]	*hier:* der Tipp	Voilà notre ~ pour passer un week-end sympa à Paris.
plein/e [plɛ̃/plɛn] *adj.*	voll	Mon verre est ~.
plein de [plɛ̃də]	*hier:* viele	Il y a ~ gens dans le musée!
le moyen de transport [ləmwajɛ̃dətʀɑ̃spɔʀ]	das Verkehrsmittel	La voiture est un ~.
le Louvre [ləluvʀ]	*Museum in Paris* → Civilisation, p. 148	Le ~ est un musée très célèbre à Paris.
l'Arc de triomphe [laʀkdətʀijɔ̃f] *m.*	*Sehenswürdigkeit in Paris* → Civilisation, p. 147	
l'Étoile [letwal]	*Platz in Paris* → Civilisation, p. 148	
original/e [ɔʀiʒinal] *adj.* / **originaux** [ɔʀiʒino] *m. pl.*	originell	Ce cadeau est ~!
la pyramide [lapiʀamid]	die Pyramide	Il y a une grande ~ de verre devant le Louvre.
le jardin des Tuileries [ləʒaʀdɛ̃detɥilʀi]	*Park in Paris* → Civilisation, p. 148	
les Champs-Élysées [leʃɑ̃zelize]	*Prachtboulevard in Paris* → Civilisation, p. 147	
Virgin [viʀdʒin]	*großer Musikladen in Paris*	
la Fnac [lafnak]	*französische Medienkaufhauskette* → Civilisation, p. 149	
être ouvert/e [ɛtʀuvɛʀ/uvɛʀt] être ouvert/e ≠ être fermé/e	geöffnet sein	Tu crois que la Fnac ~[1] le dimanche?
l'île Saint-Louis [lilsɛ̃lwi]	*Insel in der Seine im Zentrum von Paris* → Civilisation, p. 148	
calme [kalm] *m./f. adj.*	ruhig	Paris n'est pas une ville ~.
la queue [lakø]	die Schlange	Pour entrer au Louvre, il faut faire la ~.
la glace [laglas]	das (Speise-)Eis	Quand il fait chaud, j'aime manger de la ~.
la capitale [lakapital]	die Hauptstadt	Comment s'appelle la ~ de la France?
le frisson [ləfʀisɔ̃]	das Zittern	Si vous aimez les ~[2], regardez les films d'Alfred Hitchcock.

les Catacombes [lekatakɔ̃b] *f. pl.*	die Katakomben → Civilisation, p. 147	
impressionnant/e [ɛ̃pʀesjɔnɑ̃/ɛ̃pʀesjɔnɑ̃t] *adj.*	beeindruckend	Les Catacombes sont ~[3].
romantique [ʀɔmɑ̃tik] *m./f. adj.*	romantisch	Ce petit parc est un endroit très ~.
le cimetière du Père-Lachaise [ləsimtjɛʀdypɛʀ-laʃɛz]	*historischer Friedhof in Paris* → Civilisation, p. 147	
le cimetière [ləsimtjɛʀ]	der Friedhof	Ma tante habite derrière le ~.
l'arrondissement [laʀɔ̃dismɑ̃] *m.*	der Stadtbezirk	Dans quel ~ se trouve le Louvre?

Paris ist seit 1860 in 20 Stadtbezirke, die Arrondissements, untergliedert. Sie sind bis 20 durchnummeriert und durchziehen die Stadt spiralförmig von innen nach außen. Das 1. Arrondissement liegt im historischen Stadtkern, der Gegend des Louvre, das 20. Arrondissement im Osten der Stadt, der Gegend des Père-Lachaise. Jedes Arrondissement hat einen Bürgermeister und ein eigenes Rathaus.

la tombe [latɔ̃b]	das Grab	Au cimetière du Père Lachaise on trouve la ~ de Molière.
le/la mort/e [ləmɔʀ/lamɔʀt]	der/die Tote	Tu connais un ~ célèbre?
Molière [moljɛʀ]	*französischer Theaterautor* → Civilisation, p. 145	
Frédéric Chopin [fʀedeʀikʃɔpɛ̃]	*französisch-polnischer Komponist* → Civilisation, p. 144	
Jim Morrison [djimoʀisɔn]	*Sänger der Rockband „The Doors"*	
le quotidien [ləkɔtidjɛ̃]	der Alltag	Pendant des vacances, on oublie le ~.
le cinaxe [ləsinaks]	*Panoramakino in Paris*	
la Cité des sciences [lasitedesjɑ̃s]	*moderne Museumsstadt in Paris* → Civilisation, p. 148	
la simulation de vol [lasimylasjɔ̃dvɔl]	der Flugsimulator	On ne vit pas tous les jours une ~.
la Géode [laʒeɔd]	*Bauwerk in der Cité des sciences* → Civilisation, p. 148	
le lèche-vitrines [ləlɛʃvitʀin]	der Schaufensterbummel	Mes copines et moi, on adore faire du ~.
les Halles [leal]	*Einkaufszentrum in Paris* → Civilisation, p. 148	
(ê)**se balader** [səbalade]	spazieren gehen	~ à Paris, c'est sympa.
le plus confortablement du monde [ləplykɔ̃fɔʀtabləmɑ̃dymɔ̃d] *adv.* ▶ confortable *m./f. adj.*	superbequem, am allerbequemsten	Dans les Halles, on peut se balader ~.
la galerie Vivienne [lagalʀivivjɛn]	*Einkaufspassage in Paris* → Civilisation, p. 148	
le passage Jouffroy [ləpɑsaʒufʀwa]	*Einkaufspassage in Paris* → Civilisation, p. 148	

le boulevard Montmartre [ləbulvaʀmɔ̃maʀtʀə]	*Straße in Paris*	
le jeu [ləʒø] / **les jeux** [leʒø] *pl.* ▶ jouer	das Spiel	Mon petit frère n'aime pas les ~[4] de cartes parce qu'il perd souvent.
la boutique [labutik]	der Laden, die Boutique	Dans le passage Jouffroy, il y a de petites ~[5] originales.
ancien/ne [ɑ̃sjɛ̃/ɑ̃sjɛn] *adj.* ancien/ne ≠ nouveau/-elle	alt, ehemalig	Ce dessin est très ~.
vide [vid] *m./f. adj.* vide ≠ plein/e	leer	Aujourd'hui, notre ciné est ~.
faire le tour de qc [fɛʀlətuʀ]	*hier:* einen Rundgang, eine Rundfahrt machen	On peut ~ Berlin en bus.
voyager [vwajaʒe] ▶ le voyage	reisen *wird wie* manger *konjugiert* → Verbes, p. 138	Presque tout le monde aime ~.
le siècle [ləsjɛkl]	das Jahrhundert	Au 18e ~ il n'y avait pas de voitures.
le mieux [ləmjø]	das Beste, am besten	~, c'est d'apprendre beaucoup de langues.
au moins [omwɛ̃]	mindestens	Je vais ~ une fois par mois au cinéma.

1 est ouverte 2 frissons 3 impressionantes 4 jeux 5 boutiques

UNITÉ 2, Approches

le **rat** [ləʀa]	die Ratte	Tu connais la fable «Le ~ et l'éléphant»?

„Les petits rats de l'Opéra" *ist der Name des Kinderballetts der Pariser Oper, das im Jahre 2013 seinen 300. Geburtstag feiern wird und noch heute professionelle Tänzer ausbildet. Der Name ist auf die früheren ungepflegten und unhygienischen Ausbildungsräumlichkeiten im Opernhaus zurückzuführen, in denen die Ballettschüler „wie Ratten" hausten. Heute findet der Unterricht in einer modernen Tanzschule statt.*

l'opéra [lɔpeʀa] *m.*	die Oper	Tu aimes l'~?
aller pour le mieux [alepuʀləmjø]	alles bestens gehen	À l'école, tout ~[1].
le concours d'entrée [ləkɔ̃kuʀdɑ̃tʀe]	die Aufnahmeprüfung	Pour devenir élève au conservatoire, il faut passer un ~.
réunir [ʀeyniʀ]	versammeln *wird wie* réagir *konjugiert* → Verbes, p. 139	La famille est ~[2] pour le week-end.
la marraine [lamaʀɛn]	die (Tauf-)Patin	Ma ~ me fait toujours de beaux cadeaux.
aîné/e [ɛne] *adj.*	älterer/ältere	Pierre est le frère ~ de Marie.
fêter qc [fɛte]	etw. feiern	Demain, je ~[3] mon anniversaire.
le succès [ləsyksɛ]	der Erfolg	Le nouveau CD de Louis Chédid a beaucoup de ~.
tout à coup [tutaku]	plötzlich, auf einmal	Il faisait beau et ~ il a commencé à pleuvoir.
l'ambiance [lɑ̃bjɑ̃s] *f.*	die Stimmung, das Ambiente	Hier soir, chez Sylvie, il y avait une bonne ~.

le repas [ləʀəpɑ]	das Essen, die Mahlzeit	Ce soir je prépare le ~.
réussi/e [ʀeysi] *adj.*	gelungen	Ce gâteau est vraiment ~.
bizarre [bizaʀ] *m./f. adj.*	merkwürdig	Jules est ~: il ne parle à personne.
sensible [sɑ̃sibl] *m./f. adj.* ⚠ Faux ami: sensible *(engl.)* = vernünftig	empfindlich, sensibel	Cette fille est très ~.
réussir (qc) [ʀeysiʀ]	gelingen, etw. schaffen *wird wie* réagir *konjugiert* → Verbes, p. 139	Anna va sûrement ~ son exposé.
voilà que [vwalakə]	nun	
ça se fête [sasəfɛt]	das wird gefeiert	Un succès, ~!
danser [dɑ̃se] ▶ la danse	tanzen	Tu aimes ~?
la remarque [laʀəmaʀk]	die Bemerkung	C'est une bonne ~.
le chausson [ləʃosɔ̃]	der Ballettschuh	Les ~[4] de Marina sont roses.
gâté/e [gɑte] *adj.*	verwöhnt	Les enfants de ma voisine sont trop ~[5].
(ê)**se prendre pour qn** [səpʀɑ̃dʀpuʀ]	sich für jdn halten	Ma sœur ~[6] une artiste.
dire ses quatre vérités à qn [diʀsekatʀveʀite]	Klartext sprechen	Paul est vraiment égoïste: il faut lui ~.
prendre des gants [pʀɑ̃dʀədegɑ̃]	*etwa:* (jdn) mit Samthandschuhen anfassen	
la fête [lafɛt] ▶ fêter qc	die Feier, die Fete	Pour mon anniversaire je vais faire une grande ~.

1 va pour le mieux 2 réunie 3 fête 4 chaussons 5 gâtés 6 se prend pour

UNITÉ 2, CHAPITRE 1

claquer qc [klake]	*hier:* etw. zuschlagen	Tu as entendu ~ la porte?
courir [kuʀiʀ]	rennen, laufen → Verbes, p. 139	J'adore ~, c'est bon pour la forme.
(ê)**se souvenir de qn/qc** [səsuvniʀ] ▶ le souvenir	sich erinnern an etw./jdn *wird wie* venir *konjugiert* → Verbes, p. 142	Je ne ~[1] pas ~ mon premier jour d'école.
le drame [lədʀam]	das Drama	Un 8 en maths, ce n'est pas un ~.
avoir l'air [avwaʀlɛʀ]	aussehen	Tu ~[2] fatigué, tu as mal dormi?
Dis donc! [didɔ̃k]	Sag mal!	
utiliser qc [ytilize] ▶ utile *m./f. adj.*, inutile *m./f. adj.*	etw. benutzen	Est-ce que je peux ~ ton stylo?
pâle [pɑl] *m./f. adj.*	blass	Elle est ~ parce qu'elle n'a pas assez mangé.
la porte d'entrée [lapɔʀtdɑ̃tʀe]	Eingangstür, Haustür	Ferme la ~, il fait froid!
Qu'est-ce qui lui prend? [kɛskilɥipʀɑ̃]	Was ist los mit ihm/ihr?	

au bout de [obudə] *adv.*	am Ende, nach	~ deux heures, sa mère a téléphoné.
décider de + *inf.* [deside]	entscheiden, beschließen etw. zu tun	Pour aller à Paris, elle a ~[3] prendre le train.
seulement [sœlmɑ̃] *adv.* ▶ seul/e *adj.*	nur	~ quelques élèves ont réussi le concours d'entrée.
parmi [paʀmi]	zwischen, unter, von	Elle est la seule blonde ~ ses copines.
(ê)**passer en** [pɑseɑ̃]	versetzt werden	Jean ne ~[4] pas ~ quatrième.
inséparable [ɛ̃sepaʀabl] *m./f. adj.*	unzertrennlich	Sophie et Matthias sont toujours ensemble: ils sont ~[5].
l'internat [lɛ̃tɛʀna] *m.*	das Internat	Pendant la semaine, ma sœur habite dans un ~.
la scène [lasɛn]	die Szene	La dernière ~ du film était bizarre.
raccrocher [ʀakʀɔʃe]	auflegen *Telefon*	Tu peux ~ maintenant, je t'ai tout dit.
l'impression [lɛ̃pʀɛsjɔ̃] *f.* ▶ impressionnant/e *adj.*	der Eindruck	Ma nouvelle jupe fait une bonne ~.
avoir l'impression [avwaʀlɛ̃pʀɛsjɔ̃]	den Eindruck haben	Max est pâle: j'~[6] qu'il est malade.

1 me souviens 2 as l'air 3 décidé de 4 passe pas en 5 inséparables 6 ai l'impression

UNITÉ 2, CHAPITRE 2

gâcher qc [gɑʃe]	etw. verderben	J'ai tout ~[1]! dit Marina
répéter qc [ʀepete]	etw. wiederholen → Verbes, p. 138	
(ê)**se répéter** [səʀepete]	sich wiederholen → Verbes, p. 138	La prof ~[2] toujours!
chaque [ʃak] *m./f. Begleiter*	jeder/jede/jedes	~ matin, Louis prend le bus à 7 heures.
chacun/e [ʃakɛ̃/ʃakyn] *pron.*	jeder/jede	Thomas a beaucoup d'amis: il écrit une carte à ~.
le souci [ləsusi]	die Sorge	Tu es tout triste. Tu as des ~[3]?

se faire du souci = sich Sorgen machen

le bureau [ləbyʀo] / **les bureaux** [lebyʀo]	das Büro, das Arbeitszimmer *auch:* der Schreibtisch	Sur le ~ de mon père il y a beaucoup de livres.

un nouveau bureau 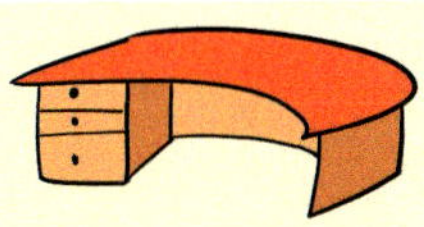 le bureau de ma mère 

chéri/e [ʃeʀi]	Liebling	Je t'aime, mon ~!
de plus en plus [dəplysɑ̃ply(s)]	mehr und mehr, immer mehr	J'ai ~ faim.
la situation [lasitɥasjɔ̃]	die Situation, die Lage	Sa ~ est mauvaise.
Marseille [maʀsɛj]	*französische Hafenstadt am Mittelmeer* → Civilisation, p. 146	

la veille [lavɛj]	der Vorabend	La ~ d'une interro, il a peur.
la félicitation [lafelisitasjɔ̃]	der Glückwunsch	Mes ~[4] pour ton succès!
boire qc [bwaʀ] ▶ la boisson	etw. trinken → Verbes, p. 139	Tu as soif? Tu veux ~ quelque chose?
le champagne [ləʃɑ̃paɲ]	der Champagner, der Sekt	Ma grand-mère boit souvent du ~.
le cauchemar [ləkoʃmaʀ]	der Albtraum	La nuit dernière, elle a fait un ~.
[(ê)]**s'arrêter** [saʀɛte] s'arrêter ≠ continuer	anhalten, stehen bleiben	Il faut toujours ~ au feu rouge.
merveilleux/-euse [mɛʀvɛjø/mɛʀvɛjøz] *adj.*	wunderbar, wundervoll	Paris est une ville ~[5].
le palais [ləpalɛ]	der Palast, das Palais	Quelques riches habitent dans des ~.
le rêve [ləʀɛv] ▶ rêver	der Traum	Cette nuit, j'ai fait un ~ bizarre.
la feuille [lafœj]	das Blatt	En automne, on trouve beaucoup de ~[6] dans la rue.
l'arbre [laʀbʀ] *m.*	der Baum	Il y a beaucoup d'~[7] dans le parc.
autour de [otuʀdə]	um … herum	C'est joli, les fleurs ~ la maison!
Maurice Ravel [mɔʀisʀavɛl]	*französischer Komponist* → Civilisation, p. 145	
pieds nus [pjeny]	barfuß	Sur la plage, on marche ~.

1 gâché 2 se répète 3 soucis 4 félicitations 5 merveilleuse 6 feuilles 7 arbres

UNITÉ 2, CHAPITRE 3

l'école primaire [lekɔlpʀimɛʀ] *f.*	die Grundschule	À six ans, on entre à l'~.
de temps en temps [dətɑ̃zɑ̃tɑ̃]	von Zeit zu Zeit, ab und zu	~, je fais des promenades avec le chien de ma voisine.
avoir envie de + *inf.* [avwaʀɑ̃vi]	Lust haben etw. zu tun	Est-ce que tu ~[1] danser?
être assis/e [ɛtʀasi/ɛtʀasiz]	sitzen	Les filles ~[2] sur les chaises.
la marche [lamaʀʃ]	die Stufe	Il est assis sur une ~.
l'escalier [lɛskalje] *m.*	die Treppe	L'~ a 30 marches.
avoir besoin de + *inf.* ou **qn/qc** [avwaʀbəswɛ̃də]	brauchen, jdn/etw. brauchen	Tu n'~[3] pas ~ m'aider!

Es gibt viele nützliche Wendungen mit avoir. *Lerne sie am besten auswendig.*

avoir 15 ans = 15 Jahre alt sein
avoir de la chance = Glück haben
avoir l'air (content) = (zufrieden) aussehen
avoir faim/soif = Hunger/Durst haben
avoir mal = Schmerzen haben
avoir raison = Recht haben
avoir rendez-vous = verabredet sein

avoir besoin de qn/qc = jdn/etw. brauchen
avoir envie de + *inf.* = Lust haben, etw. zu tun
avoir peur de qc/qn = vor jdm/etw. Angst haben
avoir le temps de + *inf.* = Zeit haben
avoir l'impression de + *inf.* = den Eindruck haben

rater qc [ʀate] rater qc ≠ réussir qc	etw. nicht schaffen, etw. verpassen, durchfallen	Marina a ~[4] le bus.
l'examen [lɛgzamɛ̃] *m.*	die Prüfung	Il prépare son ~ de piano.
la boîte aux lettres [labwatolɛtʀ]	der Briefkasten	J'ai trouvé une carte dans la ~.
imaginer qc [imaʒine]	sich etw. vorstellen	C'est dur d'~ un monde sans pollution!
l'astronaute [lastʀɔnot] *m./f.*	der/die Astronaut/in	Antoine veut devenir ~.
le/la charcutier/-ière [ləʃaʀkytje/laʃaʀkytjɛʀ]	der Metzger, der Fleischer	Il y a un très bon ~ dans ma rue.
tout à fait [tutafɛ]	genau, ganz	Tu as ~ raison.
le danseur étoile [lədɑ̃sœʀetwal] / **la danseuse étoile** [ladɑ̃søzetwal]	der/die Startänzer/in, die Primaballerina	Elle voudrait devenir ~.
furieux/-euse [fyʀjø/fyʀjøz] *adj.*	wütend	Pourquoi est-ce qu'il est ~?
la pression [lapʀɛsjɔ̃]	der Druck	Parfois, on sent beaucoup de ~ au collège.
être sous pression [ɛtʀsupʀɛsjɔ̃]	unter Druck stehen	On ~[5] avant un examen.
fier/fière (de qn/qc) [fjɛʀ] *adj.*	stolz (auf jdn/etw.)	Mon père est très ~ de mes succès au foot.
décevoir qn [desvwaʀ]	jdn enttäuschen *wird wie* recevoir *konjugiert* → Verbes, p. 141	Marina ne voulait pas ~ ses parents.
finir (qc) [finiʀ] finir (qc) ≠ commencer (qc)	enden, etwas beenden *wird wie* réagir *konjugiert* → Verbes, p. 139	Tu as déjà ~[6] tes devoirs?

Folgende Infinitivergänzungen mit de *kannst du bilden:*

accepter de + *inf.*	avoir envie de + *inf.*	ça me plaît de + *inf.*	essayer de + *inf.*	proposer de + *inf.*
arrêter de + *inf.*	avoir peur de + *inf.*	décider de + *inf.*	finir de + *inf.*	rêver de + *inf.*
avoir besoin de + *inf.*	avoir raison de + *inf.*	demander (à qn) de + *inf.*	oublier de + *inf.*	

la fuite [lafɥit]	die Flucht	Pour les parents, une mauvaise note, c'est souvent ~.
le pire [ləpiʀ] le pire ≠ le mieux	das Schlimmste	

1 as envie de 2 sont assises 3 as pas besoin de 4 raté 5 est sous pression 6 fini

UNITÉ 3, Approches

quotidien/ne [kɔtidjɛ̃/kɔtidjɛn] *adj.*	täglich, alltäglich	La vie ~[1] n'est pas toujours très drôle.
À table! [atabl]	*etwa:* Das Essen ist fertig!, Zu Tisch!	
le bol [ləbɔl]	die Trinkschale	Les Français boivent leur café dans un ~.
le chocolat [ləʃɔkɔla]	die Schokolade	J'aime le ~.

le café au lait [ləkafeolɛ]	der Milchkaffee	Tu prends du ~ au petit déjeuner?
la tartine [lataʀtin]	das Butterbrot, das belegte Brot	Magali mange une ~ le matin.
la confiture [lakɔ̃fityʀ]	die Marmelade	Ma tante fait toujours de la ~ en été.
mauvais/e [movɛ/movɛz] *adj.* mauvais/e ≠ bon/ne	schlecht	Il n'est pas ~, ce café au lait.
le déjeuner [ləde ʒœne]	das Mittagessen	On prend le ~ à midi.
le plat [ləpla]	das Gericht, der Teller	Les frites sont le ~ préféré de Paul.
les crudités [lekʀydite] *f. pl.*	der Rohkostsalat	Amélie aime les ~, surtout les tomates.
la charcuterie [laʃaʀkytʀi]	der Wurst- und Fleischaufschnitt	Thomas adore la ~.
la viande [lavjɑ̃d]	das Fleisch	Catherine ne mange pas de ~.
comme [kɔm]	*hier:* als	Qu'est-ce que vous prenez ~ dessert?
le fromage [ləfʀɔmaʒ]	der Käse	En France, on mange beaucoup de ~.

In Frankreich wird am Ende einer Mahlzeit häufig Käse angeboten. Dabei kann der Käse entweder die Nachspeise ersetzen oder es gibt erst Käse und dann noch ein süßes Dessert.

le yaourt [ləjauʀt]	der Joghurt	Mon ~ n'est pas bon. Je ne le mange pas.
le steak [ləstɛk]	das Steak	Je prends un ~ avec des frites.
saignant/e [sɛɲɑ̃/sɛɲɑ̃t] *adj.*	blutig	Tu veux ton steak ~?
cuit/e [kɥi/kɥit] *adj.*	durch(gebraten)	Un steak bien ~, s'il vous plaît.

In Frankreich wirst du in der Regel gefragt, ob du dein Steak „saignant" oder „bien cuit" möchtest. Den deutschen Essgewohnheiten entspricht eher ein durchgebratenes Steak, während ein nicht durchgebratenes Steak in der Tat noch sehr blutig sein kann.

gros/se [gʀo/gʀɔs] *adj.*	groß, dick	Cette pomme est très ~[2].
le morceau [ləmɔʀso] / **les morceaux** [lemɔʀso]	das Stück	Je veux un ~ de pain.
le potage [ləpɔtaʒ]	die Suppe	Les Français mangent souvent un ~ au dîner.
le gratin [ləgʀatɛ̃]	der Auflauf	Le ~ est une spécialité française.
les pâtes [lepɑt] *f. pl.*	die Nudeln	Tous les enfants adorent les ~.
la **salade** [lasalad]	der Salat	Ce soir, je prépare une ~ de tomates.
[ê]**se mettre à table** [səmɛtʀatabl]	sich an den Tisch setzen	Dans la famille de ma corres on ~[3] à 20 heures.
[ê]**sortir de table** [sɔʀtiʀdətabl]	vom Tisch aufstehen	Après le repas, on ~[4].

1 quotidienne 2 grosse 3 se met à table 4 sort de table

la dinde [ladɛ̃d]	die Pute	On achète du poulet ou de la ~?
le blog [ləblɔg]	der Blog *persönliche Website, die als Tagebuch verwendet werden kann*	J'adore regarder le ~ de mon copain.

Unterscheide:

le jour	der Tag *als Zähleinheit*	Romain est allé à Paris **il y a trois jours.**
la journée	der Tag *in seinem Verlauf*	Catherine jouait de la guitare **pendant toute la journée.**

(ê)**s'amuser** [samyze]	sich amüsieren, Spaß haben	En cours de maths on ne ~[1] pas beaucoup.
(ê)**se coucher** [sәkuʃe]	schlafen gehen, sich hinlegen	Je vais ~[2] à 22 heures ce soir.
impossible (de + *inf.*) [ɛ̃pɔsibl] *adj.* impossible ≠ possible	unmöglich (etw. zu tun)	C'est ~ de faire cet exercice d'anglais.
(ê)**s'endormir** [sɑ̃dɔʀmiʀ]	einschlafen *wird wie* sortir *konjugiert* → Verbes, p. 142	Quelquefois on ne peut pas ~.
être crevé/e [ɛtʀkʀәve] *fam.*	fix und fertig sein	Lio et Jeanne ont couru pendant deux heures, maintenant elles sont ~[3].
(ê)**se lever** [sәlәve]	aufstehen *wird wie* peser *konjugiert* → Verbes, p. 138	À quelle heure est-ce que tu ~[4] le matin?
(ê)**s'habiller** [sabije]	sich anziehen	Elle ~[5] avant de partir au collège.
(ê)**se doucher** [sәduʃe]	duschen	D'habitude, après le sport on ~[6].
(ê)**s'énerver contre qn** [senɛʀve]	sich über jdn aufregen	Je ~[7] souvent ~ mon frère.
(ê)**se disputer avec qn** [sәdispyte]	sich streiten	Tu ~[8] souvent avec tes parents?
(ê)**se séparer** [sәsepaʀe] ▶ inséparable *m./f. adj.*	sich trennen	Les parents de Coralie se disputent beaucoup et veulent ~.
(ê)**arriver** [aʀive]	*hier:* passieren	Ça ne m'~[9] pas souvent d'être en retard.
Noël [nɔɛl] *m.*	Weihnachten → Civilisation, p. 149	Les enfants adorent ~ parce qu'ils reçoivent des cadeaux.
le réveillon [ləʀevejɔ̃]	*Festessen zu Weihnachten oder Neujahr*	Le ~, c'est le 24 et le 31 décembre.

In Frankreich versammelt man sich am Heiligen Abend und an Silvester zu üppigen Festessen. Traditionelle Speisen sind Pute mit Maronen, foie gras *(Gänseleberpastete), Austern, Schnecken, die* Bûche de Noël *und verschiedene Sorten Pralinen. In der Provence serviert man häufig dreizehn verschiedene Desserts (z. B. Mandarinen, Trockenfrüchte, Nüsse, Mandeln, Nougat), die Jesus mit seinen zwölf Jüngern symbolisieren.*

croire [kʀwaʀ]	glauben → Verbes, p. 140	Il ~[10] qu'il est bon en maths.
tout le temps [tulətɑ̃]	die ganze Zeit	Je m'ennuie ~ quand je suis seul.
l'apéritif [lapeʀitif] *m.*	der Aperitiv	Avant de manger, on prend l'~.
bâiller [baje]	gähnen	Je ~[11] beaucoup quand je suis fatigué.
l'huître [lɥitʀ] *f.*	die Auster	Il n'aime pas les ~[12].
la bûche de Noël [labyʃdnɔɛl]	*Weihnachtskuchen in Form eines Holzscheits*	En France, le soir de Noël, on mange de la ~ comme dessert.
vieux/vieil [vjø/vjɛj] *m./* **vieille** [vjɛj] *f. adj.* vieux ≠ jeune	alt	Sa grand-mère a 90 ans: elle est déjà très ~[13].

Die folgenden Adjektive haben zwei männliche Formen im Singular: beau/bel; nouveau/nouvel; vieux/vieil.

un beau garçon – un bel homme
un nouveau professeur – un nouvel élève
un vieux chien – un vieil éléphant

électronique [elɛktʀɔnik] *m./f. adj.*	elektronisch	Romain et sa sœur ont eu des jeux ~[14] pour Noël.
le lendemain [ləlɑ̃dmɛ̃] le lendemain ≠ la veille	am nächsten Tag	Le ~, il est allé chez ses amis.
l'avocat/e [lavoka/lavokat]	der Rechtsanwalt, die Rechtsanwältin	Mon frère veut être ~.
le coude [ləkud]	der Ellenbogen	Je suis tombé sur le bras et je me suis cassé le ~.
les manières [lemanjɛʀ] *f. pl.*	die (guten) Manieren	Le copain de Ludivine n'a pas de bonnes ~.
le Père Noël [ləpɛʀnɔɛl]	der Weihnachtsmann	Le ~ apporte les cadeaux aux enfants.
au pied de [opjedə]	*hier:* unter	~ l'arbre de Noël, il y a les cadeaux.
le commentaire [ləkɔmɑ̃tɛʀ]	der Kommentar	Je n'aime pas ses ~[15].

1 s'amuse 2 me coucher 3 crevées 4 te lèves 5 s'habille 6 se douche 7 m'énerve souvent contre 8 te disputes 9 arrive 10 croit 11 baille 12 huîtres 13 vieille 14 électroniques 15 commentaires

UNITÉ 3, SÉQUENCE 2

le poème [ləpɔɛm]	das Gedicht	Clément Marot a écrit de très beaux ~[1].
la crise [lakʀiz]	die Krise	Le pays est en ~.
la patate [lapatat] *fam.*	*hier:* der Blödmann *auch:* die Kartoffel	Ton frère, c'est une vraie ~.
la bêtise [labɛtiz]	die Dummheit, der Unsinn	Il a fait une grosse ~.
(ê)**se débrouiller** [sədebʀuje]	zurechtkommen, sich durchwursteln *umg.*	Lucie apprend l'allemand depuis deux ans: elle ~[2] assez bien.
l'embrouille [lɑ̃bʀuj] *f. fam.*	das Wirrwarr, die Verwicklung	Je n'aime pas les ~[3].
le roi / la reine [ləʀwa/ laʀɛn]	der König, die Königin	Louis XIV a été ~ de France de 1643 à 1715.

le despote [lədɛspɔt]	der Despot	Heureusement, il n'y a plus de ~[4] en Europe.
le pote [ləpot] *fam.*	der Kumpel	~, ça veut dire copain.
le saint-bernard [ləsɛ̃bɛʀnaʀ]	der Bernhardiner	Je veux un chien, un ~.

Der Name dieser Hunderasse geht auf den Heiligen Bernhard zurück, der im 10. Jahrhundert in den Schweizer Alpen am heutigen Sankt-Bernhard-Pass ein Kloster gründete und schon damals Hunde mit sich führte. Seit ca. 300 Jahren züchten die Mönche hier den Bernhardiner, einen gutmütigen Arbeits- und Rettungshund, der durch seinen Einsatz bei Lawinen- und Katastrophenarbeiten weltberühmt wurde.

[ê]**se compliquer la vie** [səkɔ̃plikelavi]	sich das Leben schwer machen	Il ne faut pas ~.
Ça y est! [saijɛ]	*etwa:* Alles klar!, Ich hab's!, Fertig!	~? On peut commencer?
le genre [ləʒɑ̃ʀ]	die Art, das Genre	Il n'aime pas ce ~ de musique.
raisonnable [ʀɛzɔnabl] *m./f. adj.*	vernünftig	Romain n'est pas ~: il roule en mobylette sans casque.
la morale [lamɔʀal]	die Moral, die Ethik	

faire la morale à qn = jdm eine Moralpredigt halten

nia nia nia [njanjanja] *fam.*	bla bla bla	
[ê]**se moquer de qc/qn** [səmɔke]	sich über jdn/etw. lustig machen	Il ne faut pas ~ ce vieux professeur.
[ê]**s'agir de qc/qn** [saʒiʀ]	sich um jdn/etw. handeln *wird wie* réagir *konjugiert* → Verbes, p. 139	Dans cette unité, il ~[5] du blog de Romain.
être capable de + *inf.* [ɛtʀkapabl]	fähig sein etw. zu tun	Il n'~[6] pas ~ écouter les autres.
l'auteur [lotœʀ] *m./f.*	der Autor, die Autorin	Jules Verne est l'~ de romans très célèbres.

Die folgenden männlichen Berufsbezeichnungen benutzt man für Frauen und Männer:

le médecin — le professeur — l'auteur — l'écrivain

la rime [laʀim]	der Reim	Pour faire un poème, il faut trouver des ~[7].
le rap [ləʀap]	der Rap	Clément va à un concert de ~.

1 poèmes 2 se débrouille 3 embrouilles 4 despotes 5 s'agit 6 est pas capable d' 7 rimes

le **rôle** [ləʀol]	die Rolle	Sophie joue un ~ dans un film d'horreur.
anonyme [anɔnim] *m./f. adj.*	anonym	Paul a reçu une lettre ~.
Juré, promis, craché! [ʒyʀepʀɔmikʀaʃe] *fam.*	Ich schwöre!, Versprochen!	Je viens. ~.
jurer [ʒyʀe]	schwören	Je ~[1] que je dis la vérité.
promettre qc à qn [pʀɔmɛtʀ]	jdm etw. versprechen *wird wie* mettre *konjugiert* → Verbes, p. 140	Il ne faut pas ~ des choses impossibles.
cracher [kʀaʃe]	spucken	Mon petit frère aime ~ dans le fleuve.
partager qc avec qn [paʀtaʒe]	etw. mit jdm teilen *wird wie* manger *konjugiert* → Verbes, p. 138	Je ~[2] ma chambre ~ ma sœur.
consoler qn [kɔ̃sɔle]	jdn trösten	Julie ~[3] son ami qui a eu une mauvaise note en histoire.
confier qc à qn [kɔ̃fje]	jdm etw. anvertrauen	Il ne ~[4] rien à ses parents.
l'adulte [ladylt] *m./f.*	der/die Erwachsene	Les ~[5] ne comprennent pas toujours les jeunes.
le chagrin d'amour [ləʃagʀɛ̃damuʀ]	der Liebeskummer	Jacques est triste: il a un ~.
l'amour [lamuʀ] *m.*	die Liebe	
justement [ʒystəmɑ̃] *adv.*	eben, genau	
sérieux/-euse [seʀjø/seʀjøz] *adj.*	ernst, ernsthaft	Romain a un problème ~: il s'est disputé avec son père.
avoir tort [avwaʀtɔʀ] avoir tort ≠ avoir raison	Unrecht haben	Excuse-moi. J'~[6].
l'humour [lymuʀ] *m.*	der Humor	André ne comprend pas toujours l'~ anglais.
le coup [ləku] *fam.*	*hier:* der Gag	
les remords [ləʀəmɔʀ] *m. pl.*	die Gewissensbisse	J'ai des ~ quand je me dispute avec ma sœur.
[ê] **s'entendre avec qn** [sɑ̃tɑ̃dʀ]	sich mit jdm verstehen	Paul ~[7] bien ~ Claire.
prendre qn/qc au sérieux [pʀɑ̃dʀoseʀjø]	jdn/etw. ernst nehmen	Tu ne me ~[8] pas ~.
il faudrait [ilfodʀɛ]	es wäre nötig, man müsste	~ venir plus tôt.
à part [apaʀ]	abgesehen von	~ en géographie, c'est un bon élève.
le pseudo [ləpsødo] *fam.*, **le pseudonyme** [ləpsødonim]	der Deckname, das Pseudonym	Tu as un ~?
zut [zyt]	Mist!	~ alors! J'ai oublié de faire mes devoirs.

1 jure 2 partage 3 console 4 confie 5 adultes 6 ai tort 7 s'entend bien avec 8 prends pas au sérieux

les médias [lemedja] *m. pl.*	die Medien	Au collège, nous parlons beaucoup des ~.
la chaîne [laʃɛn]	der Kanal, der Sender	«Arte» est une ~ franco-allemande.
Canal plus [kanalplys]	*französischer Fernsehsender* → Civilisation, p. 149	
TF 1 [teɛfɛ̃] *ou:* **Télé France 1** [telefʀɑ̃sɛ̃]	*französischer Fernsehsender* → Civilisation, p. 149	
le million [ləmiljɔ̃]	die Million	Qui veut gagner un ~?
France 2 [fʀɑ̃sdø]	*französischer Fernsehsender* → Civilisation, p. 149	
la série [laseʀi]	die Serie	J'aime regarder des ~[1].
Arte [aʀte]	*deutsch-französischer Fernsehsender* → Civilisation, p. 149	
policier/-ière [pɔlisje/pɔlisjɛʀ] *adj.*	Polizei-/Kriminal- *in Verbindung mit einem Nomen*	Ce soir, nous regardons une série ~[2].
le/la flic [ləflik/laflik] *fam.*	der/die Polizist/in, Bulle *umg.*	Au commissariat, il y a des ~[3] partout!
France 3 [fʀɑ̃stʀwa]	*französischer Fernsehsender* → Civilisation, p. 149	
l'affaire [lafɛʀ] *f.*	*hier:* der Fall	Cette ~ est vraiment intéressante!
le téléfilm [lətelefilm]	der Fernsehfilm	Ce soir, on va regarder un ~.
M6 [ɛmsis]	*französischer Fernsehsender* → Civilisation, p. 149	
la **star** [lastaʀ]	der Star ⚠ *im Französischen immer weiblich*	Depardieu, c'est une vraie ~.
musical/e [myzikal] *adj.* / **musicaux** [myziko] *m. pl.* ▶ la musique	musikalisch, Musik-	Ma tante adore les émissions ~[4].
TV 5 [tevesɛ̃k]	*französischsprachiger Fernsehsender* → Civilisation, p. 149	
le JT [jite] *ou:* **journal télévisé** [juʀnaltelevize]	die Fernsehnachrichten	À 20 heures, il y a le ~.
le documentaire [lədɔkymɑ̃tɛʀ]	der Dokumentarfilm	Ce soir, il y a un ~ sur les perruches.
(ê)**se passer** [səpɑse]	*hier:* passieren, sich ereignen, geschehen	Hier soir, il s'est ~[5] un drame.
la Provence [lapʀɔvɑ̃s]	die Provence *Region in Südfrankreich* → Civilisation, p. 146	
la police [lapɔlis] ▶ policier/-ière *adj.*	die Polizei	
le **personnage** [ləpɛʀsɔnaʒ]	die Person, die Figur	Astérix est un ~ de bédé sympa.
par contre [paʀkɔ̃tʀ]	aber, hingegen	Dans ce film, j'ai aimé les acteurs. ~ la musique était nulle.

ennuyeux/-euse [ɑ̃nɥijø/ ɑ̃nɥijøz] *adj.* ennuyeux ≠ intéressant	langweilig	C'est un film ~!
l'acteur [laktœʀ] *m.* / **l'actrice** [laktʀis] *f.*	der/die Schauspieler/in	Gérard Depardieu est un ~ célèbre.
l'action [laksjɔ̃] *f.*	die Handlung	Je n'aime pas l'~ de ce film.
parier sur qc [paʀje]	auf etw. wetten, setzen	Je ~[1] sur le chien blanc.
le/la candidat/e [ləkɑ̃dida/ lakɑ̃didat]	der/die Kandidat/in	Le ~ ne connaît pas la réponse.
le suspense [ləsyspɛns]	die Spannung	Dans ce film, il n' y a pas de ~.

1 séries 2 policière 3 flics 4 musicales 5 passé 6 parie

UNITÉ 4, SÉQUENCE 1

le/la choriste [lə/lakɔʀist]	der/die Chorsänger/in	Le ~ chante très bien.
Les Choristes [leskɔʀist] *m./f. pl.*	*Titel eines französischen Films („Die Kinder des Monsieur Matthieu")*	
Christophe Barratier [kʀistɔfbaʀatje]	*französischer Regisseur*	
Gérard Jugnot [ʒeʀaʀʒyɲo]	*französischer Schauspieler* → Civilisation, p. 144	
le directeur / la directrice [lədiʀɛktœʀ/ladiʀɛktʀis]	der/die Direktor/in	Le ~ de l'école s'appelle M. Schmitt.
répressif/-ve [ʀepʀɛsif/ ʀepʀɛsiv] *adj.*	unterdrückend, beschränkend	Le directeur est très ~.
battre qn [batʀ]	jdn schlagen → Verbes, p. 139	Il ne faut pas ~ les enfants.
organiser qc [ɔʀganize] ► l'organisation *f.*	etw. organisieren	Je vais ~ un grand repas.
la chorale [lakɔʀal]	der Chor	Coralie chante dans une ~.
agressif/-ve [agʀɛsif/ agʀɛsiv] *adj.*	aggressiv	Ce chien est très ~.
le travail [lətʀavaj], **les travaux** [letʀavo] *m. pl.* ► travailler ⚠ Faux ami: the travel *(engl.)* = die Reise	die Arbeit	Ma mère aime beaucoup son ~: elle est journaliste.
le sens [ləsɑ̃s]	der Sinn	Le travail doit avoir un ~.
[(ê)]**s'opposer à qn/qc** [sɔpoze]	sich jdm/etw. widersetzen	Depuis les vacances, Robert ~[1] à ses parents.
la méthode [lametɔd]	die Methode	J'ai trouvé une bonne ~ pour apprendre ce long poème.
brutal/e [bʀytal] *adj.* / **brutaux** [bʀyto] *m. pl.*	brutal	M. Dubois est un homme ~.
mettre qn à la porte [mɛtʀalapɔʀt]	jdn hinauswerfen, vor die Tür setzen	Sa femme l'a ~[2].

le mouchoir [ləmuʃwaʀ]	das Taschentuch	Tu pleures? Tu as besoin d'un ~?
lancer qc [lɑ̃se]	*hier:* etw. werfen	Les enfants ~[3] des cailloux.
suivre qn [sɥivʀ]	jdm folgen, jdn verfolgen → Verbes, p. 142	Jean va ~ Linda quand elle va partir.
d'ailleurs [dajœʀ] *adv.*	übrigens	C'est vrai, ~!
naturel/le [natyʀɛl] *adj.*	natürlich	Brandon est un garçon très ~.
le film d'action [ləfilmdaksjɔ̃]	der Actionfilm	Je n'aime pas ce ~.
différent/e [difeʀɑ̃/difeʀɑ̃t] *adj.* différent/e ≠ pareil/le	anders, unterschiedlich	Ce film n'est pas très ~ d'un film d'action.
comparer qn/qc à qn/qc [kɔ̃paʀe]	jdn /etw. mit jdm/etw. vergleichen	On ne peut pas ~ cette fille ~ sa sœur.
toucher qn/qc [tuʃe]	jdn/etw. berühren, jdn betreffen, angehen	Ce film me ~[4] beaucoup.

être touché/e par qn/qc = von jdm/etw. berührt sein

les années cinquante [lezanesɛ̃kɑ̃t] *f. pl.*	die 50er Jahre	La mode des ~ est différente de la mode d'aujourd'hui.
faux [fo] / **fausse** [fos] *adj.* faux/fausse ≠ vrai/e	falsch	2 + 2 = 5? C'est ~!

chanter faux ≠ chanter juste

sportif/-ve [spɔʀtif/spɔʀtiv] *adj.* ► le sport	sportlich	Pierre est très ~.
l'argument [laʀgymɑ̃] *m.*	das Argument	Ne discute pas. Tu n'as pas d' ~[5].
pourtant [puʀtɑ̃] *adv.*	dennoch, trotzdem	
la réalité [laʀealite]	die Wirklichkeit, die Realität	Le film ne montre pas la ~.
généreux/-euse [ʒeneʀø/ʒeneʀøz] *adj.*	großzügig	Ma grand-mère est très ~[6].
ça fait du bien de + *inf.* [safɛdybjɛ̃]	es tut gut etw. zu tun	~ faire du sport!

1 s'oppose 2 mis à la porte 3 lancent 4 touche 5 arguments 6 généreuse

UNITÉ 4, SÉQUENCE 2

présenter qn/qc à qn [pʀezɑ̃te]	jdm jdn/etw. vorstellen	Je te ~[1] mon ami Nicolas.
le **genre** [ləʒɑ̃ʀə]	*hier:* die Gattung	
l'aventure [lavɑ̃tyʀ] *f.*	das Abenteuer	Tu aimes les romans d'~?
la science-fiction [lasjɑ̃sfiksjɔ̃]	Science-Fiction	Matrix, c'est un film de ~?
le résumé [ləʀezyme]	die Zusammenfassung, die Inhaltsangabe	Comme devoir, nous devons écrire un ~ en français.

décrire qn/qc [dekʀiʀ]	jdn/etw. beschreiben *wird wie* écrire *konjugiert* → Verbes, p. 140	Julien ~[2] le personnage le plus sympa du roman.
principal/e [pʀɛ̃sipal] *adj.* / **principaux** [pʀɛ̃sipo] *m. pl.*	Haupt-	Les personnages ~[3] du roman s'appellent Paul et Virginie.
le thème [lətɛm]	das Thema	Le ~ du livre est l'amitié.
le choix [ləʃwa] ▶ choisir	die Wahl	Il n'a pas le ~. Il doit partir.
ce que [səkə]	was *Relativpronomen*	Je ne sais pas ~ tu veux.
ce qui [səki]	was *Relativpronomen*	Il ne sait jamais ~ me plaît!
qu'est-ce qui [kɛski]	was *Fragepronomen*	~ vous intéresse?
qu'est-ce que [kɛskə]	was *Fragepronomen*	~ vous voulez lire?
les Ardennes [lezaʀdɛn] *f. pl.*	die Ardennen *Mittelgebirge in Nordostfrankreich, Luxemburg und Belgien*	
pleurer qn/qc [plœʀe]	jdn/etw. beweinen	
abattre qc [abatʀ]	etw. fällen *wird wie* battre *konjugiert* → Verbes. p. 139	Ces arbres sont malades: il faut les ~.
construire qc [kɔ̃stʀɥiʀ]	etw. bauen, konstruieren → Verbes. p. 139	Il va ~ une maison.
la cabane [lakaban]	die Hütte, das Baumhaus	Mon frère a construit une ~.
l'accident [laksidɑ̃] *m.*	der Unfall	Hier, Thomas a eu un ~ de vélo.
la poésie [lapɔezi]	die Poesie, die Dichtung	Il y a beaucoup de ~ dans ce roman.
faire réfléchir [fɛʀefleʃiʀ]	nachdenklich machen	Ce film sur les banlieues ~[4].
la prison [lapʀizɔ̃]	das Gefängnis	En ~, la vie n'est pas très marrante.
aider qn à + *inf.* [ɛde] ▶ l'aide *f.*	jdm helfen etw. zu tun	

Folgende Infinitivkonstruktionen mit à kannst du bilden:				
	aider qn à + *inf.*	apprendre à + *inf.*	continuer à + *inf.*	renoncer à + *inf.*
	s'amuser à + *inf.*	commencer à + *inf.*	hésiter à + *inf.*	réussir à + *inf.*

le mal du pays [ləmaldypei]	das Heimweh	Au début, en Italie, il avait le ~.
l'Afrique [lafʀik] *f.*	Afrika	
la forêt [lafɔʀɛ]	der Wald	Au Canada, il y a de grandes ~[5].
ce jour là [səʒuʀla]	an jenem Tag	~, il a décidé de partir.
l'otage [lotaʒ] *m.*	die Geisel ⚠ *im Französischen immer männlich*	
prendre la fuite [pʀɑ̃dʀlafɥit]	fliehen	Il a peur. Il va ~.
fumer [fyme]	rauchen	Cette femme ~[6] trop!
le modèle [ləmɔdɛl]	das Vorbild, das Modell	Mon ~, c'est ma grand-mère.
modèle [mɔdɛl] *m./f. adj.*	Modell-, Muster- + *Nomen*	Alice est bonne en tout: c'est une élève ~.

la relation [laʀəlasjɔ̃]	das Verhältnis, die Beziehung	Joris a une très bonne ~ avec ses parents: ils s'entendent très bien.
^(ê)^**se tuer** [sətɥe]	*hier:* umkommen	
amoureux/-euse [amuʀø/amuʀøz] *adj.*	verliebt	
^(ê)^**tomber amoureux/-euse de qn** [tɔ̃beamuʀø/tɔ̃beamuʀøz]	sich in jdn verlieben	Marie est ~[7] de Ludovic.
^(ê)^**s'identifier à qn/qc** [sidɑ̃tifje]	sich mit jdm/etw. identifizieren	Maxime ~[8] personnage du roman.

1 présente 2 décrit 3 principaux 4 fait réfléchir 5 forêts 6 fume 7 tombée amoureuse 8 s'identifie au

UNITÉ 5, Approches

l'école maternelle [lekɔlmatɛʀnɛl] *f.*	der Kindergarten	En France, les enfants vont à l'~ de deux à six ans.
la plupart des [laplypaʀde]	die meisten + *Nomen*, die Mehrzahl der + *Nomen*	La ~[1] femmes en France travaillent.
l'année [lane] *f.*	das Jahr *in seinem Verlauf*	Cette ~, on va aller à Toulouse.

Unterscheide: l'an: das Jahr *als Zähleinheit* — Il a quinze ans.
l'année: das Jahr *in seinem Verlauf* — Cette année, elle a fait des progrès.

scolaire [skɔlɛʀ] *m./f. adj.*	schulisch, Schul- *in Verbindung mit einem Nomen*	En France, l'année ~ commence au mois de septembre.
l'année scolaire [laneskɔlɛʀ] *f.*	das Schuljahr	
durer [dyʀe]	dauern	En France, les vacances d'été ~[2] huit semaines.
passer qc [pɑse]	*hier:* etw. ablegen *eine Prüfung*	En France, on ~[3] le bac à 18 ans.

Ils passent leurs vacances à la mer.

Le temps passe trop vite.

On passe une chanson sympa à la radio.

Les amis passent avant la télé.

Pia passe un concours.

le brevet [ləbʀəvɛ]	*Diplom im* collège, *vergleichbar mit der Mittleren Reife*	Les élèves français passent le ~ en troisième: ils ont quinze ans.
le lycée [ləlise]	das Gymnasium *Oberschule in Frankreich vom 10. bis zum 12. Schuljahr*	Après le collège, Matthieu veut aller au ~.
professionnel/le [pʀɔfɛsjɔnɛl] ou: **pro** [pʀɔ] *fam. adj.*	beruflich, Berufs- *in Verbindung mit einem Nomen*	Comment est-ce que tu imagines ta vie ~[4]?
le L.E.P. [ləɛləpe] = **le lycée d'enseignement professionnel**	*Berufsschule in Frankreich*	

le bac [ləbak] *fam.* ou: **le baccalauréat** [ləbakalɔʀea]	das Abi, das Abitur	En France, on passe le ~ à 18 ans.
faire des études [fɛʀdezetyd]	studieren	Lucie voudrait ~ à Paris.
le/la sommelier/-ière [ləsɔməlje/lasɔməljɛʀ]	der/die Weinkellner/in, der Sommelier	Il voudrait devenir ~.

*Eine „*sommelière*" ist eine Weinexpertin, die für den Weinkeller eines Restaurants verantwortlich ist, sich um die richtige Lagerung und Auswahl kümmert und Empfehlungen gibt, welche Weine zu welchen Speisen passen.*

le B.E.P. [ləpeəpe] (le brevet d'enseignement professionnel)	*ein Diplom im* lycée professionnel	Elsa passe son ~ en mai.
l'université [lynivɛʀsite] *f.*	die Universität	Après le bac, on peut aller à l'~.
la grande école [lagʀɑ̃dekɔl]	die Elitehochschule	Les ~[5] en France sont très célèbres.
le lycée d'enseignement général [ləlisedɑ̃sɛɲəmɑ̃ʒeneʀal]	das allgemeinbildende Gymnasium	Tu veux passer ton bac dans un ~?
conseiller qc à qn [kɔ̃sɛje]	jdm etw. raten	Je te ~[6] ce film. Il est super!
le vin [ləvɛ̃]	der Wein	La France est très connue pour ses ~[7].
quelque part [kɛlkəpaʀ]	irgendwo	Je t'ai déjà vu ~.

1 plupart des 2 durent 3 passe 4 professionnelle 5 grandes écoles 6 conseille 7 vins

UNITÉ 5, SÉQUENCE 1

approcher [apʀɔʃe]	annähern, sich nähern	Il est content: son anniversaire ~[1].
le trimestre [lətʀimɛstʀ]	das Trimester	Un ~ a trois mois.
l'enfer [lɑ̃fɛʀ] *m.*	die Hölle	Trois interros dans la même journée: c'est l'~.
le devoir sur table [lədəvwaʀsyʀtabl]	die Klassenarbeit	Au troisième trimestre en France, on a beaucoup de ~[2].
la matière [lamatjɛʀ]	das Fach	Quelle est ta ~ préférée? Sport ou SVT?

⚠ *Wiederhole die Schulfächer, die du schon kennen gelernt hast:*

les matières
- la musique
- le sport
- l'allemand *m.*
- les maths *f. pl.*
- l'anglais *m.*
- la géo
- le français
- la technologie
- l'histoire *f.*
- les S.V.T. *f. pl.*
- le dessin
- l'éducation civique *f.*

le conseil de classe [ləkɔ̃sɛjdəklɑs]	die Klassenkonferenz	Avant la fin de l'année scolaire, il y a les ~[3].
le/la délégué/e de classe [lədelege/ladelege]	der/die Klassensprecher/in	Les élèves choisissent chaque année un ~.

(ê)**se plaindre de qn/qc** [səplɛ̃dʀ]	sich über jdn/etw. beschweren → Verbes, p. 141	Pierre ~[4] toujours de sa sœur.
plaindre qn [plɛ̃dʀ]	jdn bemitleiden, bedauern	
défendre qn/qc [defɑ̃dʀ]	jdn verteidigen *wird wie* attendre *konjugiert* → Verbes, p. 139	Il ~[5] ses amis quand il le peut.
le maximum [ləmaksimɔm]	das Maximum, das Äußerste	Il donne son ~ pour passer en troisième.
prochain/e [pʀɔʃɛ̃/pʀɔʃɛn] *adj.*	nächste	Le ~ train part dans deux heures.
le Thalys [lətalis]	*Hochgeschwindigkeitszug zwischen Paris und Köln* → Civilisation, p. 149	
envoyer qc à qn [ɑ̃vwaje]	jdm etw. schicken	Je vais t'~ une lettre.
compter [kɔ̃te]	zählen	L'amitié, ça ~[5] beaucoup dans la vie.
la balade [labalad] ▶ se balader	der Spaziergang	Demain, on va faire une ~ en forêt.
le Rhin [ləʀɛ̃]	der Rhein	
Coblence [koblɑ̃s]	Koblenz	
le volley [ləvɔlɛ]	Volleyball	Tu aimes jouer au ~?
interdire à qn de faire qc [ɛ̃tɛʀdiʀ]	jdm verbieten etw. zu tun *wird wie* dire *konjugiert* → Verbes, p. 140	Camille ~[6] à sa sœur de lire ses mails.
dedans [dədɑ̃] *adv.* dedans ≠ dehors	darin, drin, innen	N'entre pas dans cette chambre! Il y a une souris ~!
affreux/-euse [afʀø/afʀøz] *adj.*	schrecklich	Ce tee-shirt est ~.

1 approche 2 devoirs sur table 3 conseils de classe 4 se plaint 5 défend 6 compte 7 interdit

UNITÉ 5, SÉQUENCE 2

l'avenir [lavniʀ] *m.*	die Zukunft	On ne sait rien sur l'~.
mixte [mikst] *m./f. adj.*	gemischt	Aujourd'hui, les écoles sont ~[1].
(ê)**se tromper** [sətʀɔ̃pe]	sich irren	Tu ~[2]!
si [si] *conj.*	wenn, ob, falls	~ tu veux, on ira au cinéma.
obligatoire [ɔbligatwaʀ] *m./f. adj.*	verpflichtend	Pour les jeunes, l'école est ~ jusqu'à seize ans.
de toute façon [dətutfasɔ̃] *adv.*	auf jeden Fall	~ on se voit demain.
puisque [pɥisk] *conj.*	da	Je ne vais pas manger ~ je n'ai pas faim.
la formation [lafɔʀmasjɔ̃]	die Ausbildung	
la formation en alternance [lafɔʀmasjɔ̃ɑ̃naltɛʀnɑ̃s]	*duale Berufsausbildung*	Après le bac, on peut faire une ~.
pour cent [puʀsɑ̃]	Prozent	20 ~ des adolescents en France adorent le hip-hop.
le cartable [ləkaʀtabl]	die Schultasche	Mon ~ est vieux.

remplacer qn/qc par qn/qc [rɑ̃plase]	jdn/etw. durch jdn/etw. ersetzen *wird wie* commencer *konjugiert* → Verbes, p. 138	L'ordinateur ne doit pas ~ les amis.
l'information [lɛ̃fɔʀmasjɔ̃] *f.*	die Information	Vous avez des ~[3] sur Paris?
l'image [limaʒ] *f.*	das Bild	Cette ~ est très belle.
exister [ɛgsiste]	existieren, *3. Pers. Sg.*: es gibt	L'enfer, ça ~[4]?
dingue [dɛ̃g] *m./f. adj.*	verrückt	Elle est ~, ton idée!
l'informatique [lɛ̃fɔʀmatik] *f.*	die Informatik	Mon père n'aime pas trop l'~.
le robot [ləʀɔbo]	der Roboter	Luc voudrait avoir un ~ à la maison.
contrôler qn/qc [kɔ̃tʀole]	jdn/etw. kontrollieren	Le prof ~[5] les devoirs des élèves.
l'effet [lefɛ] *m.*	die Wirkung, der Effekt	

faire de l'effet à qn = jdn beeindrucken

(ê)**se ressembler** [səʀəsɑ̃ble]	sich ähneln	Paul et son frère ~[6] beaucoup.
l'étranger [letʀɑ̃ʒe] *m.*	das Ausland	Après le bac, Marie veut partir à l'~.
l'étranger/-ère [letʀɑ̃ʒe/letʀɑ̃ʒɛʀ]	der/die Fremde, der/die Ausländer/in	Dans un autre pays, on est ~.
dès [dɛ] *prép.*	seit, ab *zeitlich*	Élodie est allée à l'école maternelle ~ l'âge de deux ans.
quitter qn/qc [kite]	jdn/etw. verlassen	Il est tard, je dois vous ~ maintenant.
évident/e [evidɑ̃/evidɑ̃t] *adj.*	klar, eindeutig, selbstverständlich	Cet exercice n'est pas ~.

1 mixtes 2 te trompes 3 informations 4 existe 5 contrôle 6 se ressemblent

UNITÉ 6, Approches

Der Hörtext befindet sich auf S. 143.

(ê)**se diriger vers qn/qc** [sədiʀiʒevɛʀ] ▶ la direction	sich jdm/etw. zuwenden *wird wie* manger *konjugiert* → Verbes, p. 138	Je ~[1] la plage.
le mur [ləmyʀ]	die Mauer	Il y a un très vieux ~ autour de la ville.
survoler qc [syʀvɔle]	etw. überfliegen	Pour aller en Amérique, il faut ~ l'océan Atlantique.
le lac [ləlak]	der See	Au Canada, il y a beaucoup de ~[2].
le nuage [lənɥaʒ]	die Wolke	Magali aime regarder les ~[3].
briller [bʀije]	glänzen, scheinen	Le soleil ~[4] aujourd'hui.
l'érable [leʀabl] *m.*	der Ahorn	L'~ est un arbre qu'on trouve souvent au Canada.
l'écorce [lekɔʀs] *f.*	die Rinde, die Schale	Beaucoup d'animaux mangent des ~[5] d'arbres.
la force [lafɔʀs] ▶ fort/e *adj.*	die Kraft	Ce petit garçon a déjà beaucoup de ~.
la fraîcheur [lafʀɛʃœʀ]	die Frische	Tu sens la ~ de la forêt?

le caribou [ləkaʀibu]	das Karibu	Le ~ est un animal qui vit au Canada.
^(ê)^**se refléter** [səʀəflete]	sich spiegeln, reflektieren *wird wie* répéter *konjugiert* → Verbes, p. 138	Les arbres ~[6] dans l'eau.
le canot [ləkano]	das Boot	On prend un ~ pour traverser le lac.
ramer [ʀame]	rudern	Pour traverser le lac en canot, il faut ~.
la lumière [lalymjɛʀ]	das Licht	La nuit, il n'y a pas de ~.
de toutes ses forces [dətutsefɔʀs]	mit seiner/ihrer ganzen Kraft	Il rame ~.
frais/fraîche [fʀɛ/fʀɛʃ] *adj.* ▶ la fraîcheur	frisch	Au Canada, l'eau des lacs est très ~[7].
^(ê)^**s'étirer** [setiʀe]	sich strecken	Le matin, il faut ~.
^(ê)^**se réveiller** [səʀeveje]	aufwachen	

1 me dirige vers 2 lacs 3 nuages 4 brille 5 écorces 6 se reflètent 7 fraîche

UNITÉ 6, SÉQUENCE 1

le camp de vacances [ləkɑ̃dvakɑ̃s]	das Ferienlager	Je vais passer mes vacances dans un ~.
Pabos Mills [pabɔsmils]	*Name eines kanadischen Fischerdorfes* → Civilisation, p. 146	
la phrase [lafʀɑz]	der Satz	Cette ~ est trop longue!
la Gaspésie [lagaspezi]	*Halbinsel in Kanada* → Civilisation, p. 145	
les Micmac [lemikmak]	*indianisches Volk im östlichen Nordamerika*	
la péninsule [lapenɛ̃syl]	die Halbinsel	L'Italie est une ~.
tout autour [tutotuʀ] *adv.*	ringsherum	
le village [ləvilaʒ]	das Dorf	Paul habite dans un petit ~.
quinze jours [kɛ̃zʒuʀ]	*steht im Französischen immer für zwei Wochen*	
^(ê)^**venir chercher qn** [vəniʀʃɛʀʃe]	jdn abholen	Tu[1] ~ me ~ à la gare?
la baleine [labalɛn]	der Wal	Les ~[2] sont en danger.
le golfe [ləgɔlf]	der Golf	Le ~ du Saint-Laurent est très large.
le Saint-Laurent [ləsɛ̃loʀɑ̃]	der Sankt-Lorenz-Strom → Civilisation, p. 146	
Québec (ville) [kebɛkvil]	Québec (Stadt) → Civilisation, p. 146	
la plongée [laplɔ̃ʒe]	das Tauchen	J'aime faire de la ~.
le tir à l'arc [lətiʀalaʀk]	das Bogenschießen	Le ~ est un sport très ancien.
l'escalade [lɛskalad] *f.*	das Klettern	Dans les Alpes, on peut faire de l'~.
le paysage [ləpeizaʒ]	die Landschaft	Les ~[3] du Canada sont impressionants.

le/la Québécois/e [ləkebekwa/lakebekwaz]	der/die Einwohner/in von Québec	Brandon est ~.
le courriel [ləkuʀiɛl]	E-Mail *nur in Québéc*	Aziz a reçu un ~ d'un ami de Montréal.
le char [ləʃaʀ]	der Wagen, das Auto *nur in Québéc*	Ce ~ roule vite.
faire la cuisine [fɛʀlakɥizin]	kochen	Tu aimes ~?
le/la moniteur/-trice [ləmɔnitœʀ/lamɔnitʀis]	der/die Betreuer/in	Notre ~ est très jeune.
le feu [ləfø] / ⚠ **les feux** [lefø]	das Feuer	
le feu de camp [ləfødəkɑ̃] / **les feux de camp** [lefødəkɑ̃]	das Lagerfeuer	Un ~, c'est très romantique.
la brochette [labʀɔʃɛt]	der Spieß	J'aime les ~[4] de viande.
être en train de + *inf.* [ɛtʀɑ̃tʀɛ̃də]	gerade etwas tun, dabei sein etw. zu tun	Gaston ~[5] lire une bédé.
[(ê)]**se renverser** [səʀɑ̃vɛʀse]	umkippen	Le bateau ~[6].
le gars [ləgɑ] *fam.*	der Junge, der Bursche *nur in Québéc*	Le petit ~ là-bas, c'est mon frère.
la montagne [lamɔ̃taɲ]	der Berg, das Gebirge	Quelle est la plus haute ~ d'Europe?
le vélo de montagne [ləvelodmɔ̃taɲ]	das Mountainbike *nur in Québec*	Nathalie aime faire du ~.
la salle [lasal]	*hier:* die Halle	
la nature [lanatyʀ] ▶ naturel/le *adj.*	die Natur	Tim aime faire du sport dans la ~.
l'Indien/ne [lɛ̃djɛ̃/lɛ̃djɛn]	der/die Indianer/in	Est-ce qu'il y a des ~[7] au Canada?
le trappeur [lətʀapœʀ]	der Trapper, der Pelztierjäger	Combien de ~[8] vivent dans les forêts du Québec?
survivre [syʀvivʀ] ▶ vivre, la vie	überleben *wird wie* vivre *konjugiert* → Verbes, p. 142	Les trappeurs savent ~ seul dans la nature.
attraper qn/qc [atʀape]	jdn/etw. fangen	Tu me lances le ballon? – Tiens, ~[9]!

1 viens me chercher 2 baleines 3 paysages 4 brochettes 5 est en train de 6 se renverse 7 Indiens 8 trappeurs 9 attrape

UNITÉ 6, SEQUENCE 2

la métropole [lametʀɔpɔl]	die Metropole	Montréal est une ~.
l'habitant/e [labitɑ̃/labitɑ̃t] ▶ habiter	der/die Einwohner/in	Il y a presque 2 millions d'~[1] à Montréal.
souterrain/e [sutəʀɛ̃/sutəʀɛn] *adj.*	unterirdisch	Le métro est un moyen de transport ~.
mourir de froid [muʀiʀdəfʀwa]	erfrieren	Sans anorak, je vais ~.
il fait moins vingt [ilfɛmwɛ̃vɛ̃]	es sind –20 °C	En hiver au Québec, ~ souvent ~.
le Mont Royal [ləmɔ̃ʀwajal]	*Berg in Montréal* → Civilisation, p. 146	

dominer qn/qc [domine]	jdn/etw. überragen, dominieren	Le Mont Royal ~[2] la ville de Montréal.
Gaspé [gaspe]	*Stadt in Québec* → Civilisation, p. 145	
François Ier [fʀɑ̃swapʀəmje]	*König von Frankreich* → Civilisation, p. 144	
Jacques Cartier [ʒakaʀtje]	*französischer Entdecker* → Civilisation, p. 144	
[(ê)]**se reposer** [səʀəpoze]	sich ausruhen	Le week-end, je ~[3].
de loin [dəlwɛ̃] *adv.*	von weit her	Est-ce que tu viens ~?
l'époque [lepɔk] *f.*	die Epoche	À l'~ de Jacques Cartier, le Canada était différent.
l'explorateur/-trice [lɛksplɔʀatœʀ/lɛksplɔʀatʀis]	der/die Entdecker/in	Cartier était un grand ~.
la route des Indes [laʀutdezɛ̃d]	der Seeweg nach Indien	
coloniser qc [kɔlɔnize]	etw. kolonisieren	Les Français ont ~[4] le nord de l'Afrique.
la Nouvelle-France [lanuvɛlfʀɑ̃s]	Neufrankreich → Civilisation, p. 146	
Samuel de Champlain [samyɛldʃɑ̃plɛ̃]	*französischer Forschungsreisender* → Civilisation, p. 144	
le fondateur/-trice [ləfɔ̃datœʀ/lafɔ̃datʀis]	der/die Gründer/in	Comment s'appelle le ~ du Québec?
les Iroquois [leziʀɔkwa]	die Irokesen *Indianervolk in Nordamerika*	
la guerre [lagɛʀ]	der Krieg	Je suis contre la violence et la ~!

faire la guerre = Krieg führen; entrer en guerre = in den Krieg ziehen

l'Amérique [lameʀik] *f.*	Amerika	Le Canada est un pays d'~ du Nord.
occuper qc [ɔkype]	etw. besetzen	Les Français ont ~[5] une partie de l'Amérique.
la statue [lastaty]	das Standbild, die Statue	Dans les parcs de Paris, il y a souvent de belles ~[6].
Paul de Maisonneuve [pɔldəmezɔ̃nœv]	*Gründer der Stadt Montréal* → Civilisation, p. 144	
le sirop [ləsiʀo]	der Sirup	Le ~ d'érable est une spécialité du Canada.
le gratte-ciel [ləgʀatsjɛl] ⚠ *mot invariable*	der Wolkenkratzer	À Montréal, on trouve beaucoup de ~.
le Cirque du soleil [ləsiʀkdysɔlɛj]	*berühmter Zirkus aus Québec* → Civilisation, p. 149	
Guy Laliberté [gilalibɛʀte]	*Gründer des Cirque du soleil* → Civilisation, p. 145	
employer qn [ɑ̃plwaje]	jdn beschäftigen *wird wie* payer *konjugiert* → Verbes, p. 138	Le Cirque du soleil ~[7] beaucoup d'artistes.

6

ANNEXE

entier/-ière [ɑ̃tje/ɑ̃tjɛʀ] *adj.*	ganz, voll	Tu as vu le film en ~?
le monde entier [ləmɔ̃dɑ̃tje]	die ganze Welt	Ils font des spectacles dans le ~ .
(ê)**se terminer** [sətɛʀmine]	(be-)enden, zu Ende gehen	Le séjour de Naïma à Paris ~[8].
l'esprit [lɛspʀi] *m.*	der Geist, der Sinn	Il n'a pas beaucoup d'~, cet homme là.
(ê)**venir à l'esprit** [vəniʀalɛspʀi]	in den Sinn kommen	Qu'est-ce qui te ~[9] quand je dis «chocolat»?

1 habitants 2 domine 3 me repose 4 colonisé 5 occupé 6 statues 7 emploie 8 se termine 9 vient à l'esprit

UNITÉ SUPPLÉMENTAIRE, SÉQUENCE 1

la Loire [lalwaʀ]	*Fluss in Frankreich* → Civilisation, p. 146	
le/la cousin/e [ləkuzɛ̃/lakuzin]	der Cousin, die Cousine	Pierre est le ~ de Marie.
la vallée [lavale]	das Tal	Il y a beaucoup de touristes dans la ~ de la Loire.
la vallée de la Loire [lavaledəlalwaʀ]	das Loiretal → Civilisation, p. 147	
le camping [ləkɑ̃piŋ]	der Zeltplatz	J'aime passer mes vacances dans un ~.
faire du camping [fɛʀdykɑ̃piŋ]	zelten, campen	En été, je veux ~.
(ê)***se renseigner sur qc*** [səʀɑ̃sɛɲe]	sich über etw. informieren	Les touristes ~[1] l'histoire de la ville.
l'itinéraire [litineʀɛʀ] *m.*	die Route	Ils ont choisi un ~ pour faire une balade en vélo.
les châteaux de la Loire [leʃɑtodəlalwaʀ] *m. pl.*	die Schlösser an der Loire	Les ~ sont très célèbres.
neuf sur dix [nœfsyʀdis]	neun von zehn	~ [2]personnes ~ aiment le chocolat.
la propriété privée [lapʀɔpʀietepʀive]	das Privateigentum	En France, il y a beaucoup de châteaux qui sont ~.
la Renaissance [laʀənɛsɑ̃s]	die Renaissance → Civilisation, p. 149	Beaucoup d'artistes célèbres ont vécu pendant la ~.
Chambord [ʃɑ̃bɔʀ]	*Schloss an der Loire*	
la construction [lakɔ̃stʀyksjɔ̃] ▶ construire	der Bau, die Bauarbeiten	La ~ d'une cathédrale dure très longtemps.
s'organiser autour de qc [sɔʀganizeotuʀ]	sich um etw. herum organisieren, verteilen	
Léonard de Vinci [leɔnaʀdəvɛ̃si]	Leonardo da Vinci → Civilisation, p. 145	
dessiner qc [desine] ▶ le dessin	etw. zeichnen, etw. entwerfen	Mon frère a ~[3] notre maison.
la cheminée [laʃ(ə)mine]	der Schornstein, der Kamin	Il y a trois ~[4] sur la maison de mon voisin.
le clocher [ləklɔʃe]	kleiner Glockenturm	Regarde ce joli petit ~!

*François Ier* [fʀɑ̃swapʀəmje]	Franz I. → Civilisation, p. 144	
faire construire qc [fɛʀkɔ̃stʀɥiʀ]	etw. erbauen lassen	Ma tante a ~[5] une belle maison.
Amboise [ɑ̃bwaz]	*Schloss an der Loire*	
les trois quarts [letʀwakaʀ]	die drei Viertel	Marie passe les ~ de son temps au téléphone.
Chenonceau [ʃənɔ̃so]	*Schloss an der Loire*	
le Cher [ləʃɛʀ]	*Nebenfluss der Loire*	
l'affluent [laflyɑ̃] *m.*	der Nebenfluss	Le Cher est un ~ de la Loire.
Henri II [ɑ̃ʀidø]	Heinrich II. → Civilisation, p. 144	
Diane de Poitier [diandəpwatje]	Diana von Poitier → Civilisation, p. 145	
sur l'ordre de [syʀlɔʀdʀədə]	auf Anweisung von	Il est sorti de la classe ~[6] prof.
Catherine de Medicis [katʀindəmedisis]	Katharina von Medici → Civilisation, p. 145	
Azay-le-Rideau [azɛləʀido]	*Schloss an der Loire*	
Berthelot [bɛʀtlo]	*reicher Bankier im 16. Jh.* → Civilisation, p. 144	
le financier [ləfinɑ̃sje]	der Bankier, der Schatzmeister	Les rois ont toujours eu besoin de ~[7].
diriger qc [diʀiʒe]	etw. leiten, etw. beaufsichtigen	Le principal ~[8] le collège.
mener qn par le bout du nez [mənepaʀləbudyne]	jdn an der Nase herumführen *wird wie* amener *konjugiert* → Verbes, p. 138	Aude ~[9] Sylvain ~.

1 se renseignent 2 Neuf personnes sur dix 3 dessiné 4 cheminées 5 fait construire 6 sur l'ordre du 7 financiers 8 dirige 9 mène

UNITÉ SUPPLÉMENTAIRE, SÉQUENCE 2

Tours [tuʀ]	*Stadt an der Loire* → Civilisation, p. 147	
Chinon [ʃinɔ̃]	*Stadt im Loiretal* → Civilisation, p. 145	
Dis toujours! [dituʒuʀ]	Na sag doch!, Na sag schon!	– Il faut que je te dise quelque chose. – ~!
avoir un pneu crevé [avwaʀɛ̃pnøkʀəve]	einen Platten haben	
à toute vitesse [atutvitɛs] *adv.*	in aller Eile	Il est parti ~ de la maison.
industriel/le [ɛ̃dystʀiɛl] *adj.*	Industrie- *in Verbindung mit einem Nomen*	Je ne veux pas vivre dans une région ~[1].
Azay-le-Rideau [azɛləʀido]	*Schloss an der Loire*	
le passage [ləpɑsaʒ]	*hier:* der Durchmarsch	Leur ~ dans la forêt a duré quelques jours.

Jeanne d'Arc [ʒandaʀk]	Johanna von Orléans → Civilisation, p. 144	
Avoine Chinon [awanʃinɔ̃]	*Atomkraftwerk an der Loire*	
la centrale nucléaire [lasɑ̃tʀalnykleɛʀ]	das Atomkraftwerk	Il y a plus de ~[2] en France qu'en Allemagne.
la Loire [lalwaʀ]	*Fluss in Frankreich* → Civilisation, p. 146	
la liste [lalist]	die Liste	Avant de faire les courses, Mme Leclerc fait toujours une ~.
le patrimoine de l'UNESCO [ləpatʀimwandəlynɛsko]	das Kulturerbe der UNESCO	
la vallée [lavale]	das Tal	La ~ de la Loire est très jolie.
quand même [kɑ̃mɛm] *adv.*	trotzdem	Il n'aime pas l'école, mais il a ~ de bonnes notes.
sauvage [sovaʒ] *m./f. adj.*	wild	Dans mon quartier, il y a beaucoup de chats ~[3].
l'Europe [løʀɔp] *f.*	Europa	Il y a combien de pays en ~?
le barrage [ləbaʀaʒ]	der Staudamm, die Talsperre	Il y a beaucoup de ~[4] sur le Rhône.
la digue [ladig]	der Deich, der Damm	Il n'y pas de ~[5] sur la Loire.
la variété [lavaʀiete]	die Vielfalt	Dans ce magasin, on trouve une grande ~ de fleurs.
la plante [laplɑ̃t]	die Pflanze	Ma grand-mère a un grand jardin. Elle adore les ~[6].
culturel/le [kyltyʀɛl] *adj.* ▶ la culture	kulturell, Kultur- *in Verbindung mit einem Nomen*	La vie ~[7] à Paris est très intéressante.
Léonard de Vinci [leɔnaʀdəvɛ̃si]	Leonardo da Vinci → Civilisation, p. 145	
le génie [ləʒeni]	das Genie	Mon petit frère se prend pour un ~.
le mouton [ləmutɔ̃]	das Schaf	J'aime bien ce petit ~ blanc.
la Joconde [laʒokɔ̃d]	die Mona Lisa *berühmtes Gemälde von Leonardo da Vinci, zu besichtigen im Louvre in Paris*	
le cousin/la cousine [ləkuzɛ̃/lakuzin]	der Cousin/die Cousine	Pierre est le ~ de Marie.
être déguisé/e en [ɛtʀdegizeɑ̃]	verkleidet sein als	Jeanne d'Arc était ~[8] homme.
sourire [suʀiʀ]	lächeln *wird wie* rire *konjugiert* → Verbes, p. 141	Pierre est bizarre: il n'aime pas ~.
le vignoble [ləviɲɔbl]	der Weinberg	Ce grand ~ est dans la région de Lyon.
le lien [ləljɛ̃]	die Verbindung	Quel est le ~ entre tout ça?
goûter qc [gute]	etw. kosten	Hier, j'ai ~[9] une nouvelle boisson.
le camping [ləkɑ̃piŋ]	der Zeltplatz	Mathilde a passé ses vacances au ~ de Nantes.

1 industrielle 2 centrales nucléaires 3 sauvages 4 barrages 5 digues 6 plantes 7 culturelle 8 déguisée en 9 goûté

George Sand [ʒɔʀʒsɑ̃]	*französische Schriftstellerin der Romantik* → Civilisation, p. 145	
Nohant [nɔɑ̃]	*Ort im Berry, Landsitz von George Sand*	
grandir [gʀɑ̃diʀ]	aufwachsen *wird wie* réagir *konjugiert* → Verbes, p. 139	Maintenant j'habite en ville, mais j'ai ~[1] à la campagne.
le Berry [ləbɛʀi]	*landschaftlich reizvolle Gegend im Loiretal*	
la vallée [lavale]	das Tal	Elle est belle, cette ~.
la Loire [lalwaʀ]	*Fluss in Frankreich* → Civilisation, p. 146	
l'art [laʀ] *m.* ▸ l'artiste *m./f.*	die Kunst	Claude adore l'~ italien.
la politique [lapɔlitik]	die Politik	Je m'intéresse beaucoup à la ~.
la curiosité [lakyʀjɔzite]	die Neugier	J'aime la ~ des petits enfants.
la mare au diable [lamaʀodjabl]	„Das Teufelsmoor" *Titel eines Romans von George Sand*	
la mare [lamaʀ]	der Tümpel	J'habite à coté d'une ~.
le diable [lədjabl]	der Teufel	Mon petit frère est un vrai ~.
le/la paysan/ne [ləpeizɑ̃/lapeizan]	der Bauer, die Bäuerin	Mon grand-père était ~: il vivait à la campagne.
plus de + *Nomen* [plysdə] *adv.*	mehr … als	Mon frère a ~ livres que moi.
les beaux-parents [lebopaʀɑ̃] *m. pl.*	die Schwiegereltern	Les ~ de ton père sont les parents de ta mère.
autant de + *Nomen* [otɑ̃də] *adv.*	genauso viel	Elle a ~[2] enfants que sa voisine.
le beau-père / la belle-mère [ləbopɛʀ/labɛlmɛʀ]	der Schwiegervater / die Schwiegermutter	Son ~ est très gentil.
(ê)***se (re)marier*** [sə(ʀə)maʀje]	(wieder) heiraten	Il va ~ l'année prochaine.
la brume [labʀym]	der Nebel	Le matin, en hiver, il y a souvent beaucoup de ~.
la couverture [lakuvɛʀtyʀ]	die Decke	J'utilise cette ~ en hiver.
le mystère [ləmistɛʀ]	das Geheimnis, das Mysterium	Ce château est plein de ~[3].
(ê)***se noyer*** [sənwaje]	ertrinken *wird wie* payer *konjugiert* → Verbes, p. 138	François a toujours peur de ~ parce qu'il ne sait pas bien nager.
le maître [ləmɛtʀ]/ ***la maîtresse*** [lamɛtʀɛs]	*hier:* der/die Herr/in	
moins de + *Nomen* [mwɛ̃də] *adv.*	weniger … als	Les garçons lisent ~ romans que les filles.
le courage [ləkuʀaʒ]	der Mut	George Sand avait beaucoup de ~.

1 grandi 2 autant d' 3 mystères

Orléans [ɔʀleɑ̃]	*Stadt in Frankreich* → Civilisation, p. 146	
le jazz [lədʒɑz]	der Jazz	J'aime le ~. Mais je préfère la musique pop.
Genève [ʒənɛv]	Genf → Civilisation, p. 145	
au maximum [omaksimɔm]	höchstens	Cette fille a l'air très jeune. Elle a ~ 14 ans.
la différence [ladifeʀɑ̃s] ▶ différent/e *adj.*	der Unterschied	On ne voit presque pas de ~ entre les deux frères.
l'ange [lɑ̃ʒ] *m.*	der Engel	Ce garçon est super gentil. C'est un vrai petit ~!
à propos [apʀɔpo] *adv.*	übrigens	Moi, je suis allé à Paris pendant les vacances. ~, tu ne voulais pas y aller le week-end prochain?
le héros [ləeʀo] / ***l'héroïne*** [leʀɔin] *f.*	der Held / die Heldin	Quand j'étais petit, mon frère était un ~ pour moi.
Jeanne d'Arc [ʒandaʀk]	Johanna von Orléans → Civilisation, p. 144	
contrairement à [kɔ̃tʀɛʀmɑ̃] *adv.*	im Gegensatz zu	Mon frère est bon en maths. Moi aussi. Mais ~ lui, je suis nul en chimie.
l'exposition [lɛkspozisjɔ̃] *f.*	die Ausstellung	Julie s'intéresse beaucoup à l'art. Demain, elle va visiter une nouvelle ~.
fasciner qn [fasine]	jdn faszinieren	La musique de Chopin me ~[1].
le/la berger/-ère [ləbɛʀʒe/ labɛʀʒɛʀ]	der/die Schäfer/in	Pour être ~, il faut aimer la nature.
timide [timid] *m./f. adj.*	schüchtern	Gaël sait beaucoup de choses, mais il ne parle pas. Il est très ~.
chasser qn [ʃase]	jdn verjagen	
avouer (qc à qn) [avue]	(jdm etw.) zugeben	J'~[2] que j'ai fait une grande bêtise.
Avoue qu'il faut le faire! [avukilfoləfɛʀ]	*hier:* Wahnsinn, oder?	Julien a réussi le concours d'entrée. ~!
banal/e [banal] *adj.* / ⚠ ***banals*** [banal] *m. pl.*	banal, unwichtig	Cet examen n'est pas ~!
d'autre [dotʀ] *adv.*	*hier:* außerdem	Qu'est-ce que tu veux faire ~?
pas grand-chose [pagʀɑ̃ʃoz]	nichts Besonderes	– Qu'est-ce que tu as fait le dernier week-end? – ~. J'ai beaucoup dormi.
floral/e [flɔʀal] *adj.* / ***floraux*** [flɔʀo] *m. pl.* ▶ la fleur	Blumen- *in Verbindung mit einem Nomen*	Je voudrais bien aller à l'exposition ~[3].
sentir [sɑ̃tiʀ]	*hier:* riechen	Ce gâteau ~[4] très bon!
l'occasion [lɔkazjɔ̃] *f.*	die Gelegenheit	À Montréal, j'ai eu l'~ d'aller au festival de jazz.

brésilien/ne [bʀeziljɛ̃/bʀeziljɛn] *adj.*	brasilianisch	
la province [lapʀɔvɛ̃s]	die Provinz	Ludivine veut vivre dans la capitale, pas en ~.
dynamique [dinamik] *m./f. adj.*	dynamisch, lebhaft	Paris est une ville ~.
le produit [ləpʀɔdɥi]	das Produkt	Le vendeur offre un nouveau ~.
parler haut [paʀleo]	laut sprechen	Je n'aime pas ~ très ~.
absolument [apsɔlymɑ̃] *adv.*	absolut, unbedingt	Je viens avec toi au cinéma. C'est ~ sûr.
classique [klasik] *m./f. adj.*	klassisch	Mes parents adorent la musique ~.
le style [ləstil]	der Stil	Il y a beaucoup de ~[5] dans la musique.
mener qc [məne]	etw. führen *wird wie* amener *konjugiert* → Verbes, p. 138	Mon voisin n'a pas d'amis. Il ~[6] une vie très triste.
réaliser qc [ʀealize]	etw. verwirklichen	Pour ~ ses rêves, il faut être courageux.

1 fascine 2 avoue 3 florale 4 sent 5 styles 6 mène

UNITÉ RÉVISION, Prologue

Esmeralda [ɛsmeʀalda]	*Figur aus dem Roman „Notre-Dame de Paris" von Victor Hugo*	
Quasimodo [kazimɔdo]	*Figur aus dem Roman „Notre-Dame de Paris" von Victor Hugo*	
le prologue [ləpʀɔlɔg]	der Prolog, die Vorrede	Une pièce de théâtre commence souvent par un ~.
le/la présentateur/-trice [ləpʀezɑ̃tatœʀ/lapʀezɑ̃tatʀis]	*hier:* der/die Erzähler/in	
régner [ʀeɲe]	regieren, herrschen *wird wie* préférer *konjugiert* → Verbes, p. 138	Louis XI a ~[1] en France au Moyen-Âge.
Louis XI [lɥiɔ̃z]	Ludwig XI. *von 1461 bis 1483 König von Frankreich*	
l'économie [lekɔnɔmi] *f.*	die Wirtschaft	On dit que l'~ est en crise.
la pitié [lapitje]	das Mitleid, das Erbarmen	Le prof de maths n'a pas de ~ pour moi.
le peuple [ləpœpl]	das Volk	Le ~ de Paris est descendu dans la rue.
l'île de la Cité [lildəlasite]	*Insel in der Seine, auf der sich Notre-Dame befindet*	
public/publique [pyblik] *adj.*	öffentlich	Dans les grandes villes, on trouve beaucoup de places ~[2].
le parvis [ləpaʀvi]	*der Vorplatz einer Kirche oder eines Tempels*	Le ~ de Notre-Dame est une place publique.
populaire [pɔpylɛʀ] *m./f. adj.*	volkstümlich, beliebt	Tout le monde connaît cette chanson. Elle est très ~.
le/la bohémien/ne [ləbɔemjɛ̃/labɔemjɛn]	der/die Zigeuner/in *veraltet*	Les ~[3] sont des gens du voyage.

R

ANNEXE

la chèvre [laʃɛvʀə]	die Ziege	J'aime le fromage de ~.
la Cour des miracles [lakuʀdemiʀaklə]	*wörtlich* der „Hof der Wunder“	

Der Cour des miracles *war ein typischer Ort im mittelalterlichen Frankreich. Allein in Paris gab es zwölf davon. Tausende von Bettlern und Räubern lebten hier gemeinsam mit ihrem „König“. Von Fremden wurde dieser Ort gemieden, da sie hier um ihr Leben fürchten mussten.*

le/la mendiant/e [ləmɑ̃djɑ̃/lamɑ̃djɑ̃t]	der/die Bettler/in	Les ~[4] vivent dans la rue.
le/la spectateur/-trice [ləspɛktatœʀ/laspɛktatʀis] ▶ le spectacle	der/die Zuschauer/in	Il y avait beaucoup de ~[5] hier au Cirque du soleil.
nul/le [nyl] *pron.*	*hier:* niemand *Literatursprache, veraltet*	~ ne sait qui je suis.
les grands chemins [legʀɑ̃ʃəmɛ̃]	*veraltet:* die Landstraße	

1 régné 2 publiques 3 bohémiens 4 mendiants 5 spectateurs

UNITÉ RÉVISION, premier tableau

Frollo [fʀɔlo]	*Figur aus dem Roman „Notre-Dame de Paris“ von Victor Hugo*	
l'archidiacre [laʀʃidjakʀ] *m.*	der Archidiakon *Stellvertreter des Bischofs im Mittelalter*	
la science [lasjɑ̃s]	die Wissenschaft	La physique est une ~.
transformer qc [tʀɑ̃sfɔʀme]	etw. umwandeln, etw. verwandeln	Tu sais ~ les carottes en chocolat?
le plomb [ləplɔ̃]	das Blei	Le ~ est gris.
l'or [lɔʀ] *m.*	das Gold	Ma grand-mère a une dent en ~.
le sonneur [ləsɔnœʀ]	der Glöckner, der Küster	Le ~ de Notre-Dame est très célèbre.
la cloche [laklɔʃ]	die Glocke	Dans cette cathédrale, il y a une grande ~.
adopter qn [adɔpte]	jdn adoptieren	Mes voisins veulent ~ un petit garçon.
difforme [difɔʀm] *m./f. adj.*	verunstaltet	Depuis son accident, son pied est ~.
en aparté [ɑ̃napaʀte]	abseits von den anderen	
fou [fu] / *folle* [fɔl] *adj.* fou/folle ≠ raisonnable *m./f.*	verrückt	Il est ~, cet homme!
le prêtre [ləpʀɛtʀ]	der Priester	Le ~ discute avec le sonneur dans la cathédrale.
le malheur [ləmalœʀ]	das Unglück	Il a eu beaucoup de ~ dans sa vie: il a perdu sa femme et son travail.
le diable [lədjabl]	der Teufel	On dit que le ~ vit en enfer.
(ê)*s'incarner en qn/qc* [sɛ̃kaʀneɑ̃]	von jdm/etw. Gestalt annehmen	Frollo croit que le diable ~[1] Esmeralda.

détourner qc [detuʀne]	etw. abwenden/wegdrehen	Quand j'ai vu l'accident j'ai ~[2] la tête.
éternel/le [etɛʀnɛl] *adj.*	ewig	Rien n'est ~!
l'ange [lɑ̃ʒ] *m.*	der Engel	Merci, tu es un ~.
l'espoir [lɛspwaʀ] *m.* ▶ espérer	die Hoffnung	Il ne faut jamais perdre ~!
enlever qn [ɑ̃ləve]	*hier:* jdn entführen *wird wie* peser *konjugiert* → Verbes, p. 138	Hier soir, un homme a ~[3] deux enfants.
la sorcière [lasɔʀsjɛʀ]	die Hexe	Au Moyen-Âge, on croyait aux ~[4].
enfermer qn [ɑ̃fɛʀme]	jdn einschließen, jdn einsperren	J'ai ~[5] le chien dans la voiture.
la religion [laʀəliʒjɔ̃]	die Religion	En France, il n'y a pas de cours de ~ à l'école.
commander (qc à qn) [kɔmɑ̃de]	*hier:* (jdm etw.) befehlen	Mon frère m'énerve: il veut toujours ~.

1 s'incarne en 2 détourné 3 enlevé 4 sorcières 5 enfermé

UNITÉ RÉVISION, deuxième tableau

sombre [sɔ̃bʀ] *m./f. adj.* sombre ≠ clair/e	dunkel	Aujourd'hui il pleut et il fait ~.
Phoebus [febys]	*Figur aus dem Roman „Notre-Dame de Paris" von Victor Hugo*	
le capitaine [ləkapitɛn]	*hier:* der Hauptmann	Le ~ commande à ses hommes.
le soldat [ləsɔlda]	der Soldat	Les ~[1] ne veulent plus se battre.
le prince / la princesse [ləpʀɛ̃s/lapʀɛ̃sɛs]	der Prinz, die Prinzessin	La fille d'un roi, c'est une ~[2].
la garde [lagaʀd]	die Wache	
emmener qn/qc [ɑ̃mne]	jdn/etw. mitnehmen, jdn abführen *wird wie* amener *konjugiert* → Verbes, p. 138	Ludovic a ~[3] son frère chez le médecin.
(ê)*s'éveiller* [seveje]	erwachen	La ville ~[4] quand les gens vont au travail.
au fond de qc [ofɔ̃də] *adv.*	tief in etw., auf dem Grund von etw.	Mon portable est ~ mon sac.

1 soldats 2 princesse 3 emmené 4 s'éveille

UNITÉ RÉVISION, troisième tableau

voilà que [vwalakə]	auf einmal	Il faisait très beau; ~[1] il a commencé à pleuvoir.
la foule [laful]	die Menschenmenge, die Meute	La ~ furieuse est devant le stade.
terriblement [tɛʀibləmɑ̃] *adv.*	schrecklich, furchtbar	Ce film de guerre est ~ réaliste.
terrible [tɛʀibl] *adj.*	schrecklich, furchtbar	Ce garçon est un enfant ~: il ne fait jamais ses devoirs.
entourer qn/qc [ɑ̃tuʀe]	jdn/etw. umringen, umzingeln	Les soldats ~[2] le village indien.

R

ANNEXE

mener qn à qn/qc [məne]	jdn zu jdm/etw. führen *wird wie* amener *konjugiert* → Verbes, p. 138	Il ~[3] son correspondant à la gare.
la corde [lakɔʀd]	der Strick	Elle est longue, cette ~!
le cou [ləku]	der Hals	Depuis l'accident de voiture, j'ai mal au ~.
pendre qn/qc [pɑ̃dʀ]	jdn/etw. aufhängen *wird wie* attendre *konjugiert* → Verbes, p. 139	La corde ~[4] par la fenêtre.
ne … que [nəkə] *adv.*	nur	Quasimodo ~[5] est ~ le pauvre sonneur de Notre-Dame.
ennuyer qn [ɑ̃nɥje] ▶ ennuyeux/-euse *adj.*	jdn langweilen *wird wie* payer *konjugiert* → Verbes, p. 138	Ma sœur m'~[6] avec ses histoires de cœur.
à moins que [amwɛ̃kə] + *subj.*	es sei denn	Je veux bien aller au cinéma demain, ~[7] il fasse très beau.
le mari [ləmaʀi]	der Ehemann	Le ~ de ma mère, c'est mon père.
le bon à rien [ləbɔ̃aʀjɛ̃]	der Nichtsnutz, der Taugenichts	
jaloux/-se [ʒalu/ʒaluz] *adj.*	eifersüchtig	Le copain d'Élodie est très ~ quand elle parle avec d'autres garçons.
maigre [mɛgʀ] *m./f. adj.* maigre ≠ gros/se	mager, dürr	Depuis qu'elle est malade, elle est très ~.

1 voilà qu' 2 entourent 3 mène 4 pend 5 n' est que 6 ennuie 7 à moins qu'

UNITÉ RÉVISION, quatrième tableau

entre temps [ɑ̃tʀətɑ̃] *adv.*	inzwischen, in der Zwischenzeit	Aujourd'hui, il faut que j'aille chez le médecin et chez ma grand-mère. Mais ~ il faut aussi que je fasse les courses.
subir qc [sybiʀ]	etw. ertragen, erleiden *wird wie* réagir *konjugiert* → Verbes, p. 139	Tous les jours, il ~[1] le bruit de ses voisins.
le supplice [ləsyplis]	die Folter, die Qual	Je me lève le matin à six heures. Quel ~!
la roue [laʀu]	das Rad	
souffrir [sufʀiʀ]	leiden *wird wie* ouvrir *konjugiert* → Verbes, p. 140	Pierre a mal au ventre: il ~[2] beaucoup.
le cri [ləkʀi] ▶ crier	der Schrei	Tu as entendu ce ~?
la goutte [lagut]	der Tropfen	Aurélie a bu son verre de lait jusqu'à la dernière ~.
l'occasion [lɔkazjɔ̃] *f.*	die Gelegenheit	Je voulais visiter Notre-Dame à Paris, mais je n'en ai pas eu l'~.
prouver qc à qn [pʀuve]	jdm etw. beweisen	Matthieu veut ~ son amour ~ Mélanie.

1 subit 2 souffre

l'auberge [lobɛʀʒ] *f.*	das Wirtshaus, die Herberge	Hier soir, nous avons mangé dans une ~.
le couteau / les couteaux [ləkuto/lekuto]	das Messer	Pour manger, j'ai besoin d'un ~.
le coup de couteau [ləkudəkuto]	der Messerstich	Hier soir, dans le film policier, un personnage a reçu un ~.
accuser qn de qc [akyze]	jdn wegen etw. beschuldigen	Il ne faut jamais ~ quelqu'un sans avoir de bonnes raisons.
le meurtre [ləmœʀtʀ]	der Mord	Le ~ s'est passé dans la forêt.
la sorcellerie [lasɔʀsɛlʀi]	die Hexerei	Et toi? Est-ce que tu crois à la ~?
protéger qn/qc [pʀɔteʒe] ▶ la protection	jdn/etw. beschützen *wird wie* manger *konjugiert* → Verbes, p. 138	Les parents ~[1] leurs enfants.
le droit [lədʀwa]	das Recht	Dans de nombreux pays, les enfants n'ont pas de ~[2].
l'asile [lazil] *m.*	das Asyl	La situation dans son pays est dangereuse pour lui. C'est pourquoi il demande l'~ en France.
de nos jours [dənoʒuʀ] *adv.*	heutzutage	~, ce n'est pas facile d'avoir le droit d'asile.
le toit [lətwa]	das Dach	Les oiseaux chantent sur le ~ de la maison.
la misère [lamizɛʀ]	die Misere, das Elend	Les mendiants vivent dans la ~.
la barrière [labaʀjɛʀ]	*hier:* die Schranke, das Hindernis	
arrêter qn [aʀɛte]	jdn festnehmen	Les policiers ont ~[3] l'homme qui a volé la voiture de ma grand-mère.

1 protègent 2 droits 3 arrêté

R

ANNEXE

Grundschrift: obligatorischer Wortschatz
kursiv: fakultativer Wortschatz
Die Zahl hinter dem Pfeil zeigt dir an, in welcher Unité/Séquence das Wort zum ersten Mal vorkommt:
3/A heißt z.B. Unité 3, Approches;
1/2 Ex steht z.B. für Unité 1, Séquence 2, Exercice. Wenn keine Zahl hinter dem Wort steht, kennst du es schon aus ***À plus!* 1** oder ***À plus!* 2**.
In **rot** ist angegeben, auf welchen Seiten du die Konjugation der Verben findest.
(ê)So gekennzeichnete Verben bilden das passé composé mit être.

A

à in; **à bientôt** [abjɛ̃to] bis bald; **à cause de** [akozdə] wegen; **À demain!** [adəmɛ̃] Bis morgen!; **à droite** [adʀwat] *adv.* rechts; **à gauche** [agoʃ] *adv.* links; ***à moins que*** [amwɛ̃kə] es sei denn → rév/3; **à part** [apaʀ] abgesehen von → 3/3; **À plus!** [aplys] *fam.* Bis später!; ***à propos*** [apʀopo] *adv.* übrigens → supp/4
abattre qc [abatʀ] etw. fällen *wie* battre *S. 139* → 4/2
l' **abricot** [labʀiko] *m.* die Aprikose
absolument [apsɔlymɑ̃] *adv.* absolut, unbedingt → supp/4
l' **accent** [laksɑ̃] *m.* der Akzent → 1/2
accepter qn/qc [aksɛpte] jdn/etw. akzeptieren, jdn/etw. gelten lassen; **accepter de** + *inf.* akzeptieren etw. zu tun
l' **accident** [laksidɑ̃] *m.* der Unfall → 4/2
l' **accordéon** [lakɔʀdeɔ̃] *m.* das Akkordeon
accuser qn de qc [akyze] jdn wegen etw. beschuldigen → rév/5
acheter qc [aʃte] etw. kaufen *S. 138*
l' **acrobatie** [lakʀɔbasi] *f.* die Akrobatik
l' **acteur** *m.* / **l'actrice** *f.* [laktœʀ/laktʀis] der/die Schauspieler/in → 4/A
l' **action** [laksjɔ̃] *f.* die Handlung → 4/A
les **actualités** [lezaktyalite] *f. pl.* die Nachrichten
l' **ado** [lado] *fam. m./f.* ou: **l'adolescent/e** [ladolɛsɑ̃/ladolɛsɑ̃t] der/die Jugendliche
adopter qn [adɔpte] jdn adoptieren → rév/1
adorer qn/qc [adɔʀe] jdn/etw. lieben, sehr lieben
l' **adresse** [ladʀɛs] *f.* die Adresse; **l'adresse e-mail** [ladʀɛsimɛl] *f.* die E-Mail-Adresse
l' **adulte** [ladylt] *m./f.* der Erwachsene → 3/3
l' **affaire** [lafɛʀ] *f.* der Fall → 4/A
les **affaires** [lezafɛʀ] *f. pl.* die Sachen
l' **affiche** [lafiʃ] *f.* das Plakat, der Aushang, das Poster
l' ***affluent*** [laflyɑ̃] *m.* der Nebenfluss → supp/1
affreux/-euse [afʀø/afʀøz] *adj.* schrecklich → 5/1
l' **Afrique** [lafʀik] Afrika → 4/2
l' **âge** [lɑʒ] *m.* das Alter; **Tu as quel âge?** [tyakɛlɑʒ] Wie alt bist du?; **à ton âge** [atɔ̃nɑʒ] in deinem Alter
l' **agenda** [laʒɛ̃da] *m.* das Merkbuch, der Taschenkalender,
agir [aʒiʀ] handeln *wie* réagir *S. 138*
(ê)**s'agir de qc/qn** [saʒiʀ] sich um etwas/jdn handeln → 3/2
agréable [agʀeabl] *m./f. adj.* angenehm → 1/2
agresser qn [agʀɛse] jdn angreifen
l' **agresseur** [lagʀɛsœʀ] *m.* der Angreifer
agressif/-ve [agʀɛsif/agʀɛsiv] *adj.* aggressiv → 4/1
l' **aide** [lɛd] *f.* die Hilfe
aider qn (à + *inf.*) [ede] jdm helfen (etw. zu tun)
aimer qn/qc [ɛme] jdn/etw. lieben, mögen
aîné/e [ɛne] *adj.* älterer/ältere → 2/A
l' **air** [lɛʀ] *m.* die Luft; **avoir l'air** [avwaʀlɛʀ] aussehen → 2/1
l' **album** [lalbɔm] *m.* das Album
l' **allée** [lale] *f.* die Allee, der Gang
l' **Allemagne** [lalmaɲ] *f.* Deutschland
l' **allemand** [almɑ̃] *m.* die deutsche Sprache
l' **Allemand/e** [lalmɑ̃/lalmɑ̃d] der/die Deutsche
allemand/e [lalmɑ̃/lalmɑ̃d] *adj.* deutsch
(ê)**aller** [ale] gehen, fahren *S. 139;* **aller bien avec qc** [alebjɛ̃avɛk] gut zusammenpassen; **aller ensemble** [aleɑ̃sɑ̃bl] zusammenpassen; **aller pour le mieux** [alepuʀləmjø] alles bestens gehen → 2/A; **Allez hop!** [aleɔp] Los!; **aller voir qn** [alerwaʀ] jdn besuchen; **Allez!** [ale] *fam.* Ach komm!; **Ça ne lui va pas.** [sanəlɥivapɑ] Das steht ihr/ihm nicht.; **Ça ne va pas?** [sanəvapɑ] Geht's dir nicht gut?; **Ça va!** [sava] Es geht (mir) gut.; **Ça va?** [sava] Wie geht's?
Allô! [alo] Ja, bitte?, Hallo? *am Telefon*
allumer qc [alyme] etw. anschalten, anmachen
alors [alɔʀ] *adv.* also
l' **ambiance** [lɑ̃bjɑ̃s] *f.* die Stimmung, das Ambiente → 2/A
amener qn/qc [amne] jdn/etw. hinbringen *S. 138*
américain/e [ameʀikɛ̃/ameʀikɛn] *adj.* amerikanisch → 1/A
l' **Amérique** [lameʀik] *f.* Amerika → 6/2
l' **ami/e** [lami] *m./f.* der/die Freund/in
l' **amitié** [lamitje] *f.* die Freundschaft
l' **amour** [lamuʀ] *m.* die Liebe → 3/3
amoureux/-euse [amuʀø/amuʀøz] *adj.* verliebt → 4/3; **tomber amoureux/-euse de qn** [tɔ̃beamuʀø/amuʀøz] sich in jdn verlieben → 4/3

(ê)**s'amuser** [samyze] sich amüsieren, Spaß haben → 3/1, **s'amuser à** + *inf.* Spaß haben etw. zu tun

l' **an** [lɑ̃] *m.* das Jahr

ancien/ne [ɑ̃sjɛ̃/ɑ̃sjɛn] *adj.* alt, ehemalig → 1/3

l' **andouillette** [lɑ̃dujɛt] *f.* die Kuttelwurst

l' ***ange*** [lɑ̃ʒ] *m.* der Engel → rév/1, → supp/4

l' **anglais** [lɑ̃glɛ] *m.* Englisch

l' **angle mort** [lɑ̃gləmɔʀ] *m.* der tote Winkel

l' **animal** [lanimal] *m.* das Tier

l' **année** [lane] *f.* das Jahr *in seinem Verlauf* → 5/A; **l'année scolaire** [laneskɔlɛʀ] das Schuljahr → 5/A; **les années cinquante** [lezanesɛ̃kɑ̃t] *f. pl.* die 50er Jahre → 4/1

l' **anniversaire** [lanivɛʀsɛʀ] *m.* der Geburtstag

anonyme [anonim] *m./f. adj.* anonym → 3/3

l' **anorak** [lanɔʀak] *m.* der Anorak

août [ut] *m.* der August

l' **apéritif** [lapeʀitif] *m.* der Aperitiv → 3/1

l' **appartement** [lapaʀtəmɑ̃] *m.* die Wohnung

appeler qn [apəle] jdn anrufen *S. 138*

(ê)**s'appeler** [sapəle] heißen

applaudir [aplodiʀ] Beifall klatschen, applaudieren *wie réagir S. 139*

apporter qc (à qn) [apɔʀte] (jdm) etw. mitbringen

apprendre qc [apʀɑ̃dʀə] etw. lernen, von etw. erfahren *wie prendre S. 141*, **apprendre à** + *inf.* lernen etw. zu tun

approcher [apʀɔʃe] annähern, näher kommen, (ê)**s'approcher** [sapʀɔʃe] sich nähern → 5/1

après [apʀɛ] nach

l' **après-midi** [lapʀɛmidi] *m./f.* der Nachmittag

l' **arbre** [laʀbʀ] *m.* der Baum → 2/1

l' ***archidiacre*** [laʀʃidjakʀ] *m.* der Archidiakon → rév/1

l' **argent** [laʀʒɑ̃] *m.* das Geld

l' **argent de poche** [laʀʒɑ̃dəpɔʃ] *m.* das Taschengeld

l' **argument** [laʀgymɑ̃] *m.* das Argument → 4/1

l' **armoire** [laʀmwaʀ] *f.* der Schrank

arrêter [aʀete] aufhören, ausschalten; ***arrêter qn*** jdn festnehmen → rév/5; **arrêter de** + *inf.* aufhören etw. zu tun

(ê)**s'arrêter** [saʀɛte] anhalten, stehen bleiben → 2/1

(ê)**arriver** [aʀive] (an)kommen; [aʀive] passieren → 3/1

l' **arrondissement** [laʀɔ̃dismɑ̃] *m.* der Stadtbezirk → 1/3

l' ***art*** [laʀ] *m.* die Kunst → supp/3

l' **article** [laʀtiklə] *m.* der Artikel

l' **artiste** [laʀtist] *m./f.* der/die Künstler/in

l' ***asile*** [lazil] *m.* das Asyl → rév/5

assez [ase] ziemlich; **assez de** [asedə] genug

assis/e [asi/asiz] *adj.* sitzend → 2/3

l' **assiette** [lasjɛt] *f.* der Teller

l' **astronaute** [lastʀɔnot] *m./f.* der Astronaut → 2/3

l' **athlétisme** [latletizm] *m.* die Leichtathletik

l' **atlas** [latlɑs] *m.* der Atlas

attendre qn/qc [atɑ̃dʀə] auf jdn/etw. warten *S. 139*

l' **attention** [atɑ̃sjɔ̃] *f.* die Vorsicht, die Aufmerksamkeit; **Attention!** [atɑ̃sjɔ̃] Achtung!; **faire attention** [fɛʀatɑ̃sjɔ̃] aufpassen

attraper qc/qn [atʀape] jdn/etw. fangen → 6/1

au bord de [obɔʀdə] am Ufer von → 1/1

au bout de [obudə] am Ende, nach → 2/1

au fait [ofɛt] übrigens

au fond de [ofɔ̃də] tief in etw., auf dem Grund von etw. → rév/2

au maximum [omaksimɔm] höchstens → supp/4

au moins [omwɛ̃] zumindest, mindestens → 1/3

Au revoir. [ɔʀvwaʀ] *adj.* Auf Wiedersehen!

Au secours! [oskuʀ] (Zu) Hilfe!

l' ***auberge*** [lobɛʀʒ] *f.* das Wirtshaus, die Herberge → rév/5

l' **auditeur/-trice** [loditœʀ/loditʀis] *m.* der/die Zuhörer/in

aujourd'hui [oʒuʀdɥi] *adv.* heute

aussi [osi] *adv.* auch

autant de [otɑ̃də] *adv.* genauso viel → supp/3

l' **auteur** [lotœʀ] *m.* der/die Autor/in → 3/2

l' **automne** [lotɔn] *m.* der Herbst → 1/1

l' **autoroute** [lotoʀut] *f.* die Autobahn

autour de [otuʀdə] um ... herum → 2/1, **tout autour** [tutotuʀ] ringsherum → 6/1

l' **autre** [lotʀ] *m./f.* der/die/das andere

autrefois [otʀəfwa] *adv.* früher

avancer [avɑ̃se] voranschreiten *wie commencer S. 139* → 1/2

avant [avɑ̃] vor zeitlich; **comme avant** wie früher

avec [avɛk] mit, bei

l' **avenir** [lavniʀ] *m.* die Zukunft → 5/2

l' **aventure** [lavɑ̃tyʀ] *f.* das Abenteuer → 4/2

l' **aviateur/-trice** [lavjatœʀ/lavjatʀis] *m.* der/die Pilot/in

l' **avion** [lavjɔ̃] *m.* das Flugzeug → 1/2

l' **avis** [lavi] *m.* die Meinung; **à ton avis** [atɔ̃navi] deiner Meinung nach

l' **avocat/e** [lavoka/lavokat] *m./f.* der/die Rechtsanwalt/Rechtsanwältin → 3/1

avoir [avwaʀ] haben *S. 139;* **avoir besoin de qn/qc** [avwaʀbəzwɛ̃də] jdn/etw. brauchen → 2/3; **avoir besoin de** + *inf.* ou **qn/qc** [avwaʀbəzwɛ̃də] brauchen, jdn/etw. brauchen → 2/3; **avoir envie de** + *inf.* [avwaʀɑ̃vidə] Lust haben etw. zu tun → 2/3; **avoir l'air** [avwaʀlɛʀ] aussehen → 2/1; **avoir la trouille** [avwaʀlatʀuj] *fam.* Schiss haben → 1/2; **avoir le moral** [avwaʀləmɔʀal] gut drauf sein; **avoir raison** [avwaʀɛzɔ̃] Recht haben; **avoir raison de** + *inf.* etw. zu Recht tun; **avoir tort** [avwaʀtɔʀ] Unrecht haben → 3/3

ANNEXE

avouer (qc à qn) [avue] (jdm etw.) zugeben → supp/4; *Avoue qu'il faut le faire!* [avukilfoləfɛʀ] Wahnsinn, oder? → supp/4
avril [avʀil] *m.* April

B

le **bac** [ləbak] *fam.* ou: **le baccalauréat** [ləbakaloʀea] das Abi, das Abitur → 5/A
la **baguette** [labagɛt] das Baguette
(ê)**se baigner** [səbɛɲe] baden
bâiller [baje] gähnen → 3/1
la **balade** [labalad] der Spaziergang → 5/1
(ê)**se balader** [səbalade] spazieren gehen → 1/3
la **baleine** [labalɛn] der Wal → 6/1
le **ballon** [ləbalɔ̃] der Ballon, der Ball → 1/2, **la balade en ballon** [labaladɑ̃balɔ̃] die Ballonfahrt → 1/2
banal/e [banal] *adj.* / ⚠ *banals* [banal] *m. pl.* banal, unwichtig → supp/4
la **banane** [labanan] die Banane
bander qc [bɑ̃de] etw. verbinden → 1/2
le **bandit** [ləbɑ̃di] der Bandit
la **banlieue** [labɑ̃ljø] der Vorort einer Großstadt, der Stadtrand → 1/A
le *barrage* [ləbaʀaʒ] der Staudamm, die Talsperre → supp/2
la *barrière* [labaʀjɛʀ] die Schranke, das Hindernis → rév/5
les **baskets** [lebaskɛt] *f. pl.* die Turnschuhe
le/les **bateau/-eaux** [lə/lebato] das Boot, Schiff
battre qn [batʀ] jdn schlagen *S. 139* → 4/1
beau/bel [bo/bɛl] *m. adj.* / **belle** [bɛl] *f.* / **beaux** [bo] *m. pl.* schön; **Il fait beau.** [ilfɛbo] Es ist schönes Wetter.; **le *beau-père / la belle-mère*** [ləbopɛʀ/labɛlmɛʀ] der Schwiegervater/die Schwiegermutter → supp/3; **les *beaux-parents*** [lebopaʀɑ̃] *m. pl.* die Schwiegereltern → supp/3
beaucoup [boku] *adv.* viel; **beaucoup de choses** [bokudəʃoz] *adv.* viele Sachen, vieles
le **bébé** [ləbebe] das Baby
la **bédé** [labede] *fam.* ou: **la bande dessinée** [labɑ̃dədesine] ou: **la BD** [labede] der Comic
la **Belgique** [labɛlʒik] Belgien → 1/1
ben [bɛ̃] naja, äh
le **B.E.P.** [ləbeəpe] *ein Diplom im* lycée professionnel → 5/A
le/la *berger/-ère* [ləbɛʀʒe/labɛʀʒɛʀ] der/die Schäfer/in → supp/4
la **bêtise** [labɛtiz] die Dummheit, der Unsinn → 3/2
le **beurre** [ləbœʀ] die Butter
bien [bjɛ̃] *adv.* gut; **bien sûr** [bjɛ̃syʀ] *adv.* natürlich, selbstverständlich
bientôt [bjɛ̃to] *adv.* bald; **à bientôt** [abjɛ̃to] bis bald
le **billet** [ləbijɛ] der Geldschein, die Fahrkarte, die Eintrittskarte
la **bise** [labiz] der Kuss, das Küsschen → 1/2
bizarre [bizaʀ] *m./f. adj.* merkwürdig → 2/A
blanc/blanche [blɑ̃/blɑ̃ʃ] *adj.* weiß
blessé/e [blɛse] *adj.* verletzt
bleu/e [blø] *adj.* blau
le **blog** [ləblɔg] der Blog → 3/1
blond/e [blɔ̃/blɔ̃d] *adj.* blond
bloqué/e [blɔke] *adj.* blockiert, gesperrt
le/la *bohémien/ne* [ləbɔemjɛ̃/labɔemjɛn] der/die Zigeuner/in *veraltet* → rév/A
boire qc [bwaʀ] etw. trinken *S. 139* → 2/1
la **boisson** [labwasɔ̃] das Getränk
la **boîte aux lettres** [labwatolɛtʀ] der Briefkasten → 2/3
le **bol** [ləbɔl] die Trinkschale → 3/A
bon/ne [bɔ̃/bɔn] *adj.* gut; **Bon!** [bɔ̃] *adv.* Einverstanden!; ***le bon à rien*** [ləbɔ̃aʀjɛ̃] der Taugenichts → rév/3; **le Bon Dieu** [ləbɔ̃djø] der liebe Gott
Bonjour! [bɔ̃ʒuʀ] Guten Tag! Guten Morgen!
Bonsoir! [bɔ̃swaʀ] Guten Abend!
bouger [buʒe] sich bewegen, unterwegs sein *wie* manger *S. 138*
la **boulangerie** [labulɑ̃ʒʀi] die Bäckerei
bousculer qn [buskyle] jdn anstoßen, schubsen
la **bouteille** [labutɛj] die Flasche
la **boutique** [labutik] der Laden, die Boutique → 1/3
la **boxe** [labɔks] das Boxen, der Boxsport
le **bras** [ləbʀɑ] der Arm
brésilien/ne [bʀeziljɛ̃/bʀeziljɛn] *adj.* brasilianisch → supp/4
breton/ne [bʀətɔ̃] *adj.* bretonisch
le/la **Breton/ne** [ləbʀətɔ̃/labʀetɔn] der/die Bretone/-in
le **brevet** [ləbʀəvɛ] *Diplom im* collège *(Mittlere Reife)* → 5/A
le **bricolage** [ləbʀikolaʒ] das Basteln, das Heimwerken
briller [bʀije] glänzen, scheinen → 6/A
la **brochette** [labʀɔʃɛt] der Spieß → 6/1
bronzer [bʀɔ̃ze] bräunen, sich sonnen → 1/1
le **bruit** [lebʀɥi] das Geräusch, der Lärm → 1/2
la *brume* [labʀym] der Nebel → supp/3
brun/ne [bʀɛ̃/bʀyn] *adj.* braun, dunkelhaarig
brutal/e [bʀytal] *adj.* / **brutaux** [bʀyto] *m. pl.* brutal → 4/1
la **bûche de Noël** [labyʃdənɔɛl] *Weihnachtstorte in Form eines Holzscheits* → 3/1
le **bulletin** [ləbyltɛ̃] das Zeugnis
le/les **bureau/-eaux** [lə/lebyʀo] das Büro, das Arbeitszimmer *auch:* der Schreibtisch → 2/1
le **bus** [ləbys] der Bus

C

c'est [sɛ] das ist; **c'est ça?** [sɛsa] Stimmt's?; **C'est déjà ça.** [sɛdeʒasa] Wenigstens etwas.; **C'est l'horreur.** [sɛlɔʀœʀ] Das ist schrecklich.
ça [sa] das, das da; **Ça m'est égal.** [samɛtegal] Das ist mir egal.; **Ça y est!** [saije] Alles klar!, Fertig! → 3/2
la **cabane** [lakaban] die Hütte, das Baumhaus → 4/2
la **cabine (téléphonique)** [lakabin(telefɔnik)] die (Tele-

fon)zelle; **la cabine de bain** [lakabindəbɛ̃] die Strandkabine
(ê)**se cacher** [səkaʃe] sich verstecken
le **cadeau** [ləkado] das Geschenk
le **café** [ləkafe] das Café, der Kaffee; **le café au lait** [ləkafeolɛ] der Milchkaffee → 3/A
le **cahier de textes** [ləkajedətɛkst] das Hausaufgabenheft
le **caillou** [ləkaju] / **les cailloux** [lekaju] der Stein
calme [kalm] *m./f. adj.* ruhig → 1/3
le/la **camarade** [lə/lakamaʀad] der/die (Klassen-)Kamerad/in
le **camp** [ləkɑ̃] das Lager; **le camp de vacances** [ləkɑ̃dvakɑ̃s] das Ferienlager → 6/1
la **campagne** [lakɑ̃paɲə] das Land, die ländliche Gegend
le ***camping*** [ləkɑ̃piŋ] der Zeltplatz → supp/1; supp/2; ***faire du camping*** [fɛʀdykɑ̃piŋ] campen, zelten → supp/1
le **Canada** [ləkanada] Kanada → 1/A
le/la **candidat/e** [ləkɑ̃dida/lakɑ̃didat] der/die Kandidat/in → 4/A
le **canot** [ləkano] das Boot → 6/A
la **cantine** [lakɑ̃tin] die Kantine, der Speisesaal
capable de + *inf.* [kapabldə] *m./f. adj.* fähig etw. zu tun → 3/2
le ***capitaine*** [ləkapitɛn] der Hauptmann → rév/2
la **capitale** [lakapital] die Hauptstadt → 1/3
car [kaʀ] *conj.* denn, weil
le caractère [ləkaʀaktɛʀ] der Charakter; **avoir du caractère** [avwaʀdykaʀaktɛʀ] eine starke Persönlichkeit haben; **avoir un caractère de chien** [avwaʀɛ̃kaʀaktɛʀdəʃjɛ̃] einen schwierigen Charakter haben
le **caribou** [ləkaʀibu] das Karibu → 6/A
la **carotte** [lakaʀɔt] die Möhre
le **carrefour** [ləkaʀfuʀ] die Kreuzung
le **cartable** [ləkaʀtabl] die Schultasche → 5/2
la **carte** [lakaʀt] die Karte; **la carte d'identité** [lakaʀtidɑ̃tite] der Personalausweis
le **carton** [ləkaʀtɔ̃] der Karton
le **casque** [ləkask] der Helm
la **casquette** [lakaskɛt] die Schirmmütze
casser qc [kase] etw. brechen, zerbrechen, kaputtmachen
la **cassette** [lakasɛt] die Kassette; **la cassette vidéo** [lakasɛtvideo] die Videokassette
les **catacombes** [lekatakɔ̃b] *f. pl.* die Katakomben → 1/3
la **catastrophe** [lakatastʀɔf] *ou:* **la cata** [lakata] *fam.* die Katastrophe
la cathédrale [lakatedʀal] die Kathedrale
le **cauchemar** [ləkoʃmaʀ] der Albtraum → 2/1
le **CD** [ləsede] die CD
le **CDI** [ləsedei] das Informations- und Dokumentationszentrum, die Schulbibliothek
ce que [səkə], **ce qui** [səki] was *Relativpronomen* → 4/2
ceci [səsi] dies(es), das
le **cédérom** [ləsedeʀɔm] die CD-ROM
cela [səla] jenes, dieses, das
célèbre [selɛbʀ] *m./f. adj.* berühmt
le **centime** [ləsɑ̃tim] der Cent
la ***centrale nucléaire*** [lasɑ̃tʀalnykleɛʀ] das Atomkraftwerk → supp/2
le **centre** [ləsɑ̃tʀ] das Zentrum
chacun/e [ʃakɛ̃/ʃakyn] jeder/jede → 2/2
le **chagrin d'amour** [ləʃagʀɛ̃damuʀ] der Liebeskummer → 3/3
la **chaîne** [laʃɛn] der Kanal, der Sender → 4/A
la **chaise** [laʃɛz] der Stuhl
la **chambre** [laʃɑ̃bʀ] das (Schlaf-)Zimmer
le **champagne** [ləʃɑ̃paɲ] der Champagner, der Sekt → 2/1
le/la **champion/ne** [ləʃɑ̃pjɔ̃/laʃɑ̃pjɔn] der/die Meister/in, der Champion
la **chance** [laʃɑ̃s] das Glück, die Chance; **avoir de la chance** [avwaʀdəlaʃɑ̃s] Glück haben
changer [ʃɑ̃ʒe] umsteigen *wie manger S. 138* → 1/2; **changer (de) qc** [ʃɑ̃ʒe] etw. ändern, etw. verändern
la **chanson** [laʃɑ̃sɔ̃] das Lied
chanter qc [ʃɑ̃te] etw. singen
chaque [ʃak] jeder/jede/jedes → 2/2
le **char** [ləʃaʀ] der Wagen, das Auto *nur in Québéc* → 6/1
la **charcuterie** [laʃaʀkytʀi] der Wurst- und Fleischaufschnitt, die Metzgerei → 3/A
le/la **charcutier/-ière** [ləʃaʀkytje/laʃaʀkytjɛʀ] der Metzger, der Fleischer → 2/3
la **charte** [laʃaʀt] die Charta
chasser qn [ʃase] jdn verjagen → supp/4
le **chat** [ləʃa] die Katze
le **château** / **les châteaux** [ləʃɑto/leʃɑto] das Schloss
chaud/e [ʃo/ʃod] *adj.* warm, heiß; **il fait chaud** [ilfɛʃo] es ist heiß/warm
le **chausson** [ləʃosɔ̃] der Ballettschuh → 2/A
la **chaussure** [laʃosyʀ] der Schuh
le/la **chef** [lə/laʃef] der/die Chef/in
le **chemin** [ləʃmɛ̃] der Weg; ***les grands chemins*** [legʀɑ̃ʃəmɛ̃] die Landstraße *veraltet* → rév/A
la ***cheminée*** [laʃəmine] der Schornstein, der Kamin → supp/1
la **chemise (à carreaux)** [laʃəmiz(akaʀo)] das (karierte) Hemd
cher/chère [ʃɛʀ] *adj.* lieb, teuer
chercher qn/qc [ʃɛʀʃe] jdn/etw. suchen
le/la **chéri/e** [ʃeʀi] Liebling → 2/1
les **cheveux** [leʃvø] *m. pl.* die Haare
la ***chèvre*** [laʃɛvʀə] die Ziege → rév/A
chez [ʃe] bei, zu einer Person
chic [ʃik] *m./f. adj.* schick, vornehm
le/la **chien/ne** [ləʃjɛ̃/laʃjɛn] der/die Hund/Hündin
la **chimie** [laʃimi] die Chemie
le **choc** [ləʃɔk] der Zusammenstoß → 1/1
le **chocolat** [ləʃɔkɔla] die Schokolade → 3/A
choisir qc [ʃwaziʀ] etw. aussuchen, auswählen *wie réagir S. 139*
le **choix** [ləʃwa] die Wahl → 4/2

ANNEXE

le **chômage** [ləʃomaʒ] die Arbeitslosigkeit; **être au chômage** [ɛtʀoʃomaʒ] arbeitlos sein
la **chorale** [lakɔʀal] der Chor → 4/1
le/la **choriste** [ləkɔʀist/lakɔʀist] der/die Chorsängerin → 4/1
la **chose** [laʃoz] die Sache
chut! [ʃyt] Pst!, Still!
le **ciel** [ləsjɛl] der Himmel
le **cimetière** [ləsimtjɛʀ] der Friedhof → 1/3
le **cinéma** [ləsinema] ou: **le ciné** [ləsine] *fam.* das Kino
la **cinquième** [lasɛ̃kjɛm] die Fünfte *(= 7. Klasse in Deutschland)*
circuler [siʀkyle] (herum)fahren; zirkulieren
le **cirque** [ləsiʀk] der Zirkus
le **citron** [ləsitʀɔ̃] die Zitrone
clair/e [klɛʀ] *adj.* klar, deutlich → 1/2;
clairement [klɛʀmɑ̃] *adv.* klar, deutlich → 1/2
claquer qc [klake] etw. zuschlagen → 2/1
la **clarinette** [laklaʀinɛt] die Klarinette
la **classe** [laklɑs] die Klasse
classique [klasik] *m./f. adj.* klassisch → supp/4
la ***cloche*** [laklɔʃ] die Glocke → rév/1
le ***clocher*** [ləklɔʃe] der Glockenturm → supp/1
le **clown** [ləklun] der Clown
le **club-photo** [ləklœbfɔtɔ] der Foto-Club, die Foto-Arbeitsgemeinschaft
le **cochon d'Inde** [ləkoʃɔ̃dɛ̃d] das Meerschweinchen
le **cœur** [ləkœʀ] das Herz; **par cœur** [paʀkœʀ] auswendig
le **collant** [ləkɔlɑ̃] die Strumpfhose
la **colle** [lakɔl] der Klebstoff
le **collège** [ləkɔlɛʒ] *Allgemeinbildende Schule in Frankreich (6.–9. Schuljahr)*
coller qc [kɔle] etw. kleben
la **colline** [lakɔlin] der Hügel
coloniser qc [kɔlɔnize] etw. kolonisieren → 6/2
colorer qc [kɔlɔʀe] etw. färben
combien [kɔ̃bjɛ̃] *conj.* wie viel
la **combinaison** [lakɔ̃binɛzɔ̃] der Overall
commander qc à qn [kɔmɑ̃de] jdm etw. befehlen → rév/1
comme [kɔm] *adv.* wie, als → 3/A; **comme avant** [kɔmavɑ̃] *adv.* wie früher; **comme ça** [komsa] *adv.* so; **comme chien et chat** [kɔmʃjɛ̃eʃa] wie Hund und Katze
commencer qc [kɔmɑ̃se] etw. anfangen *S. 138*; **commencer à** + *inf.* beginnen etw. zu tun; **commencer par qc** [kɔmɑ̃sepaʀ] mit etw. anfangen, beginnen
comment [kɔmɑ̃] *adv.* wie; **Comment allez-vous?** [kɔmɑ̃talevu] Wie geht es euch/Ihnen?
le **commentaire** [ləkɔmɑ̃tɛʀ] der Kommentar → 3/1
le **commissariat** [ləkomisaʀja] die Polizeidienststelle
comparer qn/qc à qn/qc [kɔ̃paʀe] jdn/etw. mit jdm/etw. vergleichen → 4/1
compliqué/e [kɔ̃plike] *adj.* kompliziert → 1/2
[ê]**se compliquer la vie** [səkɔ̃plikelavi] sich das Leben schwer machen → 3/2
comprendre qn/qc [kɔ̃pʀɑ̃dʀ] jdn/etw. verstehen *wie prendre S. 141*; [ê]**se comprendre** [səkɔ̃pʀɑ̃dʀ] sich verständigen, sich verstehen
compter [kɔ̃te] zählen → 5/1
concerné/e [kɔ̃sɛʀne] *adj.* betroffen
le **concert** [ləkɔ̃sɛʀ] das Konzert
le **concombre** [ləkɔ̃kɔ̃bʀ] die Gurke
le **concours d'entrée** [ləkɔ̃kuʀdɑ̃tʀe] die Aufnahmeprüfung → 2/A
le/la **conducteur/-trice** [ləkɔ̃dyktœʀ/ləkɔ̃dyktʀis] der/die Fahrer/in
confier qc à qn [kɔ̃fje] jdm etw. anvertrauen → 3/3
la **confiture** [lakɔ̃fityʀ] die Marmelade → 3/A
confortable [kɔ̃fɔʀtabl] *m./f. adj.* bequem, komfortabel; **le plus confortablement du monde** [ləplykɔ̃fɔʀtabləmɑ̃dymɔ̃d] *adv.* superbequem, am allerbequemsten → 1/3
la **connaissance** [lakɔnɛsɑ̃s] die Bekanntschaft; **faire la connaissance de qn** [fɛʀlakɔnɛsɑ̃s] jdn kennen lernen
connaître qn/qc [kɔnɛtʀ] jdn/etw. kennen *S. 139*
le **conseil de classe** [ləkɔ̃sɛjdəklɑs] die Klassenkonferenz → 5/1
conseiller qc à qn [kɔ̃sɛje] jdm etw. raten → 5/A
le **conservatoire** [ləkɔ̃sɛʀvatwaʀ] die Musikschule
consoler qn [kɔ̃sɔle] jdn trösten → 3/3
la ***construction*** [lakɔ̃stʀyksjɔ̃] der Bau, die Bauarbeiten → supp/1
construire qc [kɔ̃stʀɥiʀ] etw. bauen, konstruieren *S. 139* → 4/2; ***faire construire qc*** [fɛʀkɔ̃stʀɥiʀ] etw. erbauen lassen → supp/1
le **contact** [ləkɔ̃takt] der Kontakt
content/e [kɔ̃tɑ̃/kɔ̃tɑ̃t] *adj.* zufrieden, glücklich
continuer (à + *inf.***)** [kɔ̃tinye] weitergehen, etw. weitermachen
contrairement à [kɔ̃tʀɛʀmɑ̃a] *adv.* im Gegensatz zu → supp/4
contre [kɔ̃tʀ] gegen, dagegen
contrôler qn/qc [kɔ̃tʀole] jdn/etw. kontrollieren → 5/2
cool [kul] *fam. m./f. adj.* cool
le/la **copain/copine** [ləkɔpɛ̃/lakopin] *fam.* der/die Freund/in
le **coquillage** [ləkɔkijaʒ] die Muschel
la ***corde*** [lakɔʀd] der Strick → rév/3
le/la **correspondant/e** [ləkoʀɛspɔ̃dɑ̃/lakoʀɛspɔ̃dɑ̃t] der/die Brieffreund/in
la **côte** [lakot] die Küste
le ***cou*** [ləku] der Hals → rév/3
[ê]**se coucher** [səkuʃe] schlafen gehen, sich hinlegen → 3/1
Coucou! [kuku] Kuckuck!, Hallo!
le **coude** [ləkud] der Ellenbogen → 3/1
la **couleur** [lakulœʀ] die Farbe

le **coup** [ləku] *hier:* der Gag → 3/3; ***le coup de couteau*** [ləkutkuto] der Messerstich → rév/5

la **cour** [lakuʀ] der Hof; ***la Cour des miracles*** [lakuʀdemiʀaklə] Hof der Wunder → rév/A

le ***courage*** [ləkuʀaʒ] der Mut → supp/3

courageux/-euse [kuʀaʒø/kuʀaʒøz] *adj.* mutig

courir [kuʀiʀ] rennen, laufen *S. 139* → 2/1

le **courriel** [ləkuʀiɛl] die E-Mail → 6/1

le **cours** [ləkuʀ] die Unterrichtsstunde, der Kurs

les **courses** [lekuʀs] *f. pl.* die Einkäufe; **faire les courses** [fɛʀlekuʀs] einkaufen

court/e [kuʀ/kuʀt] *adj.* kurz

le/la ***cousin/e*** [ləkuzɛ̃/lakuzin] der Cousin, die Cousine → supp/1

le/les ***couteau/-eaux*** [lə/lekuto] das Messer → rév/5

coûter [kute] kosten

le **couvert** [ləkuvɛʀ] das Besteck

la ***couverture*** [lakuvɛʀtyʀ] die Decke → supp/3

couvrir qn/qc [kuvʀiʀ] jdn/etw. bedecken *wie* ouvrir *S. 140*

cracher [kʀaʃe] spucken → 3/3

le **crayon** [ləkʀɛjɔ̃] der Bleistift

la **crème** [lakʀɛm] die Sahne, die Creme

la **crêpe** [lakʀɛp] die Crêpe

crevé/e [kʀəve] *fam.* fix und fertig → 3/2; ***avoir un pneu crevé/e*** [avwaʀɛ̃pnøkʀəve] einen Platten haben → supp/2

le ***cri*** [ləkʀi] der Schrei → rév/4

crier [kʀije] schreien

la **crise** [lakʀiz] die Krise → 3/2

critiquer qn/qc [kʀitike] jdn/etw. kritisieren

croire [kʀwaʀ] glauben *S. 140* → 3/1

les **crudités** [lekʀydite]] *f. pl* der Rohkostsalat → 3/A

la **cuillère** [lakɥijɛʀ] der Löffel

la **cuisine** [lakɥizin] die Küche; **faire la cuisine** [fɛʀlakɥizin] kochen → 6/1

le/la **cuisinier/-ière** [ləkɥizinje/lakɥizinjɛʀ] der Koch / die Köchin

cuit/e [kɥi/kɥit] *adj.* durch(gebraten) → 3/A

la **culture** [lakyltyʀ] die Kultur → 1/1

culturel/le [kyltyʀɛl] *adj.* kulturell, Kultur- *in Verbindung mit einem Nomen* → supp/2

la ***curiosité*** [lakyʀjɔzite] die Neugier → supp/3

D

d'abord [dabɔʀ] *adv.* zuerst

d'accord [dakɔʀ] *adv.* einverstanden

d'ailleurs [dajœʀ] *adv.* übrigens → 4/1

d'autre [dotʀ] *adv.* außerdem → supp/4

d'habitude [dabityd] *adv.* gewöhnlich → 1/2

la **dame** [ladam] die Dame

le **Danemark** [lədanmaʀk] Dänemark → 1/1

le **danger** [lədɑ̃ʒe] die Gefahr; **être en danger** [ɛtʀɑ̃dɑ̃ʒe] in Gefahr sein

dangereusement [dɑ̃ʒ(ə)ʀøzmɑ̃] *adv.* gefährlich → 1/1

dangereux/-euse [dɑ̃ʒəʀø/dɑ̃ʒəʀøz] *adj.* gefährlich

dans [dɑ̃] in *räumlich, zeitlich;* **dans la rue** [dɑ̃laʀy] auf der Straße; **dans le sud de** [dɑ̃ləsydə] *adv.* im Süden von → 1/1

la **danse** [ladɑ̃s] der Tanz, das Tanzen

danser [dɑ̃se] tanzen → 2/A

la **danseuse étoile / le danseur étoile** [ladɑ̃søzetwal/lədɑ̃sœʀetwal] Primaballerina, der/die Startänzer/in → 2/3

la **date** [ladat] das Datum

de [də] von; **de … à …** [də…a] von … bis … *zeitlich,* zwischen … und …; **de loin** [dəlwɛ̃] *adv.* von weit her → 6/2; ***de nos jours*** [dənoʒuʀ] *adv.* heutzutage → rév/5; **de plus en plus** [dəplysɑ̃ply(s)] mehr und mehr, immer mehr → 2/2; **de toute façon** [dətutfasɔ̃] *adv.* auf jeden Fall → 5/2

(ê)**se débrouiller** [sədebʀuje] zurechtkommen, sich durchwursteln *umg.* → 3/2

le **début** [lədeby] der Anfang

décembre [desɑ̃bʀ] Dezember

décevoir qn [desvwaʀ] jdn enttäuschen *wie* recevoir *S. 141* → 2/3

décider de + *inf.* [deside] entscheiden, beschließen etw. zu tun → 2/1

découvrir qn/qc [dekuvʀiʀ] jdn/etw. entdecken *wie* ouvrir *S. 141*

décrire qc/qn [dekʀiʀ] etw./jdn beschreiben *wie* écrire *S. 140* → 4/2

dedans [dədɑ̃] *adv.* darin, innen, drin → 5/1

le **défaut** [lədefo] der Fehler, der Mangel

défendre qn/qc [defɑ̃dʀ] jdn/etw. verteidigen *wie* attendre *S. 139* → 5/1

dehors [dəɔʀ] *adv.* draußen

déjà [deʒa] *adv.* schon

le **déjeuner** [lədeʒœne] das Mittagessen → 3/A

le/la **délégué/e de classe** [lə/ladelegedəklas] der/die Klassensprecher/in → 5/1

demain [dəmɛ̃] *adv.* morgen; **demain matin** [dəmɛ̃matɛ̃] morgen früh; **À demain!** [adəmɛ̃] Bis morgen!

demander qc à qn [dəmɑ̃de] jdn etw. fragen; **demander à qn de** + *inf.* jdn bitten etw zu tun; (ê)**se demander** [sədəmɑ̃de] sich fragen; **demander le chemin** [dəmɑ̃deləʃəmɛ̃] nach dem Weg fragen

demi/e [dəmi] *adj.* halb

dénoncer qn [denɔ̃se] jdn verraten, verpetzen *wie* commencer *S. 138*

la **dent** [ladɑ̃] der Zahn

dépendre de qn/qc [depɑ̃dʀ] von jdm/etw. abhängen *wie* prendre *S. 141;* **Ça dépend.** [sadepɑ̃] Das kommt darauf an.

dépenser qc [depɑ̃se] etw. ausgeben

déprimé/e [depʀime] *adj.* deprimiert, niedergeschlagen

depuis [dəpɥi] seit

déranger qn [deʀɑ̃ʒɛ] jdn stören *wie* manger *S. 138*

dernier/-ière [dɛʀnje/dɛʀnjɛʀ] *adj.* letzter/-e/-es, voriger/-e/-es

ANNEXE

derrière [dɛʀjɛʀ] hinter
dès [dɛ] *prép.* seit, ab *zeitlich* → 5/2
(ê)**descendre** [desɑ̃dʀ] aussteigen, hinuntergehen *wie* attendre *S. 139*
le **désordre** [lədezɔʀdʀ] die Unordnung; **être en désordre** [ɛtʀɑ̃dezɔʀdʀ] unaufgeräumt sein
le **despote** [lədɛspɔt] der Despot → 3/2
le **dessert** [lədesɛʀ] das Dessert, der Nachtisch
le **dessin** [lədesɛ̃] das Zeichnen, die Zeichnung
dessiner qc [desine] etw. zeichnen, etw. entwerfen → supp/1
(ê)**se détendre** [sədetɑ̃dʀ] sich entspannen *wie* attendre *S. 139* → 1/2
détester qn/qc [detɛste] jdn/etw. nicht mögen, hassen
détourner qc [detuʀne] etw. abwenden/wegdrehen → rév/1
les **dettes** [ledɛt] *f. pl.* die Schulden
devant [dəvɑ̃] vor
(ê)**devenir** [dəvniʀ] werden *wie* venir *S. 142*; **devenir médecin** [dəvniʀmedsɛ̃] Arzt werden
deviner qc [dəvine] etw. raten, erraten
devoir [dəvwaʀ] müssen *S. 140*
le **devoir sur table** [lədəvwaʀsyʀtabl] die Klassenarbeit → 5/1;
les **devoirs** [ledəvwaʀ] *m. pl.* die Hausaufgaben
le ***diable*** [lədjabl] der Teufel → rév/1, → supp/3
le **dictionnaire** [lədiksjɔnɛʀ] das Wörterbuch
la ***différence*** [ladifeʀɑ̃s] der Unterschied → supp/4
différent/e [difeʀɑ̃/difeʀɑ̃t] *adj.* anders, unterschiedlich → 4/1
difforme [difɔʀm] *m./f. adj.* verunstaltet → rév/1
la ***digue*** [ladig] der Deich, der Damm → supp/2
dimanche [dimɑ̃ʃ] *m.* Sonntag
la **dinde** [ladɛ̃d] die Pute → 3/1
le **dîner** [lədine] das Abendessen
dingue [dɛ̃g] *m./f. adj. fam.* verrückt → 5/2
dire (qc à qn) [diʀ] (jdm etw.) sagen *S. 140*; **dire merci à qn** [diʀmɛʀsi] sich bei jdm bedanken; **dire au revoir à qn** [diʀɔʀvwaʀ] sich von jdm verabschieden; **dire bonjour à qn** [diʀbɔ̃ʒuʀ] jdn begrüßen; **ça veut dire** [savødiʀ] das bedeutet, das heißt; **dire ses quatre vérités à qn** [diʀsekatʀveʀite] Klartext sprechen → 2/A;
dis [di] *fam.* sag mal; **Dis donc!** [didɔ̃k] Sag mal! → 2/1; ***Dis toujours!*** [dituʒuʀ] Na sag doch! → supp/2
le **directeur / la directrice** [lədiʀɛktœʀ/ladiʀɛktʀis] der/die Direktor/in → 4/1
la **direction** [ladiʀɛksjɔ̃] die Richtung → 1/1
diriger qc [diʀiʒe] etw. leiten, etw. beaufsichtigen *wie* manger *S. 138* → supp/1; (ê)**se diriger vers qn/qc** [sədiʀiʒevɛʀ] sich jdm/etw. zuwenden *wie* manger *S. 138* → 6/A
la **discipline** [ladisiplin] das Fach; die Disziplin
discuter [diskyte] diskutieren;
discuter (de qn/qc) sich (über jdn/etw.) unterhalten
(ê)**se disputer avec qn** [sədispyte] sich streiten → 3/1
la **disquette** [ladiskɛt] die Diskette
distribuer qc [distʀibye] etw. verteilen, austeilen
le **documentaire** [lədokymɑ̃tɛʀ] der Dokumentarfilm → 4/A
le/la **documentaliste** [lədokymɑ̃talist] *m./f.* der/die Bibliothekar/in
dominer qn/qc [domine] jdn/etw. dominieren, beherrschen, überragen → 6/2
dommage [dɔmaʒ] schade
donner qc à qn [dɔne] jdm etw. geben; **donner (un) rendez-vous à qn** [dɔneʀɑ̃devu] sich mit jdm verabreden; **donner le bonjour à qn** [dɔneləbɔ̃ʒuʀ] jdn grüßen; **donner son avis** [dɔnesɔ̃navi] seine Meinung sagen
dormir [dɔʀmiʀ] schlafen *wie* sortir *S. 142*
le **dos** [lədo] der Rücken
le **dossier** [lədosje] die Mappe
doubler qn [duble] jdn überholen
(ê)**se doucher** [səduʃe] duschen → 3/1
le **drame** [lədʀam] das Drama → 2/1
le ***droit*** [lədʀwa] das Recht → rév/5
drôle [dʀol] *m./f. adj.* lustig
drôlement [dʀolmɑ̃] *adv. fam.* ganz schön → 1/1
dur/e [dyʀ] *adj.* hart, schwierig
durer [dyʀe] dauern → 5/A
le **DVD** [lədevede] die DVD
dynamique [dinamik] *m./f. adj.* dynamisch, lebhaft → supp/4

E

l' **eau** [lo] *f.* das Wasser
l' **échange** [leʃɑ̃ʒ] *m.* der Austausch
échanger qc (contre qc) [eʃɑ̃ʒe] etw. (gegen etw.) tauschen *wie* manger *S. 138*
l' **école** [lekɔl] *f.* die Schule;
l' **école maternelle** [lekɔlmatɛʀnɛl] *f.* der Kindergarten → 5/A;
l' **école primaire** [lekɔlpʀimɛʀ] *f.* die Grundschule → 2/3
économe [ekonɔm] *m./f. adj.* sparsam
l' ***économie*** [lekɔnɔmi] *f.* die Wirtschaft → rév/A
l' **écorce** [lekɔʀs] *f.* die Rinde, die Schale → 6/A
écouter qc [ekute] etw. hören;
écouter qn jdm (zu)hören, auf jdn hören
l' **écran** [lekʀɑ̃] *m.* der Bildschirm, die Leinwand
écrire qc à qn [ekʀiʀ] jdm etw. schreiben *S. 140*; **écrire comme un chat** [ekʀiʀkɔmɛ̃ʃa] unsauber schreiben
l' **écrivain** [lekʀivɛ̃] *m./f.* der/die Schriftsteller/in
l' **éducation civique** [ledykasjɔ̃sivik] *f.* die Sozialkunde, die Gemeinschaftskunde
l' **effet** [lefɛ] *m.* die Wirkung, der Effekt → 5/2
l' **effort** [lefɔʀ] *m.* die Anstrengung; **faire un effort** [fɛʀɛ̃nefɔʀ] sich anstrengen
égoïste [egɔist] *m./f. adj.* egoistisch
eh bien [ebjɛ̃] also
électronique [elɛktʀɔnik] *m./f. adj.* elektronisch → 3/1
l' **éléphant** [lelefɑ̃] *m.* der Elefant

l' **élève** [lelɛv] *m./f.* der/die Schüler/in
l' **embouteillage** [lɑ̃butɛjaʒ] *m.* der Verkehrsstau
l' **embrouille** [lɑ̃bʀuj] *f. fam.* das Wirrwarr, die Verwicklung → 3/2
l' **émission** [lemisjɔ̃] *f.* die Sendung
emmener qn/qc [ɑ̃mne] jdn/etw. mitnehmen, jdn abführen → rév/2
l' **emploi du temps** [lɑ̃plwadytɑ̃] *m.* der Stundenplan
employer qn [ɑ̃plwaje] jdn beschäftigen *wie* payer *S. 138* › 6/2
en [ɑ̃] in; ***en aparté*** [ɑ̃napaʀte] abseits von den anderen → rév/1; **en face de** [ɑ̃fasdə] gegenüber von; **en ce moment** [ɑ̃smɔmɑ̃] zur Zeit
encore [ɑ̃kɔʀ] *adv.* außerdem, noch, schon wieder; **encore plus** [ɛ̃kɔʀplys] *adv.* noch mehr
(ê)**s'endormir** [sɑ̃dɔʀmiʀ] einschlafen *wie* sortir *S. 142* → 3/1
l' **endroit** lɑ̃dʀwa] *m.* der Ort
(ê)**s'énerver contre qn** [senɛʀve] sich über jdn aufregen → 3/1
l' **enfance** [lɑ̃fɑ̃s] *f.* die Kindheit
l' **enfant** [lɑ̃fɑ̃] *m./f.* das Kind
l' **enfer** [lɑ̃fɛʀ] *m.* die Hölle → 5/1
enfermer qn [ɑ̃fɛʀme] jdn einschließen, jdn einsperren → rév/1
enfin [ɑ̃fɛ̃] *adv.* schließlich, jedenfalls
enlever qc [ɑ̃lәve] etw. ausziehen, etw. ablegen *(Kleidung)* *wie* acheter *S. 138* → 1/2; ***enlever qn*** [ɑ̃lәve] jdn entführen → rév/1
ennuyer qn [ɑ̃nɥije] jdn langweilen *wie* payer *S. 138* → rév/3
ennuyeux/-euse [ɑ̃nɥijø/ɑ̃nɥijøz] *adj.* langweilig → 4/A
ensemble [ɑ̃sɑ̃blә] *adv.* zusammen
ensuite [ɑ̃sɥit] *adv.* danach, anschließend
entendre qn/qc [ɑ̃tɑ̃dʀ] jdn/etw. hören *wie* attendre *S. 139*; (ê)**s'entendre avec qn** [sɑ̃tɑ̃dʀ] sich mit jdm verstehen *wie* attendre → 3/3
entier/-ière [ɑ̃tje/ɑ̃tjɛʀ] *m./f. adj.* ganz, voll → 6/2
entourer qn/qc [ɑ̃tuʀe] jdn/etw. umringen, umzingeln → rév/3
entre [ɑ̃tʀә] zwischen; ***entre temps*** [ɑ̃tʀәtɑ̃] *adv.* inzwischen, in der Zwischenzeit → rév/4
(ê)**entrer** [ɑ̃ntʀe] hineingehen, eintreten
envoyer qc à qn [ɑ̃vwaje] jdm etw. schicken *wie* payer *S. 138* → 5/1
épeler qc [epәle] etw. buchstabieren *S. 138*
l' **époque** [lepɔk] *f.* die Epoche → 6/2
l' **équipe** [lekip] *f.* die Mannschaft, das Team
l' **érable** [leʀabl] *m.* der Ahorn → 6/A
l' **escalade** *f.* [lɛskalad] das Klettern → 6/1
l' **escalier** [lɛskalje] *m.* die Treppe → 2/3
l' **Espagne** [lɛspaɲә] *f.* Spanien → 1/A
espérer *(+ inf.)* [ɛspeʀe] hoffen (etw. zu tun) *wie* préférer *S. 138*
l' ***espoir*** [lɛspwaʀ] *m.* die Hoffnung → rév/1
l' **esprit** [lɛspʀi] *m.* der Geist, der Sinn → 6/2
essayer qc [eseje] etw. versuchen, (an)probieren *wie* payer *S. 138*; **essayer de** + *inf.* versuchen etw. zu tun
l' **est** [lɛst] der Osten → 1/2; **à l'est de** [alɛstdә] östlich von → 1/2
et [e] *conj.* und; **Et alors?** [ealɔʀ] Na und?
l' **étagère** [letaʒɛʀ] *f.* das Regal
l' **été** [lete] *m.* der Sommer → 1/1
éternel/le [etɛʀnɛl] *adj.* ewig → rév/1
(ê)**s'étirer** [setiʀe] sich strecken → 6/A
l' **étranger** [letʀɑ̃ʒe] *m.* das Ausland → 5/2
l' **étranger/-ère** [letʀɑ̃ʒe/letʀɑ̃ʒɛʀ] der/die Fremde, der/die Ausländer/in → 5/2
être [ɛtʀә] sein *S. 138*; **être à qn** [ɛtʀakɛlkɛ̃] jdm gehören; **être assis/e** [ɛtʀasi/ɛtʀasiz] sitzen → 2/3; ***être déguisé/e en*** [ɛtʀdegizeɑ̃] verkleidet sein als → supp/2; **être en avance** [ɛtʀɑ̃navɑ̃s] zu früh kommen; **être en forme** [ɛtʀɑ̃fɔʀm] in Form sein; **être en train de** + *inf.* [ɛtʀɑ̃tʀɛ̃dә] gerade etw. tun / dabei sein etw. zu tun → 6/1; **être sous pression** [ɛtʀsupʀɛsjɔ̃] unter Druck stehen → 2/3
les **études dirigées** [lezetytdiʀiʒe] *f. pl. Zeit, in der die Schüler ihre Hausaufgaben unter Aufsicht anfertigen;* **faire des études** [fɛʀdezetyd] studieren → 5/A
l' **euro** [løʀo] *m.* der Euro
l' ***Europe*** [løʀɔp] *f.* Europa → supp/2
(ê)**s'*éveiller*** [seveje] erwachen → rév/2
évident/e [evidɑ̃/evidɑ̃t] *adj.* klar, eindeutig, selbstverständlich → 5/2
exagérer qc [ɛgzaʒeʀe] etw. übertreiben *wie* préférer *S. 138*
l' **examen** [lɛgsamɛ̃] *m.* die Prüfung → 2/3
l' **excursion** [lɛkskyʀsiɔ̃] *f.* der Ausflug, die Exkursion
l' **exemple** [lɛgzɑ̃pl] *m.* das Beispiel
l' **exercice** [lɛgzɛʀsis] *m.* die Übung
exister [ɛgsiste] existieren → 5/2
l' **explication de texte** [lɛksplikasjɔ̃dәtɛkst] *f.* der Aufsatz
expliquer qc à qn [ɛksplike] jdm etw. erklären
l' **explorateur/-trice** [lɛksploʀatœʀ/lɛksploʀatʀis] der/die Entdecker/in → 6/2
l' **exposé** [lɛkspoze] *m.* das Referat, der Vortrag
l' ***exposition*** [lekspozisjɔ̃] *f.* die Ausstellung → supp/4
l' **expression** [lɛkspʀɛsjɔ̃] *f.* der Ausdruck

F

la **fable** [lafabl] *f.* die Fabel
fâché/e [faʃe] *adj.* verärgert
facile [fasil] *m./f. adj.* leicht, einfach
la **faim** [lafɛ̃] *f.* der Hunger; **avoir faim** [avwaʀfɛ̃] Hunger haben

ANNEXE

faire [fɛʀ] machen, tun *S. 140*; **faire qc à qn** [fɛʀ] jdm etw. (an)tun; **faire des études** [fɛʀdezetyd] studieren → 5/A; **faire la cuisine** [fɛʀlakɥizin] kochen → 6/1; **Fais voir!** [fɛvwaʀ] Zeig her!; **il fait moins vingt** [ilfɛmwɛ̃vɛ̃] es sind – 20° C → 6/2; **ça fait deux** [safɛdø] das sind zwei Dinge, die nicht zusammenpassen; **ça fait du bien (de** + *inf.*) [safɛdybjɛ̃] es tut gut (etw. zu tun) → 4/1
falloir [falwaʀ] müssen *S. 140*; **il faut** *(+ Nomen)* [ilfo] man braucht, man muss; **il faut que** + *subj.* [ilfokə] es ist nötig (etw. zu tun); **il faudrait** [ilfodʀɛ] es wäre nötig, man müsste; **comme il faut** [kɔmilfo] ordentlich, wie es sich gehört
la **famille** [lafamij] die Familie
fantastique [fɑ̃tastik] *m./f. adj.* phantastisch
la **farine** [lafaʀin] das Mehl
fasciner qn [fasine] jdn faszinieren → supp/4
fatigué/e [fatige] *adj.* müde
la **faute** [lafot] der Fehler, die Schuld
faux/ fausse [fo/fos] *adj.* falsch → 4/1
la **félicitation** [lafelisitasjɔ̃] der Glückwunsch → 2/1
la **femme** [lafam] die Frau, die Ehefrau; la **jeune femme** [lajœnfam] *f.* die junge Frau
la **fenêtre** [lafnɛtʀ] das Fenster
fermer qc [fɛʀme] etw. schließen
le **festival** [ləfɛstival] das Festival
la **fête** [lafɛt] die Feier, die Fete → 2/A
fêter qc [fɛte] etw. feiern → 2/A; **ça se fête** [sasəfɛt] das feiert man, das wird gefeiert → 2/A
le **feu / les feux** [ləfø/lefø] das/die Feuer → 6/1; **le feu de camp** [ləfødəkɑ̃] das Lagerfeuer → 6/1; **le feu rouge** [ləføʀuʒ] die Ampel
la **feuille** [lafœj] das Blatt → 2/1
février [fevʀije] *m.* Februar
fier/-ière (de qn/qc) [fjɛʀ] *adj.* stolz (auf jdn/etw.) → 2/3
le **filet** [ləfilɛ] das Netz
la **fille** [lafij] das Mädchen, die Tochter; **la jeune fille** [laʒœnfij] *f.* das junge Mädchen
le **film** [ləfilm] der Film; **le film d'action** [ləfilmdaksjɔ̃] der Actionfilm → 4/1; **le film d'horreur** [ləfilmdɔʀœʀ] der Horrorfilm
le **fils** [ləfis] der Sohn
la **fin** [lafɛ̃] das Ende
le ***financier*** [ləfinɑ̃sje] der Bankier, der Schatzmeister → supp/1
finir (qc) [finiʀ] enden, etw. beenden *wie réagir S. 139* → 2/3; **finir de** + *inf.* etw. zu Ende tun
la **fleur** [laflœʀ] die Blume
le **fleuve** [ləflœv] der Fluss
le **flic** [ləflik] *fam.* der Polizist, der Bulle → 4/A
floral/e [flɔʀal] *adv.* / ***floraux*** [flɔʀo] *m. pl.* Blumen- *in Verbindung mit einem Nomen* → supp/4
la **fois** [lafwa] das Mal
le **fondateur/-trice** [ləfɔ̃datœʀ/lafɔ̃datʀis] der/die Gründer/in → 6/2
le **foot** [ləfut] Fußball
la **force** [lafɔʀs] die Kraft → 6/A; **de toutes ses forces** [dətutsefɔʀs] mit seiner/ihrer ganzen Kraft → 6/A
la **forêt** [lafɔʀɛ] der Wald → 4/2
la **formation** [lafɔʀmasjɔ̃] die Ausbildung → 5/2
la **formation en alternance** [lafɔʀmasjɔ̃nɑ̃naltɛʀnɑ̃s] *duale Ausbildung* → 5/2
formidable [fɔʀmidablə] *m./f. adj.* hervorragend, toll
fort/e [fɔʀ/fɔʀt] *adj.* stark
fou/folle [fu/fɔl] *adj.* verrückt → rév/1
fouiller dans qc [fuje] in etw. wühlen, kramen
le **foulard** [ləfulaʀ] der Schal, das Halstuch → 1/2
la ***foule*** [laful] die Menschenmenge, die Meute → rév/3
la **fraîcheur** [lafʀɛʃœʀ] die Frische → 6/A
frais/fraîche [fʀɛ/fʀɛʃ] *adj.* frisch → 6/A
le **français** [ləfʀɑ̃sɛ] Französisch, die französische Sprache; **en français** [ɑ̃fʀɑ̃sɛ] auf Französisch
le/la **Français/e** [ləfʀɑ̃sɛ/lafʀɑ̃sɛz] der Franzose / die Französin
la **France** [lafʀɑ̃s] Frankreich
franco-italien/ne [fʀɑ̃koitaljɛ̃/fʀɑ̃koitaljɛn] *adj.* französisch-italienisch → 1/A
frapper qn/qc [fʀape] jdn/etw. schlagen
le **frère** [ləfʀɛʀ] der Bruder; **les frères et sœurs** [lefʀɛʀesœʀ] *m. pl.* die Geschwister
le **fric** [ləfʀik] *fam.* das Geld, die Knete
les **fringues** [lefʀɛ̃g] *f. pl. fam.* die Klamotten
le **frisson** [ləfʀisɔ̃] das Zittern → 1/3
les **frites** [lefʀit] *f. pl.* die Pommes frites
froid/e [fʀwa/fʀwad] *adj.* kalt; **Il fait froid.** [ilfɛfʀwa] Es ist kalt.
le **fromage** [ləfʀɔmaʒ] der Käse → 3/A
les **fruits** [lefʀɥi] *m. pl.* das Obst
la **fuite** [lafɥit] die Flucht → 2/3
fumer [fyme] rauchen → 4/2
furieux/-euse [fyʀjø/fyʀjøz] *adj.* wütend → 2/3

G

gâcher qc [gɑʃe] etw. verderben → 2/1
gagner qc [gaɲe] etw. gewinnen, (Geld) verdienen
le **gant** [ləgɑ̃] der Handschuh; **prendre des gants** [pʀɑ̃dʀədegɑ̃] (jdn) mit Samthandschuhen anfassen → 2/A
le **garçon** [ləgaʀsɔ̃] der Junge
la ***garde*** [lagaʀd] die Wache → rév/2
garder qn/qc [gaʀde] auf jdn/etw. aufpassen, etw. aufbewahren, behalten
la **gare** [lagaʀ] der Bahnhof
garer qc [gaʀe] etw. einparken *einen Wagen*
le **gars** [ləgɑ] der Junge, der Bursche *nur in Québec* → 6/1
gâté/e [gɑte] *adj.* verwöhnt → 2/A
le/les **gâteau/-eaux** [lə/legɑto] der Kuchen
généreux/-euse [ʒeneʀø/ʒeneʀøz] *adj.* großzügig → 4/1

génial/e [ʒenjal] *adj.* / **géniaux** [ʒenjo] *m. pl.* toll, super, genial
le ***génie*** [ləʒeni] das Genie → supp/2
le **genre** [ləʒɑ̃ʀ] die Art, das Genre → 3/2; die Gattung → 4/2
les **gens** [leʒɑ̃] *m. pl.* die Leute
gentil/le [ʒɑ̃ti/ʒɑ̃tij] *adj.*; **gentiment** [ʒɑ̃timɑ̃] *adv.* nett
la **géographie** [laʒeogʀafi] die Geographie, die Erdkunde
le **geste** [ləʒɛst] die Geste, die Handbewegung
la **glace** [laglas] das (Speise-)Eis → 1/3
le **golfe** [ləgɔlf] der Golf → 6/1
goûter qc [gute] etw. kosten → supp/2
la ***goutte*** [lagut] der Tropfen → rév/4
le **gramme** [ləgʀam] das Gramm
la **grand-mère** [lagʀɑ̃mɛʀ] die Großmutter
le **grand-père** [ləgʀɑ̃pɛʀ] der Großvater
grand/e [gʀɑ̃/gʀɑ̃d] *adj.* groß
la **grande école** [lagʀɑ̃dekɔl] die Elitehochschule → 5/A
grandir [gʀɑ̃diʀ] aufwachsen *wie* réagir *S. 139* → supp/3
les **grands-parents** [legʀɑ̃paʀɑ̃] *m. pl.* die Großeltern
le **gratin** [ləgʀatɛ̃] der Auflauf → 3/A
le **gratte-ciel** [ləgʀatsjɛl] der Wolkenkratzer → 6/2
grave [gʀav] *m./f. adj.* schlimm
gris/e [gʀi/gʀiz] *adj.* grau
gros/se [gʀo/gʀos] *adj.* groß, dick → 3/A
le **groupe** [ləgʀup] die Gruppe
la **guerre** [lagɛʀ] der Krieg → 6/2
la **guitare** [lagitaʀ] die Gitarre
le **gymnase** [ləʒimnɑz] die Turnhalle
la **gymnastique** [laʒimnastik] *f.* der Sportunterricht, die Gymnastik

H

(ê)**s'habiller** [sabije] sich anziehen → 3/1
l' **habitant/e** [labitɑ̃/labitɑ̃t] der/die Einwohner/in → 6/2
habiter [abite] wohnen
l' **habitude** [labityd] *f.* die Gewohnheit, die Angewohnheit → 1/2; **d'habitude** [dabityd] gewöhnlich → 1/2
le **handball** [ləɑ̃dbal] Handball
haut/e [o/ot] *adj.* hoch → 1/1
l' ***héroïne*** [leʀoin] *f.* / ***le héros*** [ləeʀo] die Heldin / der Held → supp/4
hésiter [ezite] zögern; **hésiter à** + *inf.* zögern etw. zu tun
l' **heure** [lœʀ] Uhr, die Stunde *zur Angabe der Uhrzeit;* **C'est l'heure.** [sɛlœʀ] Es ist so weit. Es ist Zeit; **Il est quelle heure?** [ilɛkɛlœʀ] *f.* Wie spät ist es?; **À quelle heure?** [akɛlœʀ] Um wie viel Uhr?; **être à l'heure** [ɛtʀalœʀ] pünktlich sein
heureux/-euse [øʀø/øʀøz] *adj.* glücklich; **être heureux comme tout** [ɛtʀøʀøkɔmtu] überglücklich sein
hier [jɛʀ] *adv.* gestern
le **hip-hop** [ləipɔp] *m.* der Hip-Hop
l' **histoire** [listwaʀ] *f.* die Geschichte
l' **hiver** [livɛʀ] *m.* der Winter
l' **homme** [lɔm] *m.* der Mann; **le jeune homme** [ləʒœnɔm] *m.* der junge Mann
l' **hôpital / les hopitaux** [lɔpital/lezɔpito] *m.* das Krankenhaus
l' **horizon** [lɔʀizɔ̃] *m.* der Horizont
l' **horloge** [lɔʀlɔʒ] *f.* die Uhr
l' **horoscope** [lɔʀɔskɔp] *m.* das Horoskop
l' **hôtel de ville** [lotɛldəvil] das Rathaus → 1/A
l' **huître** [lɥitʀ] *f.* die Auster → 3/1
l' **humour** [lymuʀ] *m.* der Humor → 3/3

I

ici [isi] *adv.* hier
l' **idée** [lide] *f.* die Idee, der Einfall
(ê)**s'identifier à qn/qc** [sidɑ̃tifje] sich mit jdm/etw. identifizieren → 4/2
il y a [ilja] es gibt; vor *zeitlich* → 1/1
l' **île** [lil] *f.* die Insel
l' **image** [limaʒ] *f.* das Bild → 5/2
imaginer qc [imaʒine] etw. vorstellen → 2/3; (ê)**s'imaginer qc** [simaʒine] sich etw. vorstellen → 2/3
l' **imbécile** [lɛ̃besil] *m./f.* der Dummkopf
l' **immeuble** [limœbl] *m.* das Gebäude
l' **imperméable** [lɛ̃pɛʀmeabl] *m.* der Regenmantel
important/e [ɛ̃pɔʀtɑ̃/ɛ̃pɔʀtɑ̃t] *adj.* wichtig
impossible [ɛ̃pɔsibl] *adj.* unmöglich → 3/1
l' **impression** [lɛ̃pʀɛsjɔ̃] *f.* der Eindruck → 2/1; **avoir l'impression** [avwaʀlɛ̃pʀɛsjɔ̃] den Eindruck haben → 2/1
impressionnant/e [ɛ̃pʀesjɔnɑ̃/ɛ̃pʀesjɔnɑ̃t] *adj.* beeindruckend → 1/3
(ê)***s'incarner en qc/qn*** [sɛ̃kaʀneɑ̃] von etw./jdm Gestalt annehmen → rév/1
l' **Indien/ne** [lɛ̃djɛ̃/lɛ̃djɛn] der/die Indianer/in → 6/1
industriel/le [ɛ̃dystʀiɛl] *adj.* Industrie- in *Verbindung mit einem Nomen* → supp/2
l' **information** [lɛ̃fɔʀmasjɔ̃] *f.* die Information → 5/2
l' **informatique** [lɛ̃fɔʀmatik] *f.* die Informatik → 5/2
inséparable [ɛ̃sepaʀabl] *m./f. adj.* unzertrennlich → 2/1
l' **instituteur/-trice** [lɛ̃stitytœʀ/lɛ̃stitytʀis] der/die Grundschullehrer/in
l' **instrument** [lɛ̃stʀymɑ̃] *m.* das Instrument; **jouer d'un instrument** [ʒuedɛ̃nɛ̃stʀymɑ̃] ein Instrument spielen
l' **intellectuel/le** [lɛ̃telɛktɥel] der/die Intellektuelle, der/die Streber/in
intelligent/e [ɛ̃teliʒɑ̃/ɛ̃teliʒɑ̃t] *adj.* intelligent
interdire à qn de faire qc [ɛ̃tɛʀdiʀ] jdm verbieten etw. zu tun *wie* dire *S. 140* → 5/1; **interdit/e** [ɛ̃tɛʀdi/ɛ̃tɛʀdit] *adj.* verboten
intéressant/e [ɛ̃teʀɛsɑ̃/ɛ̃teʀɛsɑ̃t] *adj.* interessant
intéresser [ɛ̃teʀese] interessieren; (ê)**s'intéresser à qn/qc**

ANNEXE

[sẽteʀɛse] sich für jdn/etw. interessieren

l' **internat** [lɛ̃tɛʀna] *m.* das Internat → 2/1

international/e [ɛ̃tɛʀnasjɔnal] *adj.* / **internationaux** [ɛ̃tɛʀnasjɔno] *m. pl.* international → 1/1

l' **interrogation** [lɛ̃teʀɔgasjɔ̃] *f. fam.* die Klassenarbeit

l' **interview** [lɛ̃tɛʀvju] *f.* das Interview

inutile [inytil] *m./f. adj.* unnütz

inviter qn [ɛ̃vite] jdn einladen

l' **Italie** [litali] *f.* Italien → 1/A

italien/ne [italjɛ̃/italjɛn] *adj.* italienisch

l' ***itinéraire*** [litineʀɛʀ] *m.* die Route → supp/1

J

jaloux/-se [ʒalu/ʒaluz] *adj.* eifersüchtig → rév/3

la **jambe** [laʒɑ̃b] *f.* das Bein

janvier [ʒɑ̃vje] *m.* Januar

le **jardin** [leʒaʀdɛ̃] *m.* der Garten; le **Jardin des plantes** [ləʒaʀdɛ̃deplɑ̃t] der botanische Garten → 1/2

jaune [ʒon] *m./f. adj.* gelb

le ***jazz*** [ledʒaz] der Jazz → supp/4

le **jean** [lədʒin] *m.* die Jeans

jeter qc [ʒəte] etw. werfen, schleudern *S. 138*

le **jeu / les jeux** [ləʒø/leʒø] das Spiel → 1/3

jeudi [ʒødi] *m.* Donnerstag

le/la **jeune** [lə/laʒœn] *m./f.* der/die Jugendliche; **jeune** [ʒœn] *m./f. adj.* jung

joli/e [ʒɔli] *adj.* hübsch, niedlich

jongler [ʒɔ̃gle] jonglieren

jouer [ʒue] spielen; **jouer à qc** etw. spielen *ein Spiel*; **jouer d'un instrument** [ʒuedɛ̃nɛ̃stʀymɑ̃] ein Instrument spielen

le **jour** [ləʒuʀ] der Tag; **un jour** [ɛ̃ʒuʀ] eines Tages; **ce jour là** [səʒuʀla] an jenem Tag → 4/3

le **journal** [ləʒuʀnal] die Zeitung, das Tagebuch; **le JT** [ləʒite] ou: **journal télévisé** [ʒuʀnaltelevize] die Fernsehnachrichten → 4/A

le/la **journaliste** [lə/laʒuʀnalist] der/die Journalist/in

la **journée** [laʒuʀne] der Tag *in seinem Verlauf;* **toute la journée** [tutlaʒuʀne] den ganzen Tag

le **judo** [ləʒydo] das Judo

juillet [ʒɥijɛ] *m.* Juli

juin [ʒɥɛ̃] *m.* Juni

la **jupe** [laʒyp] der Rock

jurer [ʒyʀe] schwören → 3/3; **Juré, promis, craché.** [ʒyʀepʀomikʀaʃe] Ich schwöre!, Versprochen! → 3/3

le **jus de fruits** [ləʒydfʀɥi] der Fruchtsaft

jusque [ʒysk] bis

juste [ʒyst] *m./f. adj.* richtig, gerecht

justement [ʒystəmɑ̃] *adv.* eben, genau → 3/3

K

le **kayak** [ləkajak] der Kajak

le **kilo** [ləkilo] das Kilo

le **kilomètre** [ləkilɔmɛtʀ] der Kilometer; **km/h** [kilɔmɛtʀœʀ] Stundenkilometer

L

là [la] *adv.* dort, da;

là-bas [labɑ] *adv.* dort

le **lac** [lələk] der See → 6/A

lâcher qn/qc [laʃe] jdn/etw. loslassen

laisser qc [lese] etw. hinterlassen, lassen; **Laisse tomber!** [lɛstɔ̃be] *fam.* Ach, lass doch!, Vergiss es!

le **lait** [ləlɛ] die Milch

la **lampe** [lalɑ̃p] die Lampe

lancer qc [lɑ̃se] etw. ins Leben rufen *wie* commencer *S. 138;* etw. werfen → 4/1

la langue [lalɑ̃g] die Sprache, die Zunge

large [laʀʒ] *m./f. adj.* weit, breit

laver qc [lave] etw. waschen

le **lèche-vitrines** [ləlɛʃvitʀin] der Schaufensterbummel → 1/3

la **leçon** [laləsɔ̃] die Lektion

la **légende** [laleʒɑ̃d] die Legende

les **légumes** [lelegym] *m. pl.* das Gemüse

le **lendemain** [ləlɑ̃dmɛ̃] am nächsten Tag → 3/1

lent/e [lɑ̃ /lɑ̃t] *adj.* langsam → 1/2

lentement [lɑ̃tmɑ̃] *adv.* langsam → 1/2

la **lettre** [lalɛtʀ] der Brief

[(ê)]**se lever** [sələve] aufstehen *wie* peser *S. 138* → 3/1

la **librairie** [lalibʀeʀi] die Buchhandlung

libre [libʀ] *m./f. adj.* frei; **être libre** [ɛtʀlibʀ] frei haben, frei sein

le ***lien*** [ləljɛ̃] die Verbindung → supp/2

la **ligne** [laliɲ] die Linie → 1/2

limité/e (à) [limitea] *adj.* begrenzt (auf)

lire qc [liʀ] etw. lesen *S. 140*

la ***liste*** [lalist] die Liste → supp/2

le **lit** [ləli] das Bett

le **livre** [ləlivʀ] das Buch

loin [lwɛ̃] *adv.* weit; **de loin** [dəlwɛ̃] von weit her → 6/2

les **loisirs** [lelwaziʀ] *m. pl.* die Freizeit

long/longue [lɔ̃/lɔ̃g] *adj.* lang

longtemps [lɔ̃tɑ̃] *adv.* lange

la **lumière** [lalymjɛʀ] das Licht → 6/A

lundi [lɛ̃di] *m.* Montag

les **lunettes (de soleil)** [lelynɛt (dəsɔlɛj)] *f. pl.* die (Sonnen) Brille

le **lycée** [ləlise] das Gymnasium, *Oberschule in Frankreich (10. bis 12. Schuljahr)* → 5/A; **le lycée d'enseignement général** [ləlysedɑ̃sɛɲəmɑ̃ʒeneʀal] das allgemeinbildende Gymnasium → 5/A; **le lycée profesionnel** [ləlyseprɔfɛsjɔnɛl] *Berufsschule in Frankreich*

M

Machinchose [maʃɛ̃ʃoz] *m./f. fam.* Dingsda, Dingsbums

Madame [madam] / **Mesdames** [medam] Frau / Meine Damen *Anrede*

Mademoiselle [madmwazel] / **Mesdemoiselles** [medmwazel] *f. pl.* Fräulein / Meine Damen *Anrede für junge Frauen*

le **magasin** [ləmagasɛ̃] das Geschäft

le **magazine** [ləmagazin] die Zeitschrift

magnifique [maɲifik] *m./f. adj.* wundervoll

mai [mɛ] *m.* Mai
maigre [mɛgʀ] *m./f. adj.* mager, dürr → rév/3
la **main** [lamɛ̃] die Hand
maintenant [mɛ̃tnɑ̃] *adv.* jetzt
la **mairie** [lamɛʀi] das Rathaus
mais [mɛ] *conj.* aber; **Mais enfin!** [mɛɑ̃fɛ̃] Jetzt ist es aber genug!
la **maison** [lamɛzɔ̃] das Haus; **à la maison** [alamɛzɔ̃] zu Hause
le ***maître*** [ləmɛtʀ] / ***la maîtresse*** [lamɛtʀɛs] der/die Herr/in → supp/3
mal [mal] *adv.* schlecht; **le mal du pays** [ləmaldypei] das Heimweh → 4/2; **faire mal à qn** [fɛʀmal] jdm wehtun; **Ça fait mal.** [safɛmal] Das tut weh.
malade [malad] *m./f. adj.* krank
le ***malheur*** [ləmalœʀ] das Unglück → rév/1
malheureusement [maløʀøzmɑ̃] *adv.* leider → 1/1
malheureux/-euse [maløʀø/maløʀøz] *adj.* unglücklich
maman [mamɑ̃] *f.* Mutti, Mama
manger qc [mɑ̃ʒe] etw. essen *S. 138*
la **mangue** [lamɑ̃g] die Mango
les **manières** [lemanjɛʀ] *f. pl.* die (guten) Manieren → 3/1
le **mannequin** [lemankɛ̃] das Mannequin, das Model
le/la **marchand/e** [ləmaʀʃɑ̃/lamaʀʃɑ̃d] der/die (Markt-)Händler/in
la **marche** [lamaʀʃ] die Stufe → 2/3
le **marché** [ləmaʀʃe] der Markt
le **marché aux puces** [ləmaʀʃeopys] der Flohmarkt
marcher [maʀʃe] funktionieren, gehen, laufen
mardi [maʀdi] *m.* Dienstag
la ***mare*** [lamaʀ] der Tümpel → supp/3
la **marée** [lamaʀe] die Gezeiten (Ebbe und Flut)
la **marée noire** [lamaʀenwaʀ] die Ölpest
le ***mari*** [ləmaʀi] der Ehemann → rév/3
[(ê)] ***se (re)marier*** [sə(ʀə)maʀje] (wieder) heiraten → supp/3
la **marque** [lamaʀk] die Marke
la **marraine** [lamaʀɛn] die (Tauf-)Patin → 2/A
marrant/e [maʀɑ̃/maʀɑ̃t] *fam. adj.* lustig, spaßig
mars [maʀs] *m.* März
le **match** [ləmatʃ] das (Fußball-)Spiel
les **mathématiques** [lematematik] *f. pl.* Mathe
la **matière** [lamatjɛʀ] das Fach → 5/1
le **matin** [ləmatɛ̃] der Morgen, morgens
mauvais/e [movɛ/movɛz] *adj.* schlecht → 3/A
le **maximum** [ləmaksimɔm] das Maximum, das Äußerste → 5/1
méchant/e [meʃɑ̃/meʃɑ̃t] *adj.* böse/bösartig
le **médecin** [ləmedsɛ̃] der Arzt / die Ärztin
les **médias** [lemedja] *m. pl.* die Medien → 4/A
meilleur/e [mɛjœʀ] *adj.* besser/e/es *Komparativ zu* bon/ne; **le meilleur** [ləmɛjœʀ] der/die/das Beste
mémé [meme] *f. fam.* Oma
même [mɛm] *adv.* sogar, selbst
même [mɛm] *m./f. adj.* der/die/das gleiche, selbe
la **mémoire** [lamemwaʀ] das Gedächtnis
le **ménage** [ləmenaʒ] der Haushalt; **faire le ménage** [fɛʀləmenaʒ] putzen
le/la ***mendiant/e*** [ləmɑ̃djɑ̃/lamɑ̃djɑ̃t] der/die Bettler/in → rév/A
mener qc [məne] etw. führen *wie* amener *S. 138* → supp/4; ***mener qn à qn/qc*** [məne] jdn zu jdm/etw. führen → rév/3; ***mener qn par le bout du nez*** [mənepaʀləbudyne] jdn an der Nase herumführen → supp/1
la **mer** [lamɛʀ] das Meer
merci [mɛʀsi] danke
mercredi [mɛʀkʀədi] *m.* Mittwoch
la **mère** [lamɛʀ] die Mutter
merveilleux/-euse [mɛʀvɛjø/mɛʀvɛjøz] *adj.* wunderbar, wundervoll → 2/2
le **message** [ləmesaʒ] *m.* die Nachricht
la **méthode** [lametɔd] die Methode → 4/1
le **métier** [ləmetje] *m.* der Beruf
le **métro** [ləmetʀo] die U-Bahn → 1/2
la **métropole** [lametʀɔpɔl] die Metropole → 6/2
mettre [mɛtʀ] setzen, stellen, (hinein)legen, auftragen, hineinstecken *S. 140*; [(ê)] **se mettre à table** [səmɛtʀatabl] sich an den Tisch setzen → 3/A; **mettre le couvert** [mɛtʀələkuvɛʀ] den Tisch decken; **mettre qc** [mɛtʀ] etw. anziehen; **mettre qn à la porte** [mɛtʀalapɔʀt] jdn hinauswerfen → 4/1
le ***meurtre*** [ləmœʀtʀ] der Mord → rév/5
midi [midi] *m.* 12.00 Uhr, Mittag
le **miel** [ləmjɛl] der Honig
mieux [mjø] *inv. adv.* besser; **le mieux** [ləmjø] *adv.* am besten → 1/3
mignon/ne [miɲɔ̃/miɲɔn] *adj.* süß, niedlich
le **millier** [ləmilje] das Tausend; **des milliers de** [demiljedə] tausende von
le **million** [ləmiljɔ̃] die Million → 4/A
minuit [minɥi] *m.* Mitternacht
la **minute** [laminyt] die Minute
la ***misère*** [lamizɛʀ] die Misere, das Elend → rév/5
mixte [mikst] *m./f. adj.* gemischt → 5/2
la **mobylette** [lamɔbilɛt] das Mofa
moche [mɔʃ] *m./f. adj. fam.* hässlich
la **mode** [lamɔd] *f.* die Mode; **à la mode** [alamɔd] modisch
le **modèle** [ləmɔdɛl] das Modell, das Vorbild → 4/2; **modèle** [mɔdɛl] *m./f. adj.* Muster-
moins [mwɛ̃] *adv.* weniger, minus; **au moins** [omwɛ̃] *adv.* zumindest; **le moins** [ləmwɛ̃] *adv.* am wenigsten; ***moins de*** + *Nomen* [mwɛ̃də] *adv.* weniger ... als → supp/3; **moins que** [mwɛ̃kə] *adv.* weniger als
le **mois** [ləmwa] der Monat

ANNEXE

la **moitié** [lamwatje] die Hälfte
le **moment** [ləmɔmɑ̃] der Moment, der Augenblick; **en ce moment** [ɑ̃smɔmɑ̃] zur Zeit
le **monde** [ləmɔ̃d] die Welt; **tout le monde** alle; **le monde entier** [ləmɔ̃dɑ̃tje] die ganze Welt → 6/2
le/la **moniteur/-trice** [ləmɔnitœʀ/ lamɔnitʀis] der/die Betreuer/in → 6/1
Monsieur [məsjø] *m.* Herr; **Messieurs** [mesjø] *m. pl.* Meine Herren
la **montagne** [lamɔ̃taɲə] der Berg, das Gebirge → 6/1
(ê) **monter** [mɔ̃te] (hinauf) steigen; einsteigen *in ein Verkehrsmittel*
la **montre** [lamɔ̃tʀ] die Armbanduhr
montrer qc à qn [mɔ̃tʀe] jdm etw. zeigen
(ê)se **moquer de qn/qc** [səmɔke] sich über jdn/etw. lustig machen → 3/2
la **morale** [lamɔʀal] die Moral, die Ethik → 3/2; **faire la morale à qn** [fɛʀlamɔʀal] jdm eine Moralpredigt halten → 3/2
le/les **morceau/-eaux** [lə/lemɔʀso] das Stück → 3/A
la **mort** [lamɔʀ] der Tod; **le/la mort/e** [ləmɔʀ/lamɔʀt] der/die Tote → 1/3; **mort/e** [mɔʀ/mɔʀt] *adj.* tot
le **mot** [ləmo] das Wort
le **mouchoir** [ləmuʃwaʀ] das Taschentuch → 4/1
mourir de froid [muʀiʀdəfʀwa] erfrieren → 6/2
la **mousse au chocolat** [lamusoʃɔkɔla] französische Schokoladencreme
le ***mouton*** [ləmutɔ̃] das Schaf → supp/2
le **moyen de transport** [ləmwajɛ̃dətʀɑ̃spɔʀ] das Verkehrsmittel → 1/3
le **Moyen-Âge** [ləmwajɛnaʒ] das Mittelalter
le **mur** [ləmyʀ] die Mauer → 6/A
le **muscle** [ləmysklə] der Muskel
le **musée** [ləmyze] das Museum
musical/e [myzikal] *adj.* / **musicaux** *m. pl.* [myziko] musikalisch, Musik- → 4/A
la **musique** [lamyzik] die Musik
le ***mystère*** [ləmistɛʀ] das Geheimnis, das Mysterium → supp/3

N

n'importe quoi [nɛ̃pɔʀtəkwa] irgendetwas, dummes Zeug
nager [naʒe] schwimmen *wie* manger *S. 138*
la **nature** [lanatyʀ] die Natur → 6/1
naturel/le [natyʀɛl] *adj.* natürlich → 4/1
ne … pas [nə…pɑ] *adv.* nicht; **ne … pas de** [nə…pɑdə] *adv.* kein; **ne … pas encore** [nə… pɑ(z)ɑ̃kɔʀ] *adv.* noch nicht; ***ne … que*** [nəkə] *adv.* nur → rév/3; **ne … jamais** [nə…ʒamɛ] *adv.* nie, niemals; **ne … personne** [nə…pɛʀsɔn] *adv.* niemand; **ne … plus** [nə…ply] *adv.* nicht … mehr; **ne … plus de** [nə…plydə] *adv.* kein/e/en … mehr; **ne … rien** [nə…ʀjɛ̃] *adv.* nichts
né/e [ne] *adj.* geboren
nettoyer qc [nɛtwaje] etw. reinigen, säubern *wie* payer *S. 138*
nia nia nia [njanjanja] *fam.* bla bla bla → 3/2
Noël [nɔɛl] *m.* Weihnachten → 3/1
noir/e [nwaʀ] *adj.* schwarz
le **nom** [ləncɔ̃] der Name
nombreux/-euse [nɔ̃bʀø/ nɔ̃bʀøz] *adj.* zahlreich
non [nɔ̃] *adv.* nein; **non plus** [nɔ̃ply] *adv.* auch nicht
le **nord** [lənɔʀ] der Norden → 1/2; **au nord de** [onɔʀdə] nördlich von → 1/2
normal/e [nɔʀmal] *adj.* / **normaux** [nɔʀmɔ] *m. pl.* normal; **c'est normal** [sɛnɔʀmal] es ist normal
la **note** [lanɔt] die Note, die Zensur
noter qc [note] etw. notieren, aufschreiben
nouveau/nouvel [nuvo/nuvɛl] *m. adj.* / **nouvelle** [nuvɛl] *f.* / **nouveaux** [nuvo] *m. pl.* neu
novembre [nɔvɑ̃bʀ] *m.* November
(ê)***se noyer*** [sənwaje] ertrinken *wie* payer *S. 138* → supp/3
le **nuage** [lənyaʒ] die Wolke → 6/A
la **nuit** [lanɥi] die Nacht
nul/le [nyl] *adj.* blöd/schlecht; niemand *Literatursprache, veraltet* → rév/A; **être nul en qc** [ɛtʀnɥlɑ̃] in etw. sehr schwach sein, in etw. eine Niete sein
le **numéro** [lənymeʀo] die Nummer; **faire un numéro** [fɛʀɛ̃nymeʀo] eine Nummer wählen *Telefon*

O

obligatoire [ɔbligatwaʀ] *m./f. adj.* verpflichtend → 5/2
l' ***occasion*** [lɔkazjɔ̃] *f.* die Gelegenheit → rév/4, → supp/4
occuper qc [okype] etw. besetzen → 6/2; (ê)**s'occuper de qn/qc** [sɔkype] sich um jdn/etw. kümmern
l' **océan Atlantique** [loseɑ̃atlɑ̃tik] *m.* der Atlantische Ozean
octobre [ɔktɔbʀ] *m.* Oktober
l' **odeur** [lodœʀ] *f.* der Geruch, der Duft
l' **oeil / les yeux** [lœj/lezjø] *m.* das Auge
l' **œuf / les oeufs** [lœf/lezø] *m.* das Ei
l' **office de tourisme** [lɔfisdətuʀizmə] *m.* das Fremdenverkehrsamt, die Touristeninformation
offrir qc à qn [ɔfʀiʀ] jdm etw. anbieten, schenken *wie* ouvrir *S. 140*
l' **oignon** [lɔɲɔ̃] *m.* die Zwiebel
l' **oiseau / les oiseaux** [lwazo/ lezwazo] *m.* der Vogel
l' **opéra** [lɔpeʀa] *m.* die Oper → 2/A
l' **opération** [lɔpeʀasjɔ̃] *f.* die Operation, die Aktion
(ê)**s'opposer à qc/qn** [sɔpoze] sich jdm/etw. widersetzen → 4/1
l' ***or*** [lɔʀ] *m.* das Gold → rév/1
l' **orange** [lɔʀɑ̃ʒ] *f.* die Orange, die Apfelsine
l' **ordinateur** [lɔʀdinatœʀ] *m.* der Computer
l' **oreille** [lɔʀɛj] *f.* das Ohr
l' **organisation** [lɔʀganisasjɔ̃] *f.* die Organisation, der Verband

organiser qc [ɔʀganize] etw. organisieren → 4/1; ***s'organiser autour de qc*** [sɔʀganizeotuʀ] sich um etw. herum organisieren → supp/1

original/e [ɔʀiʒinal] *adj.* / **originaux** [ɔʀiʒino] *m. pl.* originell → 1/3

oser + *inf.* [oze] sich trauen etw. zu tun

l' **otage** [lotaʒ] *m.* die Geisel → 4/2

ou [u] *conj.* oder

où [u] *adv.* wo, wohin

ouais [wɛ] *fam.* oui

oublier qn/qc [ublije] jdn/etw. vergessen; **oublier de** + *inf.* vergessen etw zu tun

l' **ouest** [lwɛst] der Westen → 1/1; **à l'ouest de** [alwɛstdə] westlich von → 1/1

oui [wi] *adv.* ja

ouille! [uj] aua! → 1/1

l' **ours en peluche** [luʀsɑ̃plyʃ] *m.* der Teddybär

ouvrir qc [uvʀiʀ] etw. öffnen *S. 141*

P

la **page** [lapaʒ] die Seite

païen/ne [pajɛ̃/pajɛn] *adj.* heidnisch → rév/5

le **pain** [ləpɛ̃] das Brot;

le **pain au chocolat** [ləpɛ̃oʃɔkɔla] das Schokocroissant

le **palais** [ləpalɛ] der Palast, das Palais → 2/1

pâle [pɑl] *m./f. adj.* blass → 2/1

le **pantalon** [ləpɑ̃talɔ̃] die Hose

papi [papi] *fam.* Opa

le **papier** [ləpapje] das Papier, der Zettel

par [paʀ] durch; **par contre** [paʀkɔ̃tʀ] aber, hingegen → 4/A

le **parc** [ləpaʀk] der Park

parce que [paʀskə] *conj.* weil

Pardon! [paʀdɔ̃] Entschuldigung!

pareil/le [paʀɛj] *adj.* ähnlich, gleich

les **parents** [lepaʀɑ̃] *m. pl.* die Eltern

parfois [paʀfwa] *adv.* manchmal

parier sur qc [paʀje] auf etw. wetten/setzen → 4/A

parisien/ne [paʀizjɛ̃/paʀizjɛn] *m. adj.* aus Paris

parler (à qn) [paʀle] (mit) jdm sprechen *S. 138*; **parler de qc à qn** [paʀle] jdm von etw. erzählen; ***parler haut*** [paʀleo] laut sprechen → supp/4

parmi [paʀmi] zwischen, unter, von → 2/1

partager qc avec qn [paʀtaʒe] etw. mit jdn teilen *wie* manger *S. 138* → 3/3

(ê)**partir** [paʀtiʀ] in den Urlaub fahren, weggehen *wie* sortir *S. 142*

partout [paʀtu] *adv.* überall

le ***parvis*** [ləpaʀvi] der Vorplatz einer Kirche oder eines Tempels → rév/A

pas grand-chose [pagʀɑ̃ʃoz] nichts Besonderes → supp/4

le **passage** [ləpɑsaʒ] *m.* die Einkaufspassage; der Durchmarsch → supp/2

passer [pɑse] vergehen, verbringen; **passer qc** [pɑse] etw. ablegen *eine Prüfung* → 5/A; **passer qc (à la radio)** [pɑse] etw. im Radio senden/spielen; (ê)**se passer** [səpɑse] passieren, sich ereignen, geschehen → 4/A; (ê)**passer avant qn/qc** [pɑseavɑ̃] vor etw./jdm Vorrang haben, vorgehen; (ê)**passer en** [pɑseɑ̃] versetzt werden → 2/1

la **patate** [lapatat] *fam. hier:* der Blödmann; *auch:* die Kartoffel → 3/2

les **pâtes** [lepɑt] *f. pl.* die Nudeln → 3/A

le **patin à glace** [ləpatɛ̃aglas] der Schlittschuh → 1/1

la **patinoire** [lapatinwaʀ] die Eisbahn → 1/1

le ***patrimoine de l'UNESCO*** [ləpatʀimwandəlynɛsko] das Kulturerbe der UNESCO → supp/2

le/la **pauvre** [lə/lapovʀə] der/die Arme

payer qc [pɛje] etw. bezahlen *S. 138*

le **pays** [ləpei] das Land

les **Pays-Bas** [lepeibɑ] *m. pl.* die Niederlande → 1/A

le **paysage** [ləpeizaʒ] die Landschaft → 6/1

le/la ***paysan/ne*** [ləpeizɑ̃/lapeizan] der Bauer, die Bäuerin → supp/3

la **pêche** [lapɛʃ] der Pfirsisch

le **pêcheur** [ləpɛʃœʀ] der Fischer

peler qc [pəle] etw. schälen *S. 138*

pendant [pɑ̃dɑ̃] während; **pendant des heures** [pɑ̃dɑ̃dezœʀ] stundenlang

pendre qn/qc [pɑ̃dʀ] jdn/etw. aufhängen *wie* attendre *S. 139* → rév/3

la **péninsule** [lapenɛ̃syl] die Halbinsel → 6/1

penser (à qn/qc) [pɑ̃se] (an jdn/etw.) denken

pépé [pepe] *m. fam.* Opa

perdre qn/qc [pɛʀdʀ] jdn/etw. verlieren *wie* attendre *S. 139*

perdre sa langue [pɛʀdʀəsalɑ̃g] jdm die Sprache verschlagen; **perdre la tête** [pɛʀdʀəlatɛt] den Verstand verlieren

le **père** [ləpɛʀ] der Vater

le **Père Noël** [ləpɛʀnɔɛl] der Weihnachtsmann → 3/1

la **perruche** [lapeʀyʃ] der Wellensittich

le **personnage** [ləpɛʀsɔnaʒ] die Person, die Figur → 4/A

la **personne** [lapɛʀsɔn] die Person

peser qn/qc [pəze] jdn/etw. wiegen *S. 138*

petit/e [pəti/pətit] *adj.* klein

le **petit-déjeuner** [ləptideʒœne] das Frühstück

les **petits-enfants** [leptizɑ̃fɑ̃] *m. pl.* die Enkelkinder, die Enkel

le **pétrole** [ləpetʀɔl] das Erdöl

un **peu** [ɛ̃pø] *adv.* ein bisschen, ein wenig

le ***peuple*** [ləpœpl] das Volk → rév/A

la **peur** [lapœʀ] die Angst; **avoir peur (de qn/qc)** [avwaʀpœʀ] (vor jdm/etw.) Angst haben; **avoir peur de** + *inf.* Angst haben etw. zu tun; **faire peur à qn** [fɛʀpœʀ] jdm Angst machen

ANNEXE

peut-être [pøtɛtʀ] *adv.* vielleicht

la **pharmacie** [lafaʀmasi] die Apotheke

la **photo** [lafɔto] das Foto, das Fotografieren

photographier qc/qn [fɔtɔgʀafje] etw./jdn fotografieren

la **phrase** [lafʀaz] der Satz → 6/1

le **piano** [ləpjano] das Klavier

la **pièce** [lapjɛs] das Stück

le **pied** [ləpje] der Fuß; **pieds nus** [pjeny] barfuß → 2/1; **à pied** [apje] zu Fuß; **au pied de** [opjedə] *hier:* unter etw. → 3/1; **C'est pas le pied!** [sɛpɑləpje] Das kannst du vergessen!

le **pire** [ləpiʀ] das Schlimmste → 2/3

la **piscine** [lapisin] das Schwimmbad

la ***pitié*** [lapitje] das Mitleid, das Erbarmen → rév/A

la **place** [laplas] der Platz, der Sitzplatz, die Eintrittskarte; **à la place de (qc)** [alaplasdə] anstelle von

le **plafond** [ləplafɔ̃] die Decke

la **plage** [laplaʒ] der Strand

plaindre qn [plɛ̃dʀ] jdn bemitleiden/bedauern *S. 141* → 5/1; [(ê)]**se plaindre de qn/qc** [səplɛ̃dʀ] sich über jdn/etw. beschweren *S. 141* → 5/1

plaire à qn [plɛʀ] jdm gefallen *S. 141*; **ça (me) plaît de** + *inf.* [saməplɛdə] etw. gern tun

le **plaisir** [ləpleziʀ] das Vergnügen, die Freude; **faire plaisir à qn** [fɛʀpleziʀ] jdm eine Freude machen

le **plan** [ləplɑ̃] der Plan

la ***plante*** [laplɑ̃t] die Pflanze → supp/2

le **plastique** [ləplastik] der Kunststoff, das Plastik

le **plat** [ləpla] das Gericht, der Teller → 3/A

plein/e [plɛ̃/plɛn] *adj.* voll → 1/3; **plein de** [plɛ̃də] *hier:* viele → 1/3

pleurer [plœʀe] weinen; **pleurer qn/qc** jdn/etw. beweinen → 4/2

pleuvoir [pløvwaʀ] regnen *S. 141*; **il pleut** [ilplø] es regnet

le ***plomb*** [ləplɔ̃] das Blei → rév/1

la **plongée** [laplɔ̃ʒe] das Tauchen → 6/1

la **plupart des** [laplypaʀde] die meisten + *Nomen*, die Mehrzahl + *Nomen* → 5/A

plus [plys] *adv.* mehr; ***plus de*** + *Nomen* [plysdə] mehr ... als → supp/3; **plus que** [plyskə] *adv.* mehr als; **le plus** [ləplys] *adv.* am meisten; **plus rien** [plyʀjɛ̃] *adv.* nichts mehr

plutôt [plyto] *adv.* eher, lieber

avoir un pneu crévé [avwaʀɛ̃pnøkʀəve] einen Platten haben → supp/2

la **poche** [lapɔʃ] die Hosentasche, die Tasche

le **poème** [ləpɔɛm] das Gedicht → 3/2

la **poésie** [lapɔezi] die Poesie, die Dichtung → 4/2

le **poète** [ləpɔɛt] der Dichter

le **poisson** [ləpwasɔ̃] der Fisch

le **poivron** [ləpwavʀɔ̃] die Paprikaschote

la **police** [lapɔlis] die Polizei → 4/A

le **policier** [ləpɔlisje] der Polizist; **policier/-ière** [pɔlisje/pɔlisjɛʀ] *adj.* Polizei-/Kriminal- in *Verbindung mit einem Nomen* → 4/A

la ***politique*** [lapɔlitik] die Politik → supp/3

la **pollution** [lapɔlysjɔ̃] die Verschmutzung

la **pomme de terre** [lapɔmdətɛʀ] die Kartoffel

le **pompier** [ləpɔ̃pje] der Feuerwehrmann

le **pont** [ləpɔ̃] die Brücke

populaire [pɔpylɛʀ] *m./f. adj.* volkstümlich, beliebt → rév/A

le **port** [lepɔʀ] der Hafen

le **portable** [ləpɔʀtablə] das Handy

la **porte** [lapɔʀt] die Tür

la **porte d'entrée** [lapɔʀtdɑ̃tʀe] Eingangstür, Haustür → 2/1

le **porte-bonheur** [ləpɔʀtbɔnœʀ] der Glücksbringer

le **porte-monnaie** [ləpɔʀtmonɛ] das Portmonee, der Geldbeutel

porter qc [pɔʀte] etw. tragen; **porter qc à l'écran** [pɔʀtealekʀɑ̃] etw. verfilmen

poser qc [poze] etw. installieren, hinstellen, etw. anbringen

possible [pɔsibl] *m./f. adj.* möglich

la **poste** [lapɔst] das Postamt

le **pot** [ləpo] der Topf, das Glas

le **potage** [ləpɔtaʒ] die Suppe → 3/A

le **pote** [ləpɔt] *fam.* der Kumpel → 3/2

le **poulet** [ləpulɛ] das Hühnchen

pour [puʀ] für, wegen; **pour** + *inf.* [puʀ] um ... zu + *Inf.*; **pour cent** [puʀsɑ̃] Prozent → 5/2; **pour la première fois** [puʀlapʀəmjɛʀfwa] zum ersten Mal; **pour quoi faire?** [puʀkwafɛʀ] wozu?; **pour un oui et pour un non** [puʀɛ̃wiepuʀɛ̃nɔ̃] um ein Nichts

pourquoi [puʀkwa] *conj.* warum; **pourquoi pas?** [puʀkwapa] warum nicht?; **c'est pourquoi** [sɛpuʀkwa] *conj.* deshalb

pourri/e [puʀi] *fam. adj.* faul, verdorben

pourtant [puʀtɑ̃] *adv.* dennoch, trotzdem → 4/1

pouvoir [puvwaʀ] können *S. 141*; **on pourrait** [ɔ̃puʀɛ] man könnte

pratique [pʀatik] *m./f. adj.* praktisch

pratiquement [pʀatikmɑ̃] *adv.* fast → 1/1

pratiquer qc [pʀatike] etw. praktizieren

préféré/e [pʀefeʀe] *adj.* Lieblings-

préférer qc [pʀefeʀe] etw. bevorzugen, lieber mögen *S. 138*

premier/-ière [pʀemje/pʀemjɛʀ] *adj.* erster/-e/-es

prendre qc [pʀɑ̃dʀ] etw. nehmen *S. 141*; **prendre la fuite** [pʀɑ̃dʀlafɥit] fliehen → 4/2; **prendre le petit-déjeuner** [pʀɑ̃dʀləpətidejœne] frühstücken; **prendre (qn/qc) au sérieux** [pʀɑ̃dʀoseʀjø] (jdn/etw.) ernst nehmen → 3/3; **Qu'est-ce qui lui prend?** [kɛskilɥipʀɑ̃] Was ist los mit ihm/ihr? → 2/1; [(ê)]**se prendre pour qn** [səpʀɑ̃dʀpuʀ] sich für jdn halten → 2/A

le **prénom** [ləpʀenɔ̃] der Vorname → 1/A
préparer qc [pʀepaʀe] etw. zubereiten, vorbereiten
près de [pʀɛdə] *adv.* in der Nähe von, nahe bei
le/la ***présentateur/-trice*** [ləpʀezɑ̃tatœʀ/lapʀezɑ̃tatʀis] der/die Erzähler/in → rév/A
présenter qc/qn à qn [pʀezɑ̃te] jdm etw./jdn vorstellen → 4/2
presque [pʀɛsk] *adv.* fast
la **pression** [pʀɛsjɔ̃] der Druck → 2/3
le ***prêtre*** [ləpʀɛtʀ] der Priester → rév/1
prévoir qc [pʀevwaʀ] etw. vorsehen *wie* voir *S. 142* → 1/2
le/la ***prince/-cesse*** [ləpʀɛ̃s/lapʀɛ̃sɛs] der Prinz, die Prinzessin → rév/2
le **principal** [ləpʀɛ̃sipal] der Direktor, der Schulleiter
principal/e [pʀɛ̃sipal] *adj.* / **principaux** [pʀɛ̃sipo] *m. pl.* Haupt- → 4/2
la **prison** [lapʀizɔ̃] das Gefängnis → 4/2
le **prix** [ləpʀi] der Preis
le **problème** [ləpʀɔblɛm] das Problem
prochain/e [pʀɔʃɛ̃/pʀɔʃɛn] *adj.* nächste → 5/1
le ***produit*** [ləpʀɔdɥi] das Produkt → supp/4
le/la **prof** [lə/lapʀɔf] *m./f. fam.* ou **le professeur** [ləpʀɔfsœʀ] *m./f.* der Lehrer / die Lehrerin
professionnel/le [pʀɔfɛsjɔnɛl] ou: **pro** [pʀo] *fam. adj.* beruflich, Berufs- *in Verbindung mit einem Nomen* → 5/A
le **programme** [ləpʀɔgʀam] das Programm
le **progrès** [ləpʀɔgʀɛ] der Fortschritt
le ***prologue*** [ləpʀɔlɔg] der Prolog, die Vorrede → rév/A
la **promenade** [lapʀɔmnad] der Spaziergang
(ê)**se promener** [səpʀɔmne] spazieren gehen *wie* amener *S. 138*
promettre qc à qn [pʀɔmɛtʀ] jdm etw. versprechen *wie* mettre *S. 140* → 3/3
proposer qc à qn [pʀɔpoze] jdm etw. vorschlagen; **proposer de** + *inf.* vorschlagen etw. zu tun
la ***propriété privée*** [lapʀɔpʀiete-pʀive] das Privateigentum → supp/1
la **protection** [lapʀɔtɛksjɔ̃] der Schutz, die Unterstützung
protéger qn/qc [pʀɔteʒe] jdn/etw. beschützen *wie* manger *S. 138* → rév/5; (ê)**se protéger** [səpʀɔteʒe] sich schützen
protester (contre qc) [pʀɔtɛste] (gegen etw.) protestieren
prouver qc à qn [pʀuve] jdm etw. beweisen → rév/4
la ***province*** [lapʀɔvɛ̃s] die Provinz → supp/4
prudent/e [pʀydɑ̃/pʀydɑ̃t] *adj.* vorsichtig
le **pseudo** [ləpsødo] *fam.*, **le pseudonyme** [ləpsødonim] der Deckname, das Pseudonym → 3/3
public/-que [pyblik] *adj.* öffentlich → rév/A
la **publicité** [lapyblisite] die Werbung
puis [pɥi] *adv.* dann
puisque [pɥisk] *conj.* da → 5/2
le **pull** [ləpyl] der Pulli
la **pyramide** [lapiʀamid] die Pyramide → 1/3

Q

le **quai** [ləke] der Kai, der Bahnsteig
la **qualité** [lakalite] die Qualität
quand [kɑ̃] *conj.* wann, wenn, als; ***quand même*** [kɑ̃mɛm] *adv.* dennoch, trotzdem → supp/2
la **quantité** [lakɑ̃tite] die Menge, die Quantität
le **quart** [ləkaʀ] das Viertel;
le **quart d'heure** [ləkaʀdœʀ] die Viertelstunde
le **quartier** [ləkaʀtje] das Viertel
que [kə] was *Fragepronomen;* den, die, das *Relativpronomen*
le **Québec** [ləkebɛk] Quebec → 1/A
le/la **Québécois/e** [ləkebɛkwa/lakebekwaz] der/die Einwohner/in von Québec → 6/1
quel/le [kɛl] welche/-er/-es
quelqu'un [kɛlkɛ̃] jemand
quelque chose [kɛlkəʃoz] *adj.* etwas; **quelque part** [kɛlkəpaʀ] irgendwo → 5/A
quelquefois [kɛlkəfwa] *adv.* manchmal
quelques [kɛlkə] *m./f. pl. adj.* einige, ein paar
qu'est-ce que [kɛskə], **qu'est-ce qui** [kɛski] was *Fragepronomen* → 4/2
la **question** [lakɛstjɔ̃] die Frage; **poser une question** [pozeynkɛstjɔ̃] eine Frage stellen
la **queue** [lakø] die (Menschen-) Schlange → 1/3
qui [ki] wer *Fragepronomen;* der, die, das *Relativpronomen*
quinze jours [kɛ̃zʒuʀ] zwei Wochen → 6/1
quitter qc/qn [kite] etw./jdn verlassen → 5/2
quoi [kwa] was *Fragepronomen*
le **quotidien** [ləkɔtidjɛ̃] der Alltag → 1/3; **quotidien/ne** [kɔtidjɛ̃/kɔtidjɛn] *adj.* alltäglich, täglich → 3/A

R

raccrocher [ʀakʀɔʃe] aufhängen, auflegen *Telefon* → 2/1
raconter qc (à qn) [ʀakɔ̃te] (jdm) etw. erzählen
la **radio** [laʀadjo] das Radio
raisonnable [ʀɛzɔnabl] *m./f. adj.* vernünftig → 3/2
le **rallye** [ləʀali] die Rallye
ramasser qc [ʀamase] etw. einsammeln, aufsammeln
ramer [ʀame] rudern → 6/A
ranger qc [ʀɑ̃ʒe] etw. aufräumen *wie* manger *S. 138*
le **rap** [ləʀap] der Rap → 3/2
le **rat** [ləʀa] die Ratte → 2/A
rater qc [ʀate] etw. nicht schaffen, etw. verpassen, durchfallen → 2/3
le **rayon** [ləʀɛjɔ̃] die Abteilung
la **réaction** [laʀeaksjɔ̃] die Reaktion
réagir (à qc) [ʀeaʒiʀ] (auf etw.) reagieren *S. 139*
réaliser qc [ʀealize] etw. verwirklichen → supp/4
réaliste [ʀealist] *m./f. adj.* realistisch
la **réalité** [laʀealite] die Wirklichkeit, die Realität → 4/1

ANNEXE

la **recette** [laʀəsɛt] *f.* das Kochrezept
recevoir qn/qc [ʀəsəvwaʀ] etw. bekommen, erhalten, jdn empfangen *S. 141*
la **récréation** [laʀekʀeasjɔ̃] die Pause
réfléchir [ʀefleʃiʀ] überlegen *wie* réagir *S. 139;* **faire réfléchir** [fɛʀefleʃiʀ] nachdenklich machen → 4/2
(ê)**se refléter** [səʀəflete] sich spiegeln, reflektieren *wie* répéter *S. 138* → 6/A
regarder qn/qc [ʀəgaʀde] jdn/etw. (an)schauen, ansehen, betrachten; **Ça ne te regarde pas!** [sanətəʀəgaʀdpa] Das geht dich nichts an.
la **région** [laʀeʒjɔ̃] die Region, das Gebiet
régner [ʀeɲe] regieren, herrschen → rév/A
la **relation** [laʀəlasjɔ̃] das Verhältnis, die Beziehung → 4/2
la ***religion*** [laʀəliʒjɔ̃] die Religion → rév/1
la **remarque** [laʀəmaʀk] die Bemerkung → 2/A
les **remords** [leʀəmɔʀ] *m. pl.* die Gewissensbisse → 3/3
remplacer qn/qc par qn/qc [ʀɑ̃plase] jdn/etw. durch jdn/etw. ersetzen *wie* commencer *S. 138* → 5/2
la ***Renaissance*** [laʀənɛsɑ̃s] die Renaissance → supp/1
rencontrer qn [ʀɑ̃kɔ̃tʀe] jdn treffen, kennen lernen → 1/1
le **rendez-vous** [ləʀɑ̃devu] das Treffen, die Verabredung, der Termin; **avoir rendez-vous avec qn** [avwaʀʀɑ̃devu] mit jdm verabredet sein
renoncer à qc [ʀənɔ̃se] auf etw. verzichten *wie* commencer *S. 138;* **renoncer à** + *inf.* darauf verzichten etw. zu tun
(ê)***se renseigner sur qc*** [səʀɑ̃sɛɲe] sich über etw. informieren → supp/1
la **rentrée** [laʀɑ̃tʀe] der Beginn des neuen Schuljahres
(ê)**rentrer** [ʀɑ̃tʀe] zurückkommen, nach Hause gehen
(ê)**se renverser** [səʀɑ̃vɛʀse] umkippen → 6/1

le **repas** [ləʀəpa] das Essen, die Mahlzeit → 2/A
(ê)**se répéter** [səʀepete] sich wiederholen *S. 138* → 2/1
répondre (qc à qn) [ʀepɔ̃dʀə] (jdm etw.) antworten *wie* attendre *S. 139*
la **réponse** [laʀepɔ̃z] die Antwort
(ê)**se reposer** [səʀəpoze] sich ausruhen → 6/2
répressif/-ve [ʀepʀɛsif/ʀepʀɛsiv] *adj.* unterdrückend, beschränkend → 4/1
le **RER (= le Réseau express régional)** [ləɛʀøɛʀ] die Pariser S-Bahn → 1/1
respecter qn/qc [ʀɛspɛkte] jdn/etw. achten, respektieren
respirer [ʀɛspiʀe] atmen
(ê)**se ressembler** [səʀəsɑ̃ble] sich ähneln → 5/2
le **restaurant** [ləʀɛstɔʀɑ̃] das Restaurant
(ê)**rester** [ʀɛste] bleiben
le **résumé** [ləʀezyme] die Zusammenfassung, die Inhaltsangabe → 4/2
le **retard** [ləʀətaʀ] die Verspätung; **être en retard** [ɛtʀɑ̃ʀətaʀ] sich verspäten, zu spät kommen
(ê)**retourner** [ʀətuʀne] zurückgehen, zurückkehren
retrouver [ʀətʀuve] treffen, wiederfinden
réunir [ʀeyniʀ] versammeln *wie* réagir *S. 139* → 2/A
réussi/e [ʀeysi] *adj.* gelungen → 2/A
réussir (qc) [ʀeysiʀ] gelingen, etw. schaffen *wie* réagir *S. 139* → 2/A
le **rêve** [ləʀɛv] der Traum → 2/1
rêver [ʀɛve] träumen; **rêver de** + *inf.* träumen etw. zu tun
le **réveil** [ləʀevɛj] der Wecker
(ê)**se réveiller** [səʀevɛje] aufwachen → 6/A
le **réveillon** [ləʀevejɔ̃] *Festessen zu Weihnachten oder Neujahr* → 3/1
revenir [ʀəvəniʀ] zurückkommen *wie* venir *S. 142*
rêver [ʀɛve] träumen
revoir qn/qc [ʀəvwaʀ] jdn/etw. wiedersehen *wie* voir *S. 142*
riche [ʀiʃ] *m./f. adj.* reich

ridicule [ʀidikyl] *m./f. adj.* lächerlich
rigoler [ʀigɔle] *fam.* lachen, Spaß haben, sich lustig machen
la **rime** [laʀim] der Reim → 3/2
rire [ʀiʀ] lachen *S. 141*
la **rive** [laʀiv] das Ufer → 1/A
la **robe** [laʀɔb] das Kleid
le **robot** [ləʀɔbo] der Roboter → 5/2
le **rocher** [ləʀɔʃe] der Felsen
le/la **roi / la reine** [ləʀwa/laʀɛn] der/die König/in → 3/2
le **rôle** [ləʀol] die Rolle → 3/3
les **rollers** [leʀɔlœʀ] *m. pl.* die Inlineskates
le **roman** [ləʀɔmɑ̃] der Roman
romantique [ʀɔmɑ̃tik] *m./f. adj.* romantisch → 1/3
rose [ʀoz] *m./f. adj.* rosa
la ***roue*** [laʀu] das Rad → rév/4
rouge [ʀuʒ] *m./f. adj.* rot
rouler [ʀule] fahren, rollen
la **route** [laʀut] die Fernverkehrsstraße, die Landstraße
la **route des Indes** [laʀutdezɛ̃d] der Seeweg nach Indien → 6/2
le **ruban vert** [ləʀybɑ̃vɛʀ] das grüne Band
la **rue** [laʀy] die Straße

S

le **sable** [ləsabl] der Sand
le **sac** [ləsak] die Tasche
saignant/e [sɛɲɑ̃/sɛɲɑ̃t] *adj.* blutig → 3/A
le **saint-bernard** [ləsɛ̃bɛʀnaʀ] der Bernhardiner → 3/2
la **salade** [lasalad] der Salat → 3/A
sale [sal] *m./f. adj.* schmutzig
la **salle** [lasal] *hier:* die Halle → 6/1; **la salle de bains** [lasaldəbɛ̃] das Badezimmer; **la salle de classe** [lasaldəklas] das Klassenzimmer; **la salle de séjour** [lasaldəseʒuʀ] das Wohnzimmer
Salut! [saly] *fam.* Hallo!, Tschüss! Grüß dich!
sans [sɑ̃] ohne
sauvage [sovaʒ] *m./f. adj.* wild → supp/2
sauver qn/qc [sove] jdn/etw. retten
le **savant** [lesavɑ̃/] der Wissenschaftler

savoir qc [savwaʀ] etw. wissen *S. 141*; **savoir qc par cœur** [savwaʀparkœʀ] etw. auswendig können
la **scène** [lasɛn] die Szene → 2/1
la ***science*** [lasjɑ̃s] die Wissenschaft → rév/1
la **science-fiction** [lasjɑ̃sfiksjɔ̃] Science-Fiction → 4/2
scolaire [skɔlɛʀ] *adj.* schulisch, Schul- *in Verbindung mit einem Nomen* → 5/A
le **scorpion** [ləskɔʀpjɔ̃] der Skorpion
le/la **secrétaire** [lə/lasəkʀetɛʀ] der/die Sekretär/in
le **secrétariat** [ləsɔkʀetaʀja] das Sekretariat
la **semaine** [lasəmɛn] die Woche
le **sens** [ləsɑ̃s] der Sinn → 4/1
sensible [sɑ̃sibl] *m./f. adj.* empfindlich, sensibel → 2/A
sentir (qc) [sɑ̃tiʀ] etw. fühlen, (etw.) riechen *wie* sortir *S. 142*; (ê)**se sentir** [səsɑ̃tiʀ] sich fühlen
(ê)**se séparer** [səsepaʀe] sich trennen → 3/1
septembre [sɛptɑ̃bʀ] *m.* September
la **série** [laseʀi] die Serie → 4/A
sérieux/-euse [seʀjø/seʀjøz] *adj.* ernst, ernsthaft → 3/3
servir à qc [sɛʀviʀ] etw. nützen *wie* sortir *S. 142*
seul/e [sœl] *adj.* allein
seulement [sœlmɑ̃] *adv.* nur → 2/1
sévère [sevɛʀ] *m./f. adj.* streng
si [si] *adv.* doch, so; *conj.* wenn, ob, falls → 5/2
s'il te plaît / s'il vous plaît [siltəplɛ/silvuplɛ] bitte
le **siècle** [ləsjɛkl] das Jahrhundert → 1/3
le **signe** [ləsiɲə] das Sternzeichen, das Zeichen, das Symbol
simple [sɛ̃pl] *m./f. adj.* leicht, einfach
la **simulation de vol** [lasimylasjɔ̃dvɔl] der Flugsimulator → 1/3
sinon [sinɔ̃] *conj.* sonst
le **sirop** [ləsiʀo] der Sirup → 6/2
le **site** [ləsit] die Webseite
la **situation** [lasitɥasjɔ̃] die Situation, die Lage → 2/1

la **sixième** [lasizjɛm] die Sechste = *6. Klasse in Deutschland*
le **skate** [ləskɛt] das Skateboard, das Skateboardfahren
le **ski** [ləski] der Ski, das Skifahren
la **sœur** [lasœʀ] die Schwester
la **soie** [laswa] die Seide
la **soif** [laswaf] der Durst; **avoir soif** [avwaʀswaf] Durst haben
le **soir** [ləswaʀ] der Abend, abends; **ce soir** [səswaʀ] heute Abend
le ***soldat*** [ləsɔlda] der Soldat → rév/2
le **soleil** [ləsɔlɛj] die Sonne
solidaire [sɔlidɛʀ] *m./f. adj.* solidarisch; **être solidaire** [ɛtʀsolidɛʀ] zusammenhalten
la **solution** [lasɔlysjɔ̃] die Lösung
sombre [sɔ̃bʀ] *m./f. adj.* dunkel → rév/2
le/la **sommelier/-ière** [ləsɔməlje/lasɔməljɛʀ] der/die Weinkellner/in, der Sommelier → 5/A
sonner [sɔne] klingeln
le ***sonneur*** [ləsɔnœʀ] der Glöckner, der Küster → rév/1
la ***sorcellerie*** [lasɔʀsɛlʀi] die Hexerei → rév/5
la ***sorcière*** [lasɔʀsjɛʀ] die Hexe → rév/1
(ê)**sortir** [sɔʀtiʀ] hinausgehen, losgehen *S. 142*; (ê)**sortir de table** [sɔʀtiʀdətabl] (vom Tisch) aufstehen → 3/A; **sortir qc** [sɔʀtiʀ] etw. herausnehmen → 1/2; **sortir (un chien)** [sɔʀtiʀ] (einen Hund) ausführen
le **souci** [ləsusi] die Sorge → 2/1
souffrir [sufʀiʀ] leiden *wie* ouvrir *S. 140* → rév/4
la **soupe** [lasup] die Suppe
sourire [suʀiʀ] lächeln *wie* rire *S. 142* → supp/2
la **souris** [lasuʀi] die Maus
sous [su] unter; **sous le soleil** [suləsɔlɛj] bei Sonnenschein
souterrain/e [sutɛʀɛ̃/sutɛʀɛn] *adj.* unterirdisch → 6/2
le **souvenir** [ləsuvniʀ] das Andenken, die Erinnerung, das Souvenir
(ê)**se souvenir de qn/qc** [səsuvniʀ] sich an jdn/etw. erinnern *wie* venir *S. 142* → 2/1

souvent [suvɑ̃] *adv.* oft, häufig
le **spectacle** [ləspɛktakl] die Vorstellung, die Aufführung
le/la ***spectateur/-trice*** [ləspɛktatœʀ/laspɛktatʀis] der/die Zuschauer/in → rév/A
le **sport** [ləspɔʀ] der Sport; **faire du sport** [fɛʀdyspɔʀt] Sport treiben
sportif/-ve [spɔʀtif/spɔʀtiv] *adj.* sportlich → 4/1
le **stade** [ləstad] das Stadion
la **star** [lastaʀ] der Star → 4/A
la **station** [lastasjɔ̃] die Station → 1/2
la **statue** [lastaty] das Standbild, die Statue → 6/2
le **steak** [ləstɛk] das Steak → 3/A
stupéfait/e [stypefɛ/stypefɛt] *adj.* verblüfft → 1/2
le ***style*** [ləstil] der Stil → supp/4
le **stylo** [ləstilo] der Füller, der Kugelschreiber
subir qc [sybiʀ] etw. ertragen/erleiden *wie réagir S. 139* → rév/4
le **succès** [syksɛ] der Erfolg → 2/A
le **sucre** [ləsykʀ] der Zucker
le **sud** [ləsyd] der Süden → 1/1; **au sud de** [osydə] südlich von → 1/1; **le sud-est** [ləsydɛst] der Südosten → 1/2
suivre qn [sɥivʀ] jdm folgen, jdn verfolgen *S. 142* → 4/1
super [sypɛʀ] *m./f. adj.* super
le **supermarché** [ləsypɛʀmaʀʃe] der Supermarkt
le ***supplice*** [ləsyplis] die Folter, die Qual → rév/4
sur [syʀ] auf; ***sur l'ordre de*** [syʀlɔʀdʀədə] auf Anweisung von → supp/1; **sur moi** [syʀmwa] bei mir, dabei
sûr/e [syʀ] *adj.* sicher
sûrement [syʀmɑ̃] *adv.* sicherlich → 1/1
le **surf** [ləsœʀf] das Wellenreiten, das Surfen
la **surprise** [lasyʀpʀiz] die Überraschung → 1/2
le/la **surveillant/e** [ləsyʀvɛjɑ̃/lasyʀvɛjɑ̃t] die Aufsichtsperson
survivre [syʀvivʀ] überleben *wie* vivre *S. 142* → 6/1

ANNEXE

survoler qc [syʀvɔle] etw. überfliegen → 6/A
le **suspense** [ləsyspɛns] die Spannung → 4/A
les **SVT** [leɛsvete] *f. pl.* Mensch – Natur – Umwelt *Unterrichtsfach*
le **sweat** [ləswɛt] das Sweatshirt
sympa [sɛ̃pa] *fam.* / **sympathique** [sɛ̃patik] *m./f. adj.* sympathisch, nett
la **sympathie** [lasɛ̃pati] die Sympathie

T

la **table** [latabl] der Tisch; **À table!** *etwa:* Das Essen ist fertig! Zu Tisch! → 3/A; **être à table** [ɛtʀatabl] zu Abend/Mittag essen
le **tableau** [lətablo] die Tafel
la **tablette** [latablɛt] die Tafel (Schokolade)
la **tache** [lataʃ] der Fleck
la **tante** [latɑ̃t] die Tante
tard [taʀ] *adv.* spät
la **tartine** [lataʀtin] das Butterbrot, belegtes Brot → 3/A
la **tatie** [latati] (das) Tantchen
la **technologie** [latɛknɔlɔʒi] die Arbeitslehre *Schulfach*
le **tee-shirt** [lətiʃœʀt] das T-Shirt
la **teinture** [latɛ̃tyʀ] das Färbemittel
le **téléfilm** [lətelefilm] der Fernsehfilm → 4/A
le **téléphone** [lətelefɔn] das Telefon
téléphoner à qn [telefɔne] jdn anrufen
la **télévision** [latelevizjɔ̃] der Fernseher, das Fernsehen
la **tempête** [latɑ̃pɛt] der Sturm
le **temps** [lətɑ̃] die Zeit; **avoir le temps** [avwaʀlətɑ̃] Zeit haben; **de temps en temps** [dətɑ̃zɑ̃tɑ̃] von Zeit zu Zeit, ab und zu → 2/3
la **tendance** [latɑ̃dɑ̃s] der Trend; **être tendance** [ɛtʀtɑ̃dɑ̃s] modisch sein, im Trend sein
tenir qc [təniʀ] etw. halten *wie venir S. 142*
le **tennis de table** [lətɛnisdətablə] das Tischtennis
[ê]**se terminer** [sətɛʀmine] (be-)enden, zu Ende gehen → 6/2
le **terminus** [lətɛʀminys] die Endstation → 1/1
la **terrasse** [latɛʀas] die Terrasse
la **terre** [latɛʀ] die Erde, der Boden
terrible [tɛʀibl] *adj.*
terriblement [tɛʀibləmɑ̃] *adv.* schrecklich, furchtbar → rév/3
le **test** [lətɛst] der Test
la **tête** [latɛt] der Kopf
le **théâtre** [ləteɑtʀə] das Theater
le **thème** [lətɛm] das Thema → 4/2
le **ticket** [lətikɛ] der Fahrschein, die Fahrkarte → 1/2
timide [timid] *m./f. adj.* schüchtern → supp/4
le **tir à l'arc** [lətiʀalaʀk] das Bogenschießen → 6/1
le ***toit*** [lətwa] das Dach → rév/5
la **tomate** [latɔmat] die Tomate
la **tombe** [latɔ̃b] das Grab → 1/3
[ê]**tomber** [tɔ̃be] fallen; [ê]**tomber amoureux/-euse de qn** [tɔ̃beamuʀø/tɔ̃beamuʀøz] sich in jdn verlieben → 4/3; **Ça tombe bien!** [satɔ̃bəbjɛ̃] *fam.* Das trifft sich aber gut!
la **tonne** [latɔn] die Tonne
la **tortue** [latɔʀty] die Schildkröte
toucher qn/qc [tuʃe] jdn/etw. berühren, jdn betreffen, angehen → 4/1
toujours [tuʒuʀ] *adv.* immer, immer noch; ***Dis toujours!*** [dituʒuʀ] Na sag schon!, Na sag doch! → supp/2
le **tour** [lətuʀ] die Tour, die Runde, der Ausflug; **faire le tour de qc** [fɛʀlətuʀ] einen Rundgang machen → 1/3
la **tour** [latuʀ] der Turm → 1/1
le/la **touriste** [lə/latuʀist] der Tourist / die Touristin
tourner [tuʀne] abbiegen; **tourner à droite** [tuʀneadʀwat] rechts abbiegen
tout/toute [tu/tut] *m./f. adj.*
tous/toutes [tus/tut] *m. pl. / f. pl. adj.* jeder/alle; ganze/r/s
tout [tu] alles; **tout à coup** [tutaku] plötzlich, auf einmal → 2/A; **tout à fait** [tutafɛ] genau, ganz → 2/3; **tout autour** [tutotuʀ] *adv.* ringsherum → 6/1; **tout de suite** [tutsɥit] *adv.* sofort; **tout droit** [tudʀwa] *adv.* geradeaus; **tout le monde** [tuləmɔ̃d] alle, jedermann; **tout le temps** [tulətɑ̃] die ganze Zeit → 3/1
le **train** [lətʀɛ̃] der Zug
le **tramway** [lətʀamwɛ] die Straßenbahn
transformer qc [tʀɑ̃sfɔʀme] etw. umwandeln, etw. verwandeln → rév/1
le **trapèze** [lətʀapɛz] das Trapez
le **trappeur** [lətʀapœʀ] der Trapper, der Pelztierjäger → 6/1
le **travail** [lətʀavaj] die Arbeit → 4/1
travailler [tʀavaje] arbeiten, lernen
traverser qc [tʀavɛʀse] etw. überqueren, durchqueren
très [tʀɛ] *adv.* sehr
le **trimestre** [lətʀimɛstʀ] das Trimester → 5/1
triste [tʀist] *m./f. adj.* traurig
les ***trois quarts*** [letʀwakaʀ] drei Viertel → supp/1
[ê]**se tromper** [sətʀɔ̃pe] sich irren → 5/2
la **trompette** [latʀɔ̃pɛt] die Trompete
trop [tʀo] *adv.* zu, zu viel, zu sehr
le **trottoir** [lətʀɔtwaʀ] der Bürgersteig
trouver qc [tʀuve] etw. finden
le **truc** [lətʀyk] *fam.* die Sache, das Ding; **un truc comme ça** [ɛ̃tʀykkɔmsa] so ein Ding
les **truffes au chocolat** [letʀyfoʃɔkɔla] *f. pl.* die Schokoladentrüffel
le **tube** [lətyb] die Tube
[ê]**se tuer** [sətɥe] *hier:* umkommen → 4/2
la **Tunisie** [latynizi] Tunesien → 1/A
le/les **tuyau/aux** [lə/letɥijo] der Tipp → 1/3
le **type** [lətip] *fam.* der Kerl, der Typ

U

un des deux [ɛ̃dedø] einer von beiden
un tas de [ɛ̃tɑdə] eine Menge von, ein Haufen von
l' **uniforme** [lynifɔʀm] *m.* die (Schul)uniform

l' **université** [lynivɛʀsite] *f.* die Universität → 5/A
Untel ou Machin [ɛ̃tɛlumaʃɛ̃] *fam.* irgendeine Marke
utile [ytil] *m./f. adj.* nützlich
utiliser qc [ytilize] etw. benutzen → 2/1

V

les **vacances** [levakɑ̃s] *f. pl.* die Ferien
la **vague** [lavag] die Welle
la **valise** [lavaliz] der Koffer
la ***vallée*** [lavale] das Tal → supp/1, → supp/2, → supp/3
la ***variété*** [lavaʀiete] die Vielfalt → supp/2
la **veille** [lavɛj] der Abend vorher → 2/2
le **vélo** [ləvelo] das Fahrrad;
le **vélo de montagne** [ləvelodmɔ̃taɲ] das Mountainbike *nur in Québec* → 6/1
le/la **vendeur/-euse** [ləvɑ̃dœʀ/lavɑ̃døz] *m.* der/die Verkäufer/in
(ê)**venir** [vəniʀ] kommen *S. 142*; (ê)**venir voir qn** [vəniʀvwaʀ] jdn besuchen; (ê)**venir à l'esprit** [vəniʀalɛspʀi] in den Sinn kommen → 6/2; **venir chercher qn** [vəniʀʃɛʀʃe] jdn abholen → 6/1; **venir de** + *inf.* [vəniʀdə] gerade etwas getan haben → 6/1
le **vent** [ləvɑ̃] der Wind
le **ventre** [ləvɑ̃tʀ] der Bauch
la **vérité** [laveʀite] die Wahrheit
le **verre** [ləvɛʀ] das Glas
vers [vɛʀ] gegen, in Richtung von
vert/e [vɛʀ/vɛʀt] *adj.* grün
la **veste** [lavɛst] die Jacke
les **vêtements** [levɛtmɑ̃] *m. pl.* die Kleidung
la **viande** [lavjɑ̃d] das Fleisch → 3/A
la **victime** [laviktim] das Opfer
vide [vid] *m./f. adj.* leer → 1/3
la **vie** [lavi] *f.* das Leben
vieux/vieil/vieille [vjø/vjɛj] *adj.* alt → 3/1
le ***vignoble*** [ləviɲɔbl] der Weinberg → supp/2
le **village** [ləvilaʒ] das Dorf → 6/1
la **ville** [lavil] die Stadt
le **vin** [ləvɛ̃] der Wein → 5/A
la **violence** [lavjɔlɑ̃s] die Gewalt
visiter qc [vizite] etw. besichtigen, besuchen
vite [vit] *adv.* schnell
la **vitesse** [lavitɛs] die Geschwindigkeit; ***à toute vitesse*** [atutvitɛs] *adv.* in aller Eile → supp/2
la **vitrine** [lavitʀin] das Schaufenster
vivre [vivʀ] leben, etwas erleben *S. 142* → 1/1
voici/voilà [vwasi/vwala] hier ist / hier sind; **Les voilà.** [levwala] Da sind sie ja.; **voilà que** [vwalakə] nun → 2/A, auf einmal → rév/3
la **voie** [lavwa] das Gleis
la **voile** [lavwal] das Segel, das Segeln
voir qn/qc [vwaʀ] jdn/etw. sehen *S. 142*
le/la **voisin/e** [ləvwazɛ̃/lavwazin] der/die Nachbar/in
la **voiture** [lavwatyʀ] der Wagen, das Auto
la **voix** [lavwa] die Stimme → 1/2
voler [vɔle] fliegen
voler qc [vɔle] etw. stehlen
le **volley** [ləvɔlɛ] Volleyball → 5/1
vouloir [vulwaʀ] wollen *S. 142*; **je voudrais** [ʒəvudʀɛ] ich möchte gern
le **voyage** [ləvwajaʒ] die Reise
voyager [vwajaʒe] reisen → 1/3
vrai/e [vʀɛ] *adj.* echt, *auch:* wahr → 1/1; **vraiment** [vʀɛmɑ̃] *adv.* wirklich → 1/1
le **VTT** [ləvetete] *ou:* **le vélo tout-terrain** [ləvelotuteʀɛ̃] das Mountainbike

W

le **week-end** [ləwikɛnd] das Wochenende, am Wochenende

Y

le **yaourt** [ləjauʀt] der Joghurt → 3/A

Z

Zut! [zyt] Mist! → 3/3

ANNEXE

Hier findest du alle Wörter, die du in ***À plus!* 3** lernst sowie den Wortschatz von ***À plus!* 1** und **2**.
Denke daran, bei den französischen Nomen das richtige Geschlecht zu verwenden.

Die Angabe hinter dem Pfeil verweist dich auf die Unité/Séquence, in der die Vokabel neu eingeführt wird. Wenn keine Zahl hinter dem Wort steht, kennst du es schon aus ***A Plus!* 1** oder ***À Plus!* 2**. Falls du nicht mehr sicher bist, wie man das Wort verwendet, kannst du dir den Beispielsatz in der Wortliste der jeweiligen Unité anschauen.
(ê)So gekennzeichnete Verben bilden das passé composé mit être.

A

ab *zeitlich* dès → 5/2
ab und zu de temps en temps → 2/3
Abendessen le dîner
Abend le soir; **Guten Abend!** Bonsoir!; **zu Abend essen** être à table; **abends** le soir; **heute Abend** ce soir
Abenteuer l'aventure *f.* → 4/2
aber mais
abführen (jdn) emmener qn/qc → rév/2
abgesehen von à part → 3/3
abhängen von (jdm/etw.) dépendre de qn/qc
abholen (jdn) (ê)venir chercher qn → 6/1
Abi/ Abitur le bac *fam. ou:* le baccalauréat → 5/A
ablegen (etw.) *Kleidung* enlever qc → 1/2; **ablegen** *eine Prüfung* passer qc → 5/A
abseits von den anderen en aparté → rév/1
absolut absolument *adv.* → supp/4
Abteilung *im Kaufhaus* le rayon
Ach komm! Allez! *fam.*
Achte (Klasse) la quatrième
achten (jdn/etw.) respecter qn/qc
Achtung! Attention!
Actionfilm le film d'action → 4/1
adoptieren (jdn) adopter qn → rév/1
Adresse l'adresse *f.*
Afrika l'Afrique *f.* → 4/2
aggressiv agressif/-ve *adj.* → 4/1
ähneln ressembler à qn/qc → 5/2
ähnlich pareil/le *adj.*
Ahorn l'érable *m.* → 6/A
Akkordeon l'accordéon *m.*
Akrobatik l'acrobatie *f.*
Aktion l'opération *f.*
Akzent l'accent *m.* → 1/2
akzeptieren (jdn/etw.) accepter qn/qc; **akzeptieren etw. zu tun** accepter de + *inf.*
Albtraum le cauchemar
Album l'album *m.*
alle tout le monde; **alle/s** tout/toute *m./f.;* tous/toutes *m. pl./f. pl.;* **Alles klar!** Ça y est!
Allee l'allée *f.*
allein seul/e *adj.*
Alltag le quotidien → 1/3; **alltäglich** quotidien/ne *adj.* → 3/A
als quand *zeitlich;* comme → 3/A
also alors
alt vieux/vieil/vieille *adj.* → 3/1, ancien/ne *adj.* → 1/3
Alter l'âge *m.;* **in deinem Alter** à ton âge
älterer/ältere aîné/e *adj.* → 2/A
am Ufer von au bord de → 1/1
Ambiente l'ambiance *f.* → 2/A
Amerika l'Amérique *f.* → 6/2
amerikanisch américain/e *adj.* → 1/A
Ampel le feu rouge
amüsieren (sich) (ê)s'amuser → 3/1
anbieten (jdm etw.) offrir qc à qn
anbringen (etw.) poser qc
Andenken le souvenir
andere (der/die) l'autre *m./f.*
anders différent/e *adj.* → 4/1
Anfang le début
anfangen commencer; **anfangen (mit etw.)** commencer par qc.; **anfangen etw. zu tun** commencer à + *inf.*
angehen (jdn/etw.) regarder qn/qc
angenehm agréable *m./f. adj.* → 1/2
Angewohnheit l'habitude *f.* → 1/2
angreifen (jdn) agresser qn
Angreifer l'agresseur *m.*
Angst la peur; **Angst haben (vor jdm/etw.)** avoir peur (de qn/qc); **Angst haben etw. zu tun** avoir peur de + *inf.;* **Angst machen (jdm)** faire peur à qn
anhalten (ê)s'arrêter → 2/2
ankommen arriver
anonym anonyme *m./f. adj.* → 3/3
Anorak l'anorak *m.*
anrufen (jdn) appeler qn , téléphoner à qn
anschauen (jdn/etw.) regarder qn/qc
anschließend ensuite
ansehen (jdn/etw.) regarder qn/qc
anstelle von (etw.) à la place de (qc)
anstrengen (sich) faire un effort
Anstrengung l'effort *m.*
Antwort la réponse
antworten jdm (etw.) répondre (qc) à qn
anvertrauen (etw. jdm) confier qc à qn → 3/3
anziehen (etw.) mettre qc
anziehen (sich) (ê)s'habiller → 3/1
Aperitiv l'apéritif *m.* → 3/1
Apotheke la pharmacie
applaudieren applaudir
Aprikose l'abricot *m.*
Arbeit le travail → 4/1
arbeiten travailler
Arbeitslehre la technologie
Arbeitslosigkeit le chômage
Arbeitszimmer le bureau → 2/2
Archidiakon l'archidiacre *m.* → rév/1
Argument l'argument *m.* → 4/1
Arm le bras
Armbanduhr la montre
Arme/r le/la pauvre
Art le genre → 3/2
Artikel l'article *m.*
Atomkraftwerk la centrale nucléaire → supp/2
Arzt / Ärztin le médecin
Astronaut l'astronaute *m./f.* → 2/3
Asyl l'asile *m.* → rév/5
Atlas l'atlas *m.*
atmen respirer
aua! ouille! → 1/1
auch aussi, **auch nicht** non plus
auf sur; ***auf Anweisung von*** sur l'ordre de → supp/1; ***auf dem Grund von (etw.)*** au fond de → rév/2; ***auf der Straße*** dans la rue; **auf einmal** tout à coup → 2/A; ***auf Französisch*** en français; **auf jeden Fall** de toute façon → 5/2; ***auf einmal*** voilà que → rév/3; **Auf Wiedersehen!** Au revoir!
aufbewahren (etw.) garder qc
Aufführung le spectacle

aufhängen (jdn/etw.) pendre qn/qc → rév/3
aufhören arrêter; **aufhören etw. zu tun** arrêter de + *inf.*
Auflauf le gratin → 3/A
auflegen *Telefon* raccrocher → 2/1
Aufnahmeprüfung le concours d'entrée → 2/A
aufpassen faire attention; **aufpassen (auf jdn/etw.)** garder qn/qc
aufräumen (etw.) ranger qc
aufregen (sich über jdn) (ê)s'énerver contre qn → 3/1
aufsammeln (etw.) ramasser qc
Aufsichtsperson le/la surveillant/e
aufstehen (ê)se lever → 3/1
aufwachen (ê)se réveiller → 6/A
aufwachsen grandir → supp/3
Auge l'œil *m.* / les yeux *pl.*
Augenblick le moment
August août *m.*
Ausbildung la formation → 5/2; **duale Ausbildung** la formation en alternance → 5/2
Ausdruck l'expression *f.*
Ausflug l'excursion *f.*; le tour
ausführen (seinen Hund) sortir (son chien)
ausgeben (etw.) dépenser qc
Ausland l'étranger *m.* → 5/2
Ausländer/in l'étranger/-ère → 5/2
ausruhen (ê)se reposer → 6/2
ausschalten (etw.) arrêter qc
aussehen avoir l'air → 2/1
außerdem encore; d'autre *adv.* → supp/4
aussteigen (ê)descendre
Ausstellung l'exposition *f.* → supp/4
aussuchen (etw.) choisir qc
Austausch l'échange *m.*
austauschen (etw. gegen etw.) échanger qn (contre qc)
austeilen (etw.) distribuer qc
Auster l'huître *f.* → 3/1
auswählen (etw.) choisir qc
auswendig par cœur; **etw. auswendig können** savoir qc par cœur
ausziehen (etw.) *Kleidung* enlever qc → 1/2
Auto la voiture; le char *nur im Québec* → 6/1
Autobahn l'autoroute *f.*
Autor/in l'auteur *m.* → 3/2

B

Baby le bébé
Bäckerei la boulangerie
baden (ê)se baigner
Badezimmer la salle de bains
Baguette la baguette
Bahnhof la gare
Bahnsteig le quai
bald bientôt; **Bis bald!** À bientôt!
Ball le ballon → 1/2
Ballettschuh le chausson → 2/A
Ballon le ballon → 1/2; **Ballonfahrt** la balade en ballon → 1/2
banal banal *adj.* → supp/4
Banane la banane
Bandit le bandit
barfuß pieds nus → 2/2
Basteln le bricolage
Bau la construction → supp/1
Bauarbeiten la construction → supp/1
Bauch le ventre
bauen (etw.) construire qc → 4/2
bauen lassen (etw.) faire construire qc → supp/1
Bauer/Bäuerin le/la paysan/ne → supp/3
Baum l'arbre *m.* → 2/2
Baumhaus la cabane → 4/2
bedanken (sich bei jdm) dire merci à qn
bedauern (jdn) plaindre qn → 5/1
bedecken (etw.) couvrir qc; **bedeckt sein (von/mit etw.)** être couvert (de qc)
beeindruckend impressionnant/e *adj.* → 1/3
beenden (etw.) finir qc → 2/3; finir de + *inf.* → 2/3
befehlen (jdm etw.) commander qc à qn → rév/1
Beginn des neuen Schuljahres la rentrée
beginnen (mit etw.) commencer (par qc); **beginnen etw. zu tun** commencer à + *inf.*
begrenzt limité/e *adj.*
behalten (etw.) garder qn/qc
bei avec; **bei (einer Person)** chez; **bei Sonnenschein** sous le soleil
Bein la jambe
Beispiel l'exemple *m.*
Bekanntschaft la connaissance
bekommen (etw.) recevoir qn/qc
Belgien la Belgique → 1/1
beliebt populaire *m./f.* → rév/A
Bemerkung la remarque → 2/A
bemitleiden (jdn) plaindre qn → 5/1
benutzen (etw.) utiliser qc → 2/1
bequem confortable *m./f. adj.*; **superbequem, am allerbequemsten** le plus confortablement du monde → 1/3
Berg la montagne → 6/1
Bernhardiner le saint-bernard → 3/2
Beruf le métier
beruflich, Berufs- *in Verbindung mit einem Nomen* professionnel/le *ou:* pro *fam. adj.* → 5/A; **Berufsschule** le lycée professionnel → 5/A
berühmt célèbre *m./f. adj.*
berühren (jdn/etw.) toucher qn/qc → 4/1
beschäftigen (jdn) employer qn → 6/2
beschließen (etw. zu tun) décider de + *Inf.* → 2/1
beschränkend répressif/-ve *adj.* → 4/1
beschreiben (etw./jdn) décrire qc/qn → 4/2
beschützen (jdn/etw.) protéger qn/qc → rév/5
beschuldigen (jdn wegen etw.) accuser qn de qc → rév/5
beschweren (sich über jdn/etw.) (ê)se plaindre de qn/qc → 5/1
besetzen (etw.) occuper qc → 6/2
besichtigen (etw.) visiter qc
besser mieux *adv.*; **besser** *Komparativ zu bon* meilleur *adj.*; **der/die/das Beste** *Superlativ zu bon* le/la meilleur/e *adj.*; **am besten** le mieux → 1/3
Besteck le couvert
besuchen (jdn/etw.) (ê)aller voir qn/qc; **besuchen (etw.)** visiter qc
betrachten (jdn/etw.) regarder qn/qc
betreffen (jdn) toucher qn → 4/1
Betreuer/in le/la moniteur/-trice → 6/1
Bett le lit
Bettler/in le/la mendiant/e → rév/A
betroffen concerné/e *adj.*
bevorzugen (etw.) préférer qc
bewegen bouger
beweinen (jdn/etw.) pleurer qn/qc → 4/2
beweisen (jdm etw.) prouver qc à qn → rév/4
bezahlen (etw.) payer qc
Beziehung la relation → 4/2
Bibliothekar/in *in der Schule* le/la documentaliste
Bild l'image *f.* → 5/2
Bildschirm l'écran *m.*

ANNEXE

bis jusque
ein bisschen un peu de
bitte s'il te plaît / s'il vous plaît
bitten (jdn etw. zu tun) demander qn de + *inf.*
bla bla bla nia nia nia *fam.* → 3/2
blass pâle *m./f. adj.* → 2/1
Blatt la feuille → 2/2
blau bleu/e *adj.*
Blei le plomb → rév/1
bleiben rester
Bleistift le crayon
blöd nul/le *adj. fam.;* **Das ist blöd!** C'est nul!; **Blödmann** patate *fam.* → 3/2
blockiert bloqué/e *adj.*
Blog le blog → 3/1
blond blond/e *adj.;* **der/die Blonde** le/la blond/e
Blume la fleur; ***Blumen-*** *in Verbindung mit einem Nomen* floral/e *adv.* → supp/4
blutig saignant/e *adj.* → 3/A
Boden la terre
Bogenschießen le tir à l'arc → 6/1
Boot le bateau, le canot → 6/A
böse méchant/e *adj.*
Boutique la boutique → 1/3
Boxen la boxe
brasilianisch brésilien/ne *adj.* → supp/4
brauchen (jdn/etw.) avoir besoin de (qn/qc) → 2/3; **man braucht / wir brauchen (etw.)** il faut (de) + *Nomen*
braun brun/e *adj.*
bräunen bronzer → 1/1
brechen (etw.) casser qc
breit large *m./f. adj.*
Bretone/Bretonin le/la breton/ne
bretonisch breton/ne *adj.*
Brief la lettre
Brieffreund/in le/la corres *ou:* le/la correspondant/e
Briefkasten la boîte aux lettres → 2/3
(Sonnen-)Brille les lunettes (de soleil) *f. pl.*
Brot le pain; **belegtes Brot** la tartine → 3/A; **Butterbrot** la tartine → 3/A; **Stangenweißbrot** la baguette
Brücke le pont
Bruder le frère
brutal brutal/e *adj.* → 4/1
Buch le livre
Buchhandlung la librairie
buchstabieren (etw.) épeler qc
Bulle *umg. für Polizist* le flic *fam.* → 4/A
Bürgersteig le trottoir
Büro le bureau → 2/2
Bus le bus
Butter le beurre

C
Café le café
campen faire du camping → supp/1
CD le CD; **CD-ROM** le cédérom
Cent le centime
Champagner le champagne → 2/2
Chance la chance
Charakter le caractère; **einen schwierigen Charakter haben** avoir un caractère de chien *fam.*
Charta la charte
Chef/in le/la chef
Chemie la chimie
Chor la chorale → 4/1
Chorsänger/in le/la choriste *m./f.* → 4/1
Clown le clown
Collège *(Schultyp)* le collège
Comic la bédé *ou:* la bande dessinée *ou:* la BD *fam.*
Computer l'ordinateur *m.*
cool cool *m./f. adj. fam.*
Cousin/e le/la cousin/e → supp/1
Creme la crème
Crêpe *(dünner Eierpfannkuchen)* la crêpe

D
da là; **da** puisque *conj.* → 5/2
da ist/sind voici, voilà; **Da sind sie ja!** Les voilà!
dabei sur moi
dabei sein etw. zu tun être en train de + *inf.* → 6/1
Dach le toit → rév/5
dagegen contre
Dame la dame
Damm la digue → supp/2
danach ensuite *adv.*
Dänemark le Danemark → 1/1
danke merci
dann puis *adv.*
darin dedans *adv.* → 5/1
das ceci/cela; **das bedeutet/heißt** ça veut dire; **das ist** c'est; **Das ist mir egal.** Ça m'est égal.; **Das kommt darauf an.** Ça depend. **Das passt ja!** Ça tombe bien! *fam.*
das *Relativpronomen* que, qui
Datum la date
dauern durer → 5/A
Decke la couverture → supp/3
Decke *(eines Raumes)* le plafond
Deckname le pseudo, le pseudonyme → 3/3
Deich la digue → supp/2
den *Relativpronomen* que
denken (an jdn/etw.) penser (à qn/qc)
denn car
dennoch quand même *adv.;* pourtant *adv.* → 4/1
deprimiert déprimé/e *adj.*
der-/die-/dasselbe le/la même *m./f. adj.*
deshalb c'est pourquoi
Despot le despote → 3/2
deutlich clair/e *adj.;* clairement *adv.* → 1/2
Deutsch l'allemand *m. adj.*
Deutsche/r l'Allemand/e
Deutschland l'Allemagne *f.*
Dezember décembre *m.*
Dichter le poète
dick gros/se *adj.* → 3/A
Dienstag mardi *m.*
Ding le truc *fam.;* **so ein Ding** un truc comme ça; **Dingsbums/ Dingsda** Machinchose *m./f. fam.*
Direktor le/la directeur/-trice → 4/1; le principal / la principale *in der Schule*
Diskette la disquette
diskutieren discuter
Disziplin la discipline
doch si
dominieren (jdn/etw.) dominer qn/qc → 6/2
Donnerstag jeudi *m.*
Dorf le village → 6/1
dort là, là-bas
Drama le drame → 2/1
draußen dehors
drin dedans *adv.* → 5/1
Druck la pression → 2/3; **unter Druck stehen** être sous pression
duale Ausbildung la formation en alternance → 5/2
Duft l'odeur *f.*
dummes Zeug N'importe quoi!
Dummheit la bêtise → 3/2
Dummkopf l'imbécile *m./f.*
dunkel sombre *m./f. adj.* → rév/2
dunkelhaarig brun/e *adj.*
durch par
durch(gebraten) cuit/e *adj.* → 3/A
durchfallen (durch eine Prüfung) rater (un examen) → 2/3
Durchmarsch le passage → supp/2

durchqueren (etw.) traverser qc
durchwursteln (sich) (ê)se débrouiller → 3/2
Durst la soif; **Durst haben** avoir soif
duschen (ê)se doucher → 3/1
DVD le DVD
dynamisch dynamique *m./f. adj.* → supp/4

E

E-Mail le courriel → 6/1; **E-Mail-Adresse** l'adresse e-mail *f.*
eben justement *adj.* → 3/3
echt vrai/e *adj.* → 1/1
Effekt l'effet *m.* → 5/2
egal égal; **Das ist mir egal.** Ça m'est égal.
egoistisch égoïste *m./f. adj.*
ehemalig ancien/ne *adj.* → 1/3
Ehemann le mari → rév/3
eher plutôt *adv.*
Ei l'œuf *m.*
eifersüchtig jaloux/-se *adj.* → rév/3
Eile (in aller) à toute vitesse → supp/2
eindeutig évident/e *adj.* → 5/2
Eindruck l'impression *f.* → 2/1; **den Eindruck haben** avoir l'impression → 2/1
eine/r von beiden un/e des deux
einfach facile *m./f. adj;* simple *m./f. adj.*
Einfall l'idée *f.*
Eingangstür la porte d'entrée → 2/1
einige quelques *m./f. adj.*
einkaufen gehen faire les courses *f. pl.*
Einkäufe les courses *f. pl.*
Einkaufspassage le passage
einladen (jdn) inviter qn
einparken (etw.) garer qc
einsammeln (etw.) ramasser qc
einschalten (etw.) allumer qc
einschlafen (ê)s'endormir → 3/1
einschließen (jdn) enfermer qn → rév/1
einsteigen *(in ein Verkehrsmittel)* (ê)monter
eintreten (ê)entrer
Eintrittskarte le billet, la place
einverstanden bon *adv.;* d'accord *fam.*
Einwohner/in l'habitant/e → 6/2
einzig seul/e *adj.*
Eis (Speise-) la glace → 1/3
Eisbahn la patinoire → 1/1
Elefant l'éléphant *m.*
elektronisch électronique *m./f. adj.* → 3/1
Elend la misère *adj.* → rév/5
Elitehochschule la Grande École → 5/A
Ellenbogen le coude → 3/1
Eltern les parents *m. pl.*
empfangen (jdn/etw.) recevoir qn/qc
empfindlich sensible *m./f. adj.* → 2/A
Ende la fin; **am Ende von** au bout de *adv.* → 2/1; **zu Ende gehen** (ê)se terminer → 6/2
enden finir → 2/3
Endstation le terminus → 1/1
Engel l'ange *m.* → rév/1, → supp/4
Englisch l'anglais *m. adj.*
Enkelkinder les petits-enfants *m. pl.*
entdecken (jdn/etw.) découvrir qn/qc
Entdecker/in l'explorateur/-trice → 6/2
entführen (jdn) enlever qn → rév/1
entscheiden (etw. zu tun) décider de + *Inf.* → 2/1
Entschuldigung! Pardon!
entspannen (sich) (ê)se détendre → 1/2
enttäuschen (jdn) décevoir qn → 2/3
entwerfen (etw.) dessiner qc → supp/1
Epoche l'époque *f.* → 6/2
Erde la terre
Erdkunde la géographie
Erdöl le pétrole
ereignen (sich) se passer → 4/A
erfahren (von etw.) apprendre qc
Erfolg le succès → 2/A
erfrieren mourir de froid → 6/2
erinnern (an etw./jdn) (ê)se souvenir de qn/qc → 2/1
Erinnerung le souvenir
erklären (jdm etw.) expliquer qc à qn
erleben (etw.) vivre qc → 1/1
erleiden (etw.) subir qc → rév/4
ernst sérieux/-euse *adj.* → 3/3;
ernst nehmen (jdn/etw.) prendre qn/qc au sérieux → 3/3
ernsthaft sérieux/-euse *adj.* → 3/3
erraten (etw.) deviner qc
ersetzen (jdn/etw. durch jdn/etw.) remplacer qn/qc par qn/qc → 5/2
erster/-e/-s premier/-ière *adj.*
ertragen (etw.) subir qc → rév/4
ertrinken (ê)se noyer → supp/3
erwachen (ê)se réveiller → rév/2
Erwachsene (der/die) l'adulte *m./f.* → 3/3
erzählen (jdm etw.) raconter qc (à qn)
Erzähler/in le/la présentateur/-trice → rév/A
Es tut mir Leid. Désolé/e.
Essen le repas → 2/A; **Das Essen ist fertig!** À table! → 3/A
essen (etw.) manger qc
Ethik la morale → 3/2
etwas quelque chose
Euro l'euro *m.*
Europa l'Europe *f.* → supp/2
ewig éternel/le *adj.* → rév/1
existieren exister → 5/2

F

Fabel la fable
Fach *Unterricht* la discipline; la matière → 5/1
fähig capable de → 3/2
fahren (nach) (ê)aller à, rouler
Fahrer/in le/la conducteur/-trice
Fahrkarte le billet, le ticket → 1/2
Fahrrad le vélo
Fahrschein le ticket → 1/2
Fall l'affaire *f.* → 4/A
fallen (ê)tomber
falls si *conj.* → 5/2
fällen (etw.) abattre qc → 4/2
falsch faux/fausse
Familie la famille
fangen (jdn/etw.) attraper qn/qc → 6/1
Farbe la couleur; **Lieblingsfarbe** la couleur préférée
Färbemittel la teinture
färben (etw.) colorer (qc)
fast pratiquement *adv.*
faszinieren (jdn) fasciner qn → supp/4
faul pourri/e *adj.*
Fehler le défaut; la faute
Feier la fête → 2/A
feiern (etw.) fêter qc → 2/A; **das feiert man, das wird gefeiert** ça se fête → 2/A
Felsen le rocher
Fenster la fenêtre
Ferien les vacances *f. pl.;* **Ferienlager** le camp de vacances → 6/1
Fernseher, Fernsehen la télé *fam.* *ou:* la télévision; **im Fernsehen** à la télévision; **Fernsehfilm** le téléfilm → 4/A; **Fernsehnachrichten** le JT *ou:* journal télévisé → 4/A
Fernverkehrsstraße la route

ANNEXE

Fertig! Ça y est! → 3/2
Festessen zu Weihnachten oder Neujahr le réveillon → 3/1
Festival le festival
festnehmen (jdn) arrêter qn → rév/5
Feuer le feu → 6/1; **Lagerfeuer** le feu de camp → 6/1; **Feuerwehrmann** le pompier
Figur le personnage → 4/A
Film le film; **Actionfilm** le film d'action → 4/1; **Dokumentarfilm** le documentaire → 4/A; **Fernsehfilm** le téléfilm → 4/A; **Horrorfilm** le film d'horreur
finden (etw.) trouver qc
Fisch le poisson
Fischer/in le/la pêcheur/-euse
fix und fertig sein être crevé/e → 3/1
Flasche la bouteille
Fleck la tache
Fleisch la viande → 3/A
Fleischer le/la charcutier/-ière → 2/3
fliegen voler
fliehen prendre la fuite → 4/2
Flohmarkt le marché aux puces
Flucht la fuite → 2/3
Flugsimulator la simulation de vol → 1/3
Flugzeug l'avion *m.* → 1/2
Fluss le fleuve; ***Nebenfluss*** l'affluent *m.* → supp/1
folgen (jdm) suivre qn → 4/1
Folter le supplice → rév/4
in Form sein être en forme
Fortschritt le progrès
Foto la photo; **Foto-Club** le club-photo
fotografieren (jdn/etw.) photographier qn/qc
Frage la question; **eine Frage stellen** poser une question
fragen (jdn etw.) demander (qc à qn)
Frankreich la France
Französisch le français; **französisch-italienisch** franco-italien/ne *adj.* → 1/A; **auf Französisch** en français
Frau la femme, *Anrede für eine Frau* Madame; **junge Frau** la jeune femme
Fräulein Mademoiselle *Anrede*
frei libre; **frei haben** être libre
Freitag vendredi *m.*
Freizeit les loisirs *m. pl.*
Fremde l'étranger/-ère → 5/2
Fremdenverkehrsamt l'office de tourisme *m.*
Freude le plaisir
Freund/ in l'ami/e, le copain / la copine *fam.*; **Brieffreund/in** le/la corres *ou:* le/la correspondant/e
Freundschaft l'amitié *m.*
Friedhof le cimetière → 1/3
frisch frais/fraîche *adj.* → 6/A
Frische la fraîcheur → 6/A
Fruchtsaft le jus de fruits
früher autrefois; **wie früher** comme avant
Frühstück le petit-déjeuner
fühlen (etw.) sentir qc; **sich fühlen** [(ê)]se sentir
führen (etw.) mener (qc) → supp/4;
führen (jdn zu jdm/etw.) mener (qn à qn/qc) → rév/3
Füller le stylo
„Fünfte" *(= 7. Klasse in Deutschland)* la cinquième
funktionieren marcher
für pour
Fuß le pied; **zu Fuß** à pied
Fußball *Sport* le foot

G

gähnen bâiller → 3/1
Gag le coup → 3/3
ganz tout à fait → 2/3; entier/-ière *adj.* → 6/2
ganzer/-e/-es tout/toute *m. f.*; **den ganzen Tag** toute la journee; **die ganze Welt** le monde entier → 6/2; **die ganze Zeit** tout le temps
Garten le jardin; **botanischer Garten** le Jardin des plantes
Gebäude l'immeuble *m.*
geben (jdm etw.) donner qc à qn; **es gibt** il y a
Gebiet la région
Gebirge la montagne → 6/1
geboren né/e *adj.*
Geburtstag l'anniversaire *m.*
Gedächtnis la mémoire
Gedicht le poème → 3/2
Gefahr le danger; **in Gefahr sein** être en danger
gefährlich dangereux/-euse *adj.*; dangereusement *adv.* → 1/1
gefallen (jdm) plaire à qn
Gefängnis la prison → 4/2
gegen contre; *zeitlich* vers *prép.*;
gegen (jdn/etw.) sein être contre qc
gegenüber von en face de
Geheimnis le mystère → supp/3
gehen nach [(ê)]aller à; **Es geht (mir gut).** Ça va.; **bestens gehen** aller pour le mieux → 2/A; **hineingehen** [(ê)]entrer; **Wie geht es Ihnen/euch?** Comment allez-vous?; **Wie gehts?** Ça va?
gehören (jdm etw.) être (qc à qn); **wie es sich gehört** comme il faut
Geisel l'otage *m.* → 4/2
Geist l'esprit *m.* → 6/2
gelb jaune *m./f. adj.*
Geld l'argent *m.*; le fric *fam.*; **Taschengeld** l'argent de poche; **Geldbeutel** le porte-monnaie; **Geldschein** le billet
Gelegenheit l'occasion *f.* → rév/4; → supp/4
gelingen réussir → 2/A
gelungen réussi/e *adj.* → 2/A
Gemeinschaftskunde l'éducation civique *f.*
gemischt mixte *m./f. adj.* → 5/2
Gemüse les légumes *m. pl.*
genau tout à fait *adv.* → 2/3
genauso viel autant de + *Nomen adv.* → supp/3
genial génial/e *adj.*
Genie le génie → supp/2
Genre le genre → 3/2
genug assez de
geöffnet sein être ouvert/e → 1/3
Geographie la géographie
gerade etw. tun être en train de + *inf.* → 6/1
geradeaus tout droit
Geräusch le bruit → 1/2
gerecht juste *m./f. adj.*
Gericht *Essen* le plat → 3/A
gern etw. tun ça (me) plaît de + *inf.*
Geruch l'odeur *f.*
Geschäft le magasin
geschehen se passer → 4/A
Geschenk le cadeau
Geschichte l'histoire *f.*
Geschwindigkeit la vitesse
Geschwister les frères et sœurs *m. pl.*
Geste le geste
gestern hier *adv.*
Getränk la boisson
Gestalt annehmen (von etw./jdm) [(ê)]s'incarner en qc/qn → rév/1
Gewalt la violence
gewinnen (etw.) gagner qc
Gewissensbisse les remords *m. pl.* → 3/3
Gewohnheit l'habitude *f.* → 1/2
gewöhnlich d'habitude *adv.* → 1/2
Gezeiten la marée
Giraffe la girafe

Gitarre la guitare
glänzen briller → 6/A
Glas le verre, le pot
glauben croire → 3/1
gleich pareil/le *adj.*
gleiche même *m./f. adj.*
Gleis la voie
Glocke la cloche → rév/1
Glockenturm le clocher → supp/1
Glöckner le sonneur → rév/1
Glück la chance; **Glück haben** avoir de la chance
glücklich content/e *adj.*, heureux/-euse *adj.*
Glücksbringer le porte-bonheur
Glückwunsch la félicitation → 2/2
Gold l'or *m.* → rév/1
Golf le golfe → 6/1
Grab la tombe → 1/3
Gramm le gramme
grau gris/e *adj.*
groß grand/e *adj.*
Großeltern les grands-parents *m. pl.*
Großmutter la grand-mère
großzügig généreux/-euse *adj.* → 4/1
Großvater le grand-père
grün vert/e *adj.;* **das grüne Band** le ruban vert
Gründer/in le fondateur/-trice → 6/2
Grundschule l'école primaire 2/3
Grundschullehrer/in l'instituteur/-trice
Gruppe le groupe
grüßen (jdn) donner le bonjour à qn; **Grüß dich!** Salut! *fam.*
Gurke le concombre
gut bien *adv.*, bon/ne *adj.;* **es tut gut** ça fait du bien → 4/1; **gut drauf sein** avoir le moral; **gut zusammenpassen** aller bien avec qc; **Guten Abend!** Bonsoir!; **Guten Morgen! Guten Tag!** Bonjour!
Gymnasium le lycée → 5/A
Gymnastik gymnastique *ou:* la gym *fam.*

H
Haare les cheveux *m. pl.*
haben (etw.) avoir qc; **Schmerzen haben** avoir mal à qc
Hafen le port
halb demi/e *adj.;* **Halbinsel** la péninsule → 6/1
Hälfte la moitié
Halle la salle → 6/1
Hallo! Coucou! Salut! *fam.;* **Hallo?** *am Telefon* Allô!
Hals le cou → rév/3
Halstuch le foulard → 1/2
halten (etw.) tenir qc; **halten (sich für jdn)** se prendre pour qn → 2/A
Hand la main; **Handball** le handball; **Handbewegung** le geste; **Handschuh** le gant; **(jdn) mit Samthandschuhen anfassen** prendre des gants → 2/A
handeln agir; **sich um jdn/etw. handeln** (ê)s'agir de qn/qc → 3/2
Händler/in le/la marchand/e
Handlung l'action *f.* → 4/A
Handy le portable
hart dur/e *adj.*
hassen (jdn/etw.) détester qn/qc
hässlich moche *m./f. fam.*
häufig souvent *adv.*
ein Haufen von un tas de
Haupt- principal/e *adj.* → 4/2
Hauptmann le capitaine → rév/2
Hauptstadt la capitale → 1/3
Haus la maison; **zu Hause** à la maison
Hausaufgaben les devoirs *m. pl.*
Hausaufgabenheft le cahier de textes
Haushalt le ménage
heidnisch païen/ne *adj.* → rév/5
Heimweh le mal du pays → 4/2
Heimwerken le bricolage
heiraten (noch einmal) (ê)se (re)marier → supp/3
heiß chaud/e *adj.;* **es ist heiß** il fait chaud
heißen (ê)s'appeler; **das heißt** ça veut dire
Held/in le héros / l'héroïne *f.* → supp/4
helfen (jdm *etw. zu tun*) aider qn (à + *inf.*)
Helm le casque
Hemd la chemise
herausnehmen (etw.) sortir qc → 1/2
Herberge l'auberge *f.* → rév/5
Herbst l'automne *m.* → 1/1
Herr *Anrede für einen Herrn* Monsieur *m.;* **Meine Herren!** Messieurs *m. pl.;* ***Herr/in*** le maître/la maîtresse → supp/3
herrschen régner → rév/A
herumführen (jdn an der Nase) mener qn par le bout du nez → supp/1
hervorragend formidable *m./f.*
Herz le cœur
heute aujourd'hui
heutzutage de nos jours *adv.* → rév/5
Hexe la sorcière → rév/1
Hexerei la sorcellerie → rév/5
hier ici *adv.;* **hier ist / hier sind** voici/voilà
Hilfe l'aide *f.;* **(Zu) Hilfe!** Au secours!
Himmel le ciel
hinaufsteigen (ê)monter
hinausgehen (ê)sortir
hinauswerfen (jdn) mettre qn à la porte *adj.* → 4/1
hinbringen (jdn/etw.) amener qn/qc
Hindernis la barrière → rév/5
hineingehen (ê)entrer
hingegen par contre → 3/3
hinlegen (sich) (ê)se coucher → 3/1
hinter derrière
hinterlassen (etw.) laisser qc
hinuntergehen (ê)descendre
Hip-Hop le hip-hop
hoch haut/e *adj.* → 1/1; ***höchstens*** au maximum → supp/4
Hof la cour
hoffen espérer
Hoffnung l'espoir *m.* → rév/1
Hölle l'enfer *m.* → 5/1
Honig le miel
hören (jdn/etw.) entendre qn/qc;
hören (auf jdn) écouter qn/qc
Horizont l'horizon *m.*
Horoskop l'horoscope *m.*
Hose le pantalon
hübsch joli/e *adj.*
Hügel la colline
Hühnchen le poulet
Humor l'humour *m.* → 3/3
Hund/Hündin le/la chien/ne; **wie Hund und Katze** comme chien et chat *fam.*
Hunger la faim
Hütte la cabane → 4/2

I
Idee l'idée *f.*
identifizieren (sich mit jdm/etw.) (ê)s'identifier à qn/qc → 4/2
im Gegensatz zu contrairement à *adv.* → supp/4
immer toujours; **immer wenn** quand
in *zeitlich* à, en, dans; **in** *räumlich* dans, en; **in Nähe von** près de; **in den Urlaub fahren** partir en vacances; **in Form sein** être en forme
Indianer/in l'Indien/ne → 6/1

ANNEXE

Industrie- *in Verbindung mit einem Nomen* industriel/le *adj.* → supp/2
Informatik l'informatique *f.* → 5/2
Information l'information *f.* → 5/2
Informations- und Dokumentationszentrum le CDI
informieren (sich über etw.) (ê)se renseigner sur qc → supp/1
Inlineskates les rollers *m. pl.*
innen dedans *adv.* → 5/1
Insel l'île *f.*; **Halbinsel** la péninsule → 6/1
Instrument l'instrument *m.*; **ein Instrument spielen** jouer d'un instrument
Intellektuelle l'intellectuel/le *ou:* l'intello *fam. m./f.*
intelligent intelligent/e *adj.*
interessant intéressant/e *adj.*
interessieren (jdn) intéresser qn; **interessieren (sich für jdn/etw.)** (ê)s'intéresser à qn/qc
Internat l'internat *m.* → 2/1
international international/e *adj.* → 1/1
Interview l'interview *f.*
inzwischen entre temps *adv.* → rév/4
irgendeine Marke Untel ou Machin *fam.*
irgendetwas n'importe quoi
irgendwo quelque part → 5/A
irren (ê)se tromper → 5/2
Italien l'Italie *f.* → 1/A

J

ja oui; **Ja bitte?** *am Telefon* Allô?
Jacke la veste
Jahr l'an *m.*; **Jahr** *in seinem Verlauf* l'année *f.* → 5/A; **fünfziger Jahre** les années cinquante *f. pl.* → 4/1
Jahrhundert le siècle → 1/3
Januar janvier *m.*
Jazz le jazz → supp/4
Jeans le jean
jeder/-e/-s chacun/e → 2/2; + *Nomen* chaque → 2/2; tous/toutes *m. pl.* / *f. pl.*
auf jeden Fall de toute façon *adv.* → 5/2
jedenfalls enfin *adv.*
jedermann tout le monde
jemand quelqu'un
jetzt maintenant *adv.*
Joghurt le yaourt → 3/A
jonglieren jongler
Journalist/in le/la journaliste
Judo le judo
Jugendliche l'ado *fam. m./f. ou:* l'adolescent/e *m./f.*; le/la jeune
Juli juillet *m.*
jung jeune *m./f. adj.*
Junge le garçon, le type *fam.*, le gars *fam.*
Juni juin *m.*

K

Kaffee le café; **Milchkaffee** le café au lait → 3/A
Kajak le kayak
kalt froid/e *adj.*; **es ist kalt** il fait froid
Kamin la cheminée → supp/1
Kanada le Canada → 1/A
Kanal *Fernsehen* la chaîne → 4/A
Kandidat le/la candidat/e → 4/A
Kantine la cantine
kaputtmachen (etw.) casser qc
Karibu le caribou → 6/A
kariert à carreaux
Karte la carte
Kartoffel la pomme de terre; la patate *fam.* → 3/2
Karton le carton
Käse le fromage → 3/A
Kassette la cassette
Katakomben les catacombes *f. pl.* → 1/3
Katastrophe la catastrophe, la cata *fam.*
Kater/Katze le chat / la chatte
Kathedrale la cathédrale
kaufen (etw.) acheter qc
kein ne ... pas de; **kein ... mehr** ne ... plus de; **keine Zeit haben** ne pas avoir le temps
kennen (jdn/etw.) connaître qn/qc; **kennen lernen (jdn)** faire la connaissance de qn; rencontrer qn → 1/1
Kerl le type *fam.*
Kilo le kilo
Kind l'enfant *m./f.*
Kindheit l'enfance *f.*
Kindergarten l'école maternelle *f.* → 5/A
Kino le cinéma *ou:* le ciné *fam.*
Klamotten les fringues *f. pl. fam.*
klar clair/e *adj.*, clairement *adv.* → 1/2; **klar** évident/e *adj.* → 5/2; **Alles klar!** ça y est → 3/3
Klarinette la clarinette
Klasse la classe; **Klassenarbeit** l'interro *f. fam. ou:* l'interrogation *f.*; le devoir sur table → 5/1; **Klassenkamerad/in** le/la camarade; **Klassenkonferenz** le conseil de classe → 5/1; **Klassensprecher/in** le/la délégué/e de classe → 5/1; **Klassenzimmer** la salle de classe
klassisch classique *m./f. adj.* → supp/4
Klavier le piano
kleben (etw.) coller qc
Klebstoff la colle
Kleid la robe
Kleidung les vêtements *m. pl.*
klein petit/e *adj.*; **Kleiner/-e** le petit / la petite
Klettern l'escalade f. → 6/1
klingeln sonner
Knete *umg. für Geld* l'argent, le fric *fam.*
Koch/Köchin le/la cuisinier/-ière
kochen faire la cuisine → 6/1
Kochrezept la recette
Koffer la valise
kolonisieren (etw.) coloniser qc → 6/2
kommen (ê)venir
zu früh kommen être en avance
Kommentar le commentaire → 3/1
kompliziert compliqué/e *adj.* → 1/2
König/in le roi / la reine → 3/2
können (etw.) pouvoir qc + *inf.*, savoir qc + *inf. die Fähigkeit besitzen etw. zu tun;* **man könnte** on pourrait
Kontakt le contact
kontrollieren (jdn/etw.) contrôler qn/qc → 5/2
Konzert le concert
Kopf la tête
kosten coûter
kosten (etw.) goûter qc → supp/2
Kraft la force → 6/A; **mit seiner ganzen Kraft** de toutes ses forces → 6/A
kramen (in etw.) fouiller dans qc
krank malade *m./f. adj.*
Krankenhaus l'hôpital *m.*
Kreuzung le carrefour
Krieg la guerre → 6/2
Kriminal- *in Verbindung mit einem Nomen* policier/-ière *adj.* → 4/A
Krise la crise → 3/2
kritisieren (jdn/etw.) critiquer qn/qc
Küche la cuisine
Kuchen le gâteau
Kugelschreiber le stylo
Kultur la culture → 1/1
Kultur- *in Verbindung mit einem Nomen* culturel/le *adj.* → supp/2
Kulturerbe (der UNESCO) le patrimoine (de l'UNESCO) → supp/2
kümmern (sich um jdn/etw.) (ê)s'occuper de qn/qc

Kumpel le pote *fam.* → 3/2
Kunst l'art *m.* → supp/3
Künstler/in l'artiste *m./f.*
Kunststoff le plastique
kurz court/e *adj.*
Kuss la bise → 1/2;
Küsschen la bise *ou:* le bisou *fam.*
Küste la côte
Kuttelwurst l'andouillette *f.*

L
lächeln sourire → supp/2
lachen rigoler *fam.;* rire
lächerlich ridicule *m./f. adj.*
Laden la boutique → 1/3
Lage *Situation* la situation → 2/2
Lager le camp; **Lagerfeuer** le feu de camp → 6/1
Lampe la lampe
Land le pays; **Land** *ländliche Gegend* la campagne
Landschaft le paysage → 6/1
Landstraße la route; les grands chemins *veraltet* → rév/A
lang long/longue *adj.*
lange longtemps *adv.*
langsam lent/e *adj.;* lentement *adv.* → 1/2
langweilen (jdn) ennuyer qn → rév/3
langweilig ennuyeux/-euse *adj.* → 4/A
Lärm le bruit → 1/2
lassen (etw.) laisser qc
laufen marcher; courir → 2/1
laut sprechen parler haut → supp/4
Leben la vie; **sich das Leben schwer machen** (ê)se compliquer la vie → 3/2; **ins Leben rufen (etw.)** lancer qc
leben vivre → 1/1
lebhaft dynamique *m./f. adj.* → supp/4
leer vide *m./f. adj.* → 1/3
legen (etw.) mettre qc
Legende la légende
Lehrer/in le/la professeur *ou:* le/la prof *fam.*
leicht facile *m./f. adj.;* simple *m/f. adj.*
Leichtathletik l'athlétisme *m.*
Leinwand l'écran
leiden souffrir → rév/4
leider malheureusement *adv.* → 1/1
leiten (etw.) diriger qc → supp/1
Lektion la leçon
lernen (etw.) apprendre qc; **lernen etw. zu tun** apprendre à + *inf.*
lesen (etw.) lire qc
letzter/-e/-s dernier/-ière *adj.*
Leute les gens *m. pl.*
Licht la lumière → 6/A
Liebe l'amour *m.* → 3/3
lieben (jdn/etw.) aimer (qn/qc); **sehr lieben (jdn/etw.)** adorer (qn/qc)
lieber/-e ... cher/chère *adj.*
lieber Gott le Bon dieu
lieber plutôt *adv.;* **lieber mögen (etw.)** préférer qc
Liebeskummer le chagrin d'amour → 3/3
Liebling le/la chéri/e → 2/2; **Lieblings-** préféré/e *adj.*
Lied la chanson
Linie la ligne → 1/2
links à gauche
Liste la liste → supp/2
Löffel la cuillère / la cuiller
Los! Allez hop!
losgehen (ê)partir
loslassen (jdn/etw.) lâcher qn/qc
Lösung la solution
Luft l'air *m.*
Lust haben (etw. zu tun) avoir envie de + *Inf.* → 2/3
lustig marrant/e *adj. fam.*, drôle *m./f. adj.;* **sich lustig machen** rigoler *fam.* **sich lustig machen über jdn/etw.** se moquer de qn/qc → 3/2

M
machen (etw.) faire (qc)
Mädchen la fille; **junge Mädchen** la jeune fille
mager maigre *m./f. adj.* → rév/3
Mahlzeit le repas → 2/A
Mai mai *m.*
Mal la fois; **zum ersten Mal** pour la première fois
Mama maman *f.*
manchmal parfois, quelquefois
Mangel le défaut
Mango la mangue
Manieren les manières *f. pl.* → 3/1
Mann l'homme *m.;* le type *fam.*
Mannequin le mannequin
Mannschaft l'équipe *f.*
Mappe le dossier
Marke la marque
Markt le marché
Markthändler/in le/la marchand/e
Marmelade la confiture → 3/A
Mathe(matik) les mathématiques *ou:* les maths *f. pl. fam.*
Mauer le mur → 6/A
Maus la souris
Maximum le maximum → 5/1
Medien les médias *m. pl.* → 4/A
Meer la mer
Meerschweinchen le cochon d'Inde
Mehl la farine
mehr plus *adv.;* **mehr als** plus que; ***mehr ... als*** plus de + *Nomen* → supp/3, **noch mehr** encore plus; **immer mehr** de plus en plus → 4/A; **mehr und mehr** de plus en plus → 2/2
Mehrzahl der + *Nomen* la plupart des → 5/A
Meinung l'avis *m.;* **seine Meinung sagen** donner son avis; **deiner Meinung nach** à ton avis
meisten (die) la plupart de → 5/A; **am meisten** *adv.* le plus
Meister/in le/la champion/ne *beim Wettkampf*
Menge la quantité; **eine Menge von** un tas de
Mensch – Natur – Umwelt *Unterrichtsfach* les SVT *f. pl.*
Menschenmenge la foule → rév/3
merkwürdig bizarre *m./f. adj.* → 2/A
Messer le couteau → rév/5
Messerstich le coup de couteau → rév/5
Methode la méthode → 4/1
Metropole la métropole → 6/2
Metzger le/la charcutier/-ière → 2/3
Milch le lait
Million le million → 4/A
mindestens au moins → 1/3
minus moins *adv.*
Minute la minute
Mist! Zut! → 3/3
mit avec
mitbringen (etw.) apporter qc
Mitleid la pitié → rév/A
mitnehmen (jdn/etw.) emmener qn/qc → rév/2
Mittag, 12 Uhr midi *m.;* **Mittagessen** le déjeuner → 3/A
Mittelalter le Moyen-Âge
Mitternacht minuit *m.*
Mittwoch mercredi *m.*
Mode la mode
Model le mannequin
Modell, Modell- le modèle → 4/2
modisch à la mode
Mofa la mobylette

ANNEXE

mögen (jdn/etw.) aimer qn/qc; **nicht mögen (jdn/etw.)** détester (qn/qc)
möglich possible *m./f. adj.*
Möhre la carotte
Moment le moment
Montag lundi *m.*
Moral la morale → 3/2; **jdm eine Moralpredigt halten** faire la morale à qn → 3/2
Mord le meurtre → rév/5
morgen demain *adv.*; **Morgen/morgens** le matin; **Bis morgen!** À demain!; **Guten Morgen!** Bonjour!; **heute Morgen** ce matin
Mountainbike le VTT, le vélo tout-terrain; le vélo de montagne *nur in Québec* → 6/1
müde fatigué/e *adj.;* **todmüde sein** être crevé/e → 3/1
Muschel le coquillage
Museum le musée
Musik la musique; **musikalisch, Musik-** *in Verbindung mit einem Nomen* musical/e *adj.* → 4/A; **Musikschule** le conservatoire
Muskel le muscle
müssen falloir, devoir; avoir besoin de + *inf. im Sinne von brauchen* → 2/3; **man muss** il faut *(+ Verb)*; **man müsste** il faudrait → 3/3
Mut le courage → supp/3
mutig courageux/-euse *adj.*
Mutter la mère
Mutti maman *f.*
Mysterium le mystère → supp/3

N

Na und? Et alors?
nach *zeitlich* après *prép.;* au bout de *adv.* → 2/1; **nach Hause gehen** rentrer
Nachbar/in le/la voisin/e
nachdenklich machen faire réfléchir → 4/2
Nachmittag/nachmittags l'après-midi *m./f.*
Nachricht le message; **Nachrichten** les actualités *f. pl.;* **Fernsehnachrichten** le JT *ou:* le journal télévisé → 4/A
Nacht la nuit
nächste/-e prochain/e *adj.* → 5/1
Nachtisch le dessert
nahe bei près de
nähern approcher de → 5/1
naja, äh ben *fam.*

Name le nom
Natur la nature → 6/1
natürlich bien sûr; naturel/le *adj.* → 4/1
Nebel la brume → supp/3
nehmen (etw.) prendre (qc); **ernst nehmen (jdn/etw.)** prendre qn/qc au sérieux → 3/3; ***mitnehmen (jdn)*** emmener qn/qc → rév/2
nein non
nett gentil/le *adj.*, gentiment *adv.;* sympa *fam. ou:* sympathique *m./f. adj.*
Netz le filet
neu nouveau/nouvel *m.* / nouvelle *f. adj.*
Neugier la curiosité → supp/3
neun von zehn neuf sur dix → supp/1
nicht ne ... pas; **auch nicht** non plus; **nicht mehr** ne ... plus **nicht schlecht** pas mal; **nicht wahr?** hein?
nichts ne ... rien; ***nichts Besonderes*** pas grand-chose → supp/4; **nichts mehr** plus rien
nie ne ... jamais
niedergeschlagen déprimé/e
Niederlande les Pays-Bas *m. pl.* → 1/A
niedlich joli/e *adj.;* mignon/ne *adj.*
niemals ne ... jamais
niemand ne ... personne; *litt.* nul/le → rév/A
noch encore *adv.;* **noch nicht** ne pas ... encore
Norden le nord → 1/2; **nördlich von** au nord de → 1/2
normal normal/e *adj.*
Note la note
notieren (etw.) noter qc
Nudeln les pâtes *f. pl.* → 3/A
eine Null / eine Niete sein in ... être nul/le en ...
Nummer le numéro; **eine Nummer wählen** faire un numéro
nun voilà que → 2/A
nur seulement *adv.* → 2/1; ne ... que *adv.* → rév/3
nützen (etw.) servir à qc
nützlich utile *m./f. adj.*

O

O je! Oh là là!
ob si *conj.* → 5/1
Obst les fruits *m. pl.*
oder ou
öffentlich public/-que *adj.* → rév/A

öffnen (etw.) ouvrir qc
oft souvent *adv.*
ohne sans *prép.*
Ohr l'oreille *f.*
Ölpest la marée noire
Oma, Omi (la) mémé
Opa, Opi (le) papi, (le) pépé *fam.*
Oper l'opéra *m.* → 2/A
Operation l'opération *f.*
Opfer la victime *m./f.*
Orange l'orange *f.*
ordentlich comme il faut
Organisation l'organisation *f.*
organisieren (etw.) organiser qc → 4/1; ***sich um etw. herum organisieren*** s'organiser autour de qc → supp/1
originell original/e *adj.* → 1/3
Ort l'endroit *m.*
Osten l'est *m.* → 1/2; **östlich von** à l'est de → 1/2
Overall la combinaison
Ozean l'océan *m.*

P

Palast le palais → 2/2
Papier le papier
Paprikaschote le poivron
aus Paris parisien/ne *adj.*
Park le parc
passieren arriver → 3/1; (ê)se passer → 4/A
Das passt ja! Ça tombe bien!
Patin (Tauf-) la marraine → 2/A
Pause la récréation
Pelztierjäger le trappeur → 6/1
Person la personne; le personnage *Figur* → 4/A
Personalausweis la carte d'identité
Pfirsisch la pêche
Pflanze la plante → supp/2
phantastisch fantastique *m./f. adj.*
Pilot/in l'aviateur/-trice
Plakat l'affiche *f.*
Plan le plan
Plastik *Material* le plastique; **aus Plastik** en plastique
einen Platten haben avoir un pneu crevé → supp/2
Platz la place; *Vorplatz einer Kirche oder eines Tempels* le parvis → rév/A
plötzlich tout à coup → 2/A
Poesie la poésie → 4/2
Politik la politique → supp/3
Polizei la police → 4/A
Polizei- *in Verbindung mit einem Nomen* policier/-ière *adj.* → 4/A

Polizeidienststelle le commissariat
Polizist/in le policier; le/la flic *fam.* → 4/A
Pommes frites les frites *f. pl.*
Portmonee le porte-monnaie
Postamt la poste
praktisch pratique *m./f. adj.*
praktizieren (etw.) pratiquer qc
Preis le prix
Priester le prêtre → rév/1
Primaballerina la danseuse étoile → 2/3
Prinz/Prinzessin le prince / la princesse → rév/2
Privateigentum la propriété privée → supp/1
probieren (etw.) essayer qc; **anprobieren** essayer qc
Problem le problème
Produkt le produit → supp/4
Programm le programme
Prolog le prologue → rév/A
protestieren protester
Provinz la province → supp/4
Prozent pour cent → 5/2
Prüfung l'examen *m.* → 2/3; **Aufnahmeprüfung** le concours d'entrée → 2/A
Pseudonym le pseudo, le pseudonyme → 3/3
Pst!, Still! chut!
Pulli le pull *fam. ou:* le pull-over
pünktlich sein/kommen être à l'heure
Pute la dinde → 3/1
putzen faire le ménage
Pyramide la pyramide → 1/3

Q

Qual le supplice → rév/4
Qualität la qualité
Quantität la quantité
Quebec le Québec → 1/A; **gebürtig aus Québec** le/la Québécois/e → 6/1

R

Rad la roue → rév/4
Radio la radio; **im Radio senden/spielen (etw.)** passer qc (à la radio)
Rallye le rallye
Rap le rap → 3/2
raten (jdm etw.) conseiller qc à qn → 5/A
Rathaus la mairie; l'hôtel de ville → 1/A
Ratte le rat → 2/A
rauchen fumer → 4/2
reagieren auf (etw.) réagir à qc
Reaktion la réaction
realistisch réaliste *m./f. adj.*
Realität la réalité → 4/1
Recht le droit → rév/5; **Recht haben** avoir raison; **etw. zu Recht tun** avoir raison de + *inf.*
rechts à droite
Rechtsanwalt/Rechtsanwältin l'avocat/e *m./f.* → 3/1
Referat l'exposé *m.*
reflektieren refléter → 6/A
Regal l'étagère *f.*
Regenmantel l'imperméable *m. ou:* l'imper *m. fam.*
regieren régner → rév/A
Region la région
regnen pleuvoir; **es regnet** il pleut
reich riche *m./f. adj.*
Reim la rime → 3/2
reinigen (etw.) nettoyer qc
Reise le voyage
reisen voyager → 1/3
Religion la religion → rév/1
Renaissance la Renaissance → supp/1
rennen courir → 2/1
Restaurant le restaurant
retten (jdn/etw.) sauver qn/qc
richtig juste *m./f. adj.*
Richtung la direction → 1/1
riechen (etw.) sentir qc
Rinde *eines Baumes* l'écorce *f.* → 6/A
ringsherum tout autour → 6/1
Roboter le robot → 5/2
Rock la jupe
Rohkostsalat les crudités *f. pl* → 3/A
Rolle le rôle → 3/3
rollen rouler
Roman le roman
romantisch romantique *m./f.* → 1/3
rosa rose *m./f. adj.*
rot rouge *m./f. adj.*
Route l'itinéraire *m.* → supp/1
Rücken le dos
rudern ramer → 6/A
ruhig calme *m./f. adj.* → 1/3
Runde le tour; **Rundgang machen** faire le tour de qc → 1/3

S

S-Bahn (von Paris) le RER *ou:* le Réseau express régional → 1/1
Sache la chose; le truc *fam.;* **Sachen** les affaires *f. pl.*
sagen (jdm etw.) dire (qc à qn); **seine Meinung sagen** donner son avis; **Sag mal!** Dis donc! → 2/1; ***Na sag doch!, Na sag schon!*** Dis toujours! → supp/2
Sahne la crème
Salat la salade → 3/A
Samstag samedi *m.*
Sand le sable
Sänger/in le/la chanteur/-euse
Satz la phrase → 6/1
säubern (etw.) nettoyer qc
schade dommage; **das ist schade** c'est dommage
Schaf le mouton → supp/2
Schäfer/in le/la berger/-ère → supp/4
schaffen (etw.) réussir (qc) → 2/A
Schal le foulard → 1/2
Schale l'écorce → 6/A
schälen (etw.) peler qc
Schatzmeister le financier → supp/1
Schaufenster la vitrine; **Schaufensterbummel** le lèche-vitrines → 1/3
Schauspieler/in l'acteur/-trice → 4/A
scheinen *Sonne* briller → 6/A
schenken (jdm etw.) offrir qc à qn
schick chic *adj.*
schicken (jdm etw.) envoyer qc à qn → 5/1
Schildkröte la tortue
Schirmmütze la casquette
Schiss haben avoir la trouille *fam.* → 1/2
schlafen dormir
schlafen gehen (ê)se coucher → 3/1
schlagen (jdn) battre qn → 4/1; frapper qn/qc
Schlange la queue → 1/3
schlecht mal *adv.;* nul/le *adj. fam.;* mauvais/e *adj.* → 3/A
schließen (etw.) fermer qc
schließlich enfin *adv.*
schlimm grave *m./f. adj.*
Schlimmste le pire → 2/3
Schlittschuh le patin à glace → 1/1
Schloss le château
Schmerzen haben avoir mal (à)
schmutzig sale *m./f. adj.*
schnell vite *adv.*
Schokocroissant le pain au chocolat
Schokolade le chocolat → 3/A; **französische Schokoladencreme** la mousse au chocolat; **Schokoladentrüffel (Pralinen)** les truffes au chocolat *f. pl.*
schon déjà; **Schon wieder!** Encore! *adv.*

ANNEXE

schön beau/bel *m.* / belle *f. adj.;* **ganz schön** drôlement *adv. fam.* → 1/1; **Es ist schönes Wetter.** Il fait beau.
Schornstein la cheminée → supp/1
Schrank l'armoire *f.*
Schranke la barrière → rév/5
schrecklich affreux/-euse *adj.* → 5/1; terrible *adj.;* terriblement *adv.* → rév/3; **Das ist schrecklich!** C'est l'horreur!
Schrei le cri → rév/4
schreiben (jdm etw.) écrire (qc à qn); **unsauber schreiben** écrire comme un chat *fam.*
Schreibtisch le bureau → 2/2
schreien crier
Schriftsteller/in l'écrivain *m.*
schubsen (jdn) bousculer qn
schüchtern timide *m./f. adj.* → supp/4
Schuh la chaussure; **Turnschuhe** les baskets *f. pl.*
schulisch, Schul- *in Verbindung mit einem Nomen* scolaire *adj.* → 5/A
Schuld la faute
Schulden les dettes *f. pl.*
Schule l'école *f.*
Schultasche le cartable → 5/2
Schüler/in l'élève *m./f.*
Schuljahr l'année scolaire → 5/A
Schulleiter/in le/la principal/e
Schutz la protection
schützen (sich) (ê)se protéger
schwarz noir/e *adj.*
Schwester la sœur
Schwiegereltern les beaux-parents *m. pl.* → supp/3
Schwiegervater/Schwiegermutter le beau-père / la belle-mère → supp/3
schwierig dur/e *adj.*
Schwimmbad la piscine
schwimmen nager
schwören jurer → 3/3; **Ich schwöre!** Juré, promis, craché. → 3/3
Science-Fiction la science-fiction → 4/2
„Sechste" *(= 6. Klasse in Deutschland)* la sixième
See le lac → 6/A
Segeln, Segel la voile
sehen (jdn/etw.) voir qn/qc
sehr très *adv.;* **sehr glücklich sein** être heureux/-euse comme tout; **zu sehr** trop
Seide la soie
sein être; ***es sei denn*** à moins que + *subj.* → rév/3; **es sind – 20° C** il fait moins vingt → 6/2
seit depuis *prép.;* dès *prép.* → 5/2
Seite la page
Sekretär/in le/la secrétaire
Sekretariat le secrétariat
selbe (der/die/das) le/la même *m./f. adj.*
selbst même *adv.*
selbstverständlich bien sûr *adv.;* évident/e *adj.* → 5/2
Sender la chaîne → 4/A
Sendung l'émission *f.*
sensibel sensible *m./f. adj.* → 2/A
Serie la série → 4/A
setzen (etw.) mettre qc; **setzen (auf etw.)** parier sur qc → 4/A
sicher sûr/e *adj.*
sicherlich sûrement *adv.* → 1/1
singen (etw.) chanter qc
Sinn le sens → 4/1; l'esprit *m.* → 6/2; **in den Sinn kommen** venir à l'esprit → 6/2
Sirup le sirop → 6/2
Situation la situation → 2/2
sitzen être assis/e → 2/3
Skateboard, Skateboardfahren le skate
Ski, Skifahren le ski
Skorpion le scorpion
so si *adv.*
sofort tout de suite
sogar même *adv.*
Sohn le fils
Soldat le soldat → rév/2
solidarisch solidaire *m./f. adj.*
Sommelier le/la sommelier/-ière → 5/A
Sommer l'été *m.* → 1/1
Sonne le soleil
sonnen (sich) bronzer → 1/1
Sonntag dimanche *m.*
sonst sinon
Sorge le souci → 2/2
Souvenir le souvenir
Spanien l'Espagne *f.* → 1/A
Spannung le suspense → 4/A
sparsam économe *m./f. adj.*
Spaß haben (ê)s'amuser → 3/1;
Spaß daran haben etw. zu tun (ê)s'amuser à + *inf.*
spät tard *adv.;* **Wie spät ist es?** Il est quelle heure?; **zu spät kommen** être en retard; **Bis später!** À plus! *fam.*
spazieren gehen (ê)se promener; (ê)se balader *fam.* → 1/3; **Spaziergang** la promenade, la balade → 5/1
Speisesaal la cantine
spiegeln refléter → 6/A
Spiel le jeu → 1/3; **(Fußball-)Spiel** le match
spielen jouer; **spielen** *ein Spiel* jouer à qc; **spielen** *ein Instrument* jouer de qc
Spieß la brochette → 6/1
Sport le sport
Sport treiben faire du sport
sportlich sportif/-ve *adj.* → 4/1
Sportunterricht la gym *fam. ou:* la gymnastique
Sprache la langue; **jdm die Sprache verschlagen** perdre sa langue
sprechen (mit jdm) parler (à qn); **sprechen über (jdn/etw.)** parler de qn/qc; **Klartext sprechen** dire ses quatres vérités à qn → 2/A
spucken cracher → 3/3
Stadion le stade
Stadt la ville
Stadtbezirk l'arrondissement *m.* → 1/3
Stadtrand la banlieue → 1/A
Standbild la statue → 6/2
Star la star → 4/A
stark fort/e; **eine starke Persönlichkeit haben** avoir du caractère
Startänzer/in le danseur étoile / la danseuse étoile → 2/3
Station la station → 1/2
Statue la statue → 6/2
Staudamm le barrage → supp/2
Steak le steak → 3/A
stehen bleiben (ê)s'arrêter → 2/2; **Das steht ihr/ihm nicht.** Ça ne lui va pas.
stehlen (etw.) voler qc
Stein le caillou
stellen (etw.) mettre qc; **(hin)stellen (etw.)** poser qc; **stellen (eine Frage) (jdm)** poser une question (à qn)
Sternzeichen le signe
Stil le style → supp/4
Stimme la voix → 1/2
Stimmts? C'est ça?
Stimmung l'ambiance *f.* → 2/A
stolz (auf jdn/etw.) fier/-ière (de qn/qc) *adj.* → 2/3
stören (jdn) déranger qn
Strand la plage; **Strandkorb** la cabine de bain
Straße *in einem Ort* la rue
Straßenbahn le tram *fam. ou:* le tramway
Streber/in l'intellectuel/le *ou:* l'intello *fam. m./f.*

strecken (sich) (ê)s'étirer → 6/A
streiten (ê)se disputer avec qn → 3/1
streng sévère *m./f. adj.*
Strick la corde → rév/3
Strumpfhose le collant
studieren faire des études → 5/A
Stück la pièce; le morceau → 3/A
Stufe la marche → 2/3
Stuhl la chaise
Stunde l'heure *f.*; **nach einer Stunde** une heure après
Stundenkilometer le km/h
stundenlang pendant des heures
Stundenplan l'emploi du temps *m.*
Sturm la tempête
suchen (etw.) chercher qc
Süden le sud → 1/1; **südlich von** au sud de *adv.* → 1/1; **Südosten** le sud-est → 1/2
super super *inv. adj.*
Supermarkt le supermarché
Suppe la soupe, le potage → 3/A
Surfen le surf
Sweatshirt le sweat
Sympathie la sympathie
sympathisch sympathique *m./f. adj. ou:* sympa *fam.*
Szene la scène → 2/1

T

T-Shirt le tee-shirt
Tafel le tableau; **Tafel** *Schokolade* la tablette
Tag le jour; *in seinem Verlauf* la journée; **am nächsten Tag** le lendemain → 3/1; **den ganzen Tag** toute la journée; **eines Tages** un jour; **Guten Tag!** Bonjour!
Tagebuch le journal
Tal la vallée → supp/1, → supp/2, → supp/3
Talsperre le barrage → supp/2
Tantchen tatie *f. fam.*
Tante la tante
Tanz la danse
tanzen danser → 2/A
Tasche le sac; **Tasche** *an Kleidung* la poche
Taschenkalender l'agenda *m.*
Taschentuch le mouchoir → 4/1
Tauchen la plongée → 6/1
Taugenichts le bon à rien → rév/3
tauschen (etw. gegen etw.) échanger qc (contre qc)
Tausend le millier; **tausende von** des milliers de
Team l'équipe *f.*
Teddybär l'ours en peluche *m.*
teilen (etw. mit jdm) partager qc avec qn → 3/3
Telefon le téléphone; **telefonieren (mit jdm)** téléphoner (à qn); **Telefonkabine** la cabine téléphonique
Teller l'assiette *f.*; le plat → 3/A
Termin le rendez-vous
Terrasse la terrasse
Test le test
teuer cher/chère *adj.*
Teufel le diable → rév/1; → supp/3
Textinterpretation l'explication de texte *f.*
Theater le théâtre
Thema le thème → 4/2
tief in (etw.) au fond de *adv.* → rév/2
Tier l'animal *m.*
Tipp le tuyau → 1/3
Tisch la table; **den Tisch decken** mettre le couvert; **sich an den Tisch setzen** se mettre à table → 3/A; **vom Tisch aufstehen** sortir de table → 3/A; **Zu Tisch!** À table! → 3/A
Tischtennis le tennis de table
Tochter la fille
Tod la mort
toll formidable *m./f.*; génial/e *adj.*
Tomate la tomate
Tonne la tonne
Topf le pot
tot mort/e *adj.*; **Tote (der/die)** le/la mort/e; **tote Winkel** l'angle mort *m.*
Tour le tour
Tourist/in le/la touriste
Touristeninformation l'office de tourisme *m.*
tragen (etw.) porter qc
Trapez le trapèze
Trapper le trappeur → 6/1
trauen (etw.) oser
Traum le rêve → 2/2
träumen (von etw.) rêver (de qc); **träumen etw. zu tun** rêver de + *inf.*
traurig triste *m./f. adj.*
Treffen le rendez-vous
treffen (jdn) rencontrer qn → 1/1; **Das trifft sich aber gut!** Ça tombe bien! *fam.*
im Trend tendance *adj.*
trennen (sich) (ê)se séparer → 3/1
Treppe l'escalier *m.* → 2/3
Trimester le trimestre → 5/1
trinken (etw.) boire qc → 2/2
Trinkschale le bol → 3/A
Trompete la trompette
Tropfen la goutte → rév/4
trösten (jdn) consoler qn → 3/3
trotzdem pourtant *adv.* → 4/1; quand même *adv.* → supp/2
Tschüss! Salut! *fam.*
Tube le tube
Tümpel la mare → supp/3
tun (etw.) faire qc; **tun (jdm etw.)** faire qc à qn
Tunesien la Tunisie → 1/A
Tür la porte; **Haustür** la porte d'entrée → 2/1
Turm la tour → 1/1
Turnhalle le gymnase
Turnschuhe les baskets *f. pl.*
Typ le type *fam.*

U

U-Bahn le métro → 1/2
überall partout *adv.*
überfliegen (etw.) survoler qc → 6/A
überholen (jdn) doubler qn
überleben survivre → 6/1
überlegen réfléchir
überqueren (etw.) traverser qc
Überraschung la surprise → 1/2
übertreiben (etw.) exagérer qc
übrigens au fait *adv.*; d'ailleurs *adv.* → 4/1; à propos → supp/4
Übung l'exercice *m.*
Ufer le quai; la rive → 1/A
Uhr l'horloge *f.*; *zur Angabe der Uhrzeit* l'heure
Um wie viel Uhr? À quelle heure?
um ein Nichts pour un oui et pour un non; **um … herum** autour de → 2/2; **um … zu** + *Inf.* pour + *inf.*
umherfahren circuler
umkippen (ê)se renverser → 6/1
umkommen (ê)se tuer → 4/2
umsteigen changer → 1/2
umwandeln (etw.) transformer qc → rév/1
umzingeln (jdn/etw.) entourer qn/qc → rév/3
unaufgeräumt en désordre
unbedingt absolument *adv.* → supp/4
und et
Unfall l'accident *m.* → 4/2
Unglück le malheur → rév/1
unglücklich malheureux/-euse *adj.*
Uniform (Schul-) l'uniforme *m.*
Universität l'université *f.* → 5/A
unmöglich impossible *adj.* → 3/1
unnütz inutile *m./f. adj.*
Unordnung le désordre
Unrecht haben avoir tort → 3/3

ANNEXE

Unsinn la bêtise → 3/2
unter sous *prép.;* parmi *prép.* → 2/1; au pied de → 3/1
unterdrückend répressif/-ve *adj.* → 4/1
unterirdisch souterrain/e *adj.* → 6/2
Unterricht le cours
Unterrichtsfach la matière
Unterrichtsstunde le cours
Unterschied la différence → supp/4
unterschiedlich différent/e *adj.*→4/1
Unterstützung la protection
unzertrennlich inséparable *m./f. adj.* → 2/1

V

Vater le père
verabreden (sich mit jdm) donner (un) rendez-vous à qn; **verabredet sein (mit jdm)** avoir rendez-vous avec qn
Verabredung le rendez-vous
verändern (etw.) changer (de) qc
verärgert fâché/e *adj.*
Verband l'organisation *f.*
verbieten (jdm etw. zu tun) interdire à qn de faire qc → 5/1
verbinden (etw.) bander qc → 1/2
Verbindung le lien → supp/2
verblüfft stupéfait/e *adj.* → 1/2
verboten interdit/e *adj.*
verbringen (etw.) *zeitlich* passer qc
verderben (etw.) gâcher qc → 2/2
verdienen (Geld) gagner qc
verdorben pourri/e *adj.*
verfilmen (etw.) porter qc à l'écran
verfolgen (jdn) suivre qn → 4/1
vergehen passer
vergessen (etw.) oublier qc; **vergessen etw. zu tun** oublier de + *inf.;* **Das kannst du vergessen!** C'est pas le pied. *fam.;* **Vergiss es!** Laisse tomber! *fam.*
vergleichen (jdn/etw. mit jdm/etw.) comparer qn/qc à qn/qc → 4/1
Vergnügen le plaisir
Verhältnis la relation → 4/2
verjagen (jdn) chasser qn → supp/4
Verkäufer/in le/la vendeur/-euse
Verkehrsmittel le moyen de transport → 1/3
Verkehrsstau l'embouteillage *m.*
verkleidet sein als être déguisé/e en → supp/2
verlassen (etw./jdn) quitter qc/qn → 5/2
verletzt sein être blessé/e
verlieben (sich in jdn) tomber amoureux/-euse de qn → 4/3
verliebt amoureux/-euse *adj.* → 4/3
verlieren (jdn/etw.) perdre qn/qc; **den Verstand verlieren** perdre la tête
vernünftig raisonnable *m./f. adj.* → 3/2
verpassen (etw.) rater qc → 2/3
verpetzen (jdn) dénoncer qn
verpflichtend obligatoire *m./f. adj.* → 5/2
verraten (jdn) dénoncer qn
verrückt dingue *m./f. adj.* → 5/2; fou/folle *adj.* → rév/1
versammeln réunir → 2/A; **versammelt sein** être réuni/e → 2/A
verschlagen (jdm die Sprache) perdre sa langue
Verschmutzung la pollution
versetzt werden (ê)passer en → 2/1
verspäten (sich) être en retard
Verspätung le retard
versprechen (jdm etw.) promettre qc à qn → 3/3
verstecken (etw.) cacher qc
verstehen (etw.) comprendre qc,
verstehen (sich mit jdm) (ê)s'entendre avec qn → 3/3
versuchen (etw.) essayer qc; **versuchen etw. zu tun** essayer de + *inf.*
verteidigen (jdn/etw.) défendre qn/qc → 5/1
verteilen (etw.) distribuer qc
verunstaltet difforme *m./f. adj.* → rév/1
Verwicklung l'embrouille *f. fam.* → 3/2
verwirklichen (etw.) réaliser qc → supp/4
verwöhnt gâté/e *adj.* → 2/A
verzichten auf (etw.) renoncer à qc; **darauf verzichten etw. zu tun** renoncer à + *inf.*
Videokassette la cassette vidéo
viel beaucoup; **viele** plein de → 1/3; **vieles** beaucoup de choses; ***genau so viel*** autant de *adv.* → supp/3
Vielfalt la variété → supp/2
vielleicht peut-être
„Vierte" *(= 8. Klasse in Deutschland)* la quatrième
Viertel le quart; **(Stadt)Viertel** le quartier; ***drei Viertel*** les trois quarts → supp/1
Viertelstunde le quart d'heure
vierzehn Tage quinze jours → 6/1
Vogel l'oiseau *m.*
Volk le peuple → rév/A
volkstümlich populaire *m./f.* → rév/A
voll entier/-ière *adj.* → 6/2;
voll plein/e *adj.* → 1/3
Volleyball le volley → 5/1
von de; **von ... bis** *zeitlich* de ... à; **vor** *räumlich* devant
vor *zeitlich* avant; il y a → 1/1
Vorabend la veille → 2/2
voranschreiten avancer → 1/2
vorbereiten (etw.) préparer qc
Vorbild sein (für jdn) donner l'exemple à qn
Vorrang haben (vor jdm/etw.) passer avant qn/qc
voriger/-e/-s dernier/-ière *adj.*
Vorname le prénom → 1/A
vornehm chic *adj.*
Vororte (einer Großstadt) la banlieue → 1/A
vorschlagen (jdm etw.) proposer qc à qn; **vorschlagen etw. zu tun** proposer de + *inf.*
vorsehen (etw.) prévoir qc → 1/2
Vorsicht l'attention *f.*
vorsichtig prudent/e *adj.*
vorstellen (jdm etw./jdn) présenter qc/qn à qn → 4/2; **vorstellen (sich etw.)** imaginer qc → 2/3
Vorstellung le spectacle
Vortrag l'exposé *m.*
Vorwurf le remord → 3/3

W

Wache la garde → rév/2
Wagen la voiture
Wahl le choix → 4/2
Wahnsinn, oder? Avoue qu'il faut le faire! → supp/4
während pendant *adv.*
wahr vrai/e *adj.* → 1/1
Wahrheit la vérité
Wal la baleine → 6/1
Wald la forêt → 4/2
wann quand
warm chaud/e *adj.*
warten (auf jdn/etw.) attendre qn/qc
warum pourquoi
was quoi; que; qu'est-ce qui, qu'est-ce que *Fragepronomen* → 4/2; ce qui, ce que *Relativpronomen* → 4/2;
Was bedeutet das? Qu'est-ce que ça veut dire?; **Was ist los mit ihm/ihr?** Qu'est-ce qui lui prend? → 2/1
waschen (etw.) laver qc
Wasser l'eau *f.*
Webseite le site internet

Wecker le réveil
Weg le chemin
wegdrehen (etw.) détourner qc → rév/1
wegen à cause de; pour
wegfahren (ê)partir
wegwerfen (etw.) jeter qc
wehtun avoir mal (à); **wehtun (jdm)** faire mal à qn; **Es tut weh.** Ça fait mal.
Weihnachten Noël *m.* → 3/1
Weihnachtsmann le Père Noël → 3/1
Weihnachtstorte in Form eines Holzscheites la bûche de Noël → 3/1
weil car; parce que
Wein le vin → 5/A
Weinberg le vignoble → supp/2
Weinkellner/in le/la sommelier/-ière → 5/A
weinen pleurer
weiß blanc/blanche *adj.*
weit large *m./f. adj.;* loin *adv.;* **von weit her** de loin *adv.* → 6/2; **man kommt nicht weit mit (etw.)** on ne va pas loin avec qc
weitergehen continuer à + *inf.*
weitermachen (etw.) continuer
welcher/-e/-es quel/le
Welle la vague
Wellenreiten le surf
Wellensittich la perruche
Welt le monde; **die ganze Welt** le monde entier → 6/2
wenig peu; **ein wenig** un peu (de)
weniger moins *adv.;* **weniger als** moins que; ***weniger … als*** moins de + *Nomen* → supp/3; **am wenigsten** le moins; **Wenigstens etwas.** C'est déjà ça.
wenn, immer wenn quand; **wenn** *Bedingung* si *conj.* → 5/1
wer qui
Werbung la publicité *ou:* la pub *fam.*
werden (ê)devenir
werfen (etw.) jeter qc; lancer qc → 4/1; **hinauswerfen (jdn)** mettre qn à la porte → 4/1
Westen l'ouest *m.* → 1/1; **westlich von** à l'ouest de → 1/1
wetten (auf etw.) parier sur qc → 4/A
wichtig important/e *adj.*
widersetzen (sich jdm/etw.) (ê)s'opposer à qc/qn → 4/1
wie comme *adv.;* **wie?** *Fragepronomen* comment; **wie früher** comme avant *adv.;* **wie Hund und Katze** comme chien et chat *fam.;*
wie viel combien
wieder finden (etw.) retrouver qn/qc
wieder treffen (jdn) retrouver qn/qc
wiederholen répéter → 2/2
wiederkommen (ê)revenir
wiegen peser
wild sauvage *m./f. adj.* → supp/2
Wind le vent
Winter l'hiver *m.*
wirklich vraiment *adv.* → 1/1
Wirklichkeit la réalité *m.* → 4/1
Wirkung l'effet *m.* → 5/2
Wirrwarr l'embrouille *f. fam.* → 3/2
Wirtschaft l'économie *f.* → rév/A
wissen (etw.) savoir qc
Wissenschaft la science → rév/1
Wissenschaftler/in le/la savant/e
witzig marrant/e *adj. fam.*
wo, wohin où
Woche la semaine
Wochenende le week-end
wohnen habiter
Wohnung l'appartement *m.*
Wohnzimmer la salle de séjour
Wolke le nuage → 6/A
Wolkenkratzer le gratte-ciel → 6/2
wollen (etw.) vouloir qc
Wort le mot
Wörterbuch le dictionnaire
wozu? pour quoi faire?
wühlen (in etw.) fouiller dans qc
wunderbar merveilleux/-euse *adj.* → 2/2
wundervoll magnifique *m./f. adj.;* merveilleux/-euse *adj.* → 2/2
Wurst- und Fleischaufschnitt la charcuterie → 3/A
wütend furieux/-euse *adj.* → 2/3

Z

zählen compter → 5/1
zahlreich nombreux/-euse *adj.*
Zahn la dent
Zeichen le signe
Zeichnen le dessin
zeichnen (etw.) dessiner qc → supp/1
Zeichnung le dessin
zeigen (jdm etw.) montrer qc à qn
Zeig her! Fais voir!
Zeit le temps; **(keine) Zeit haben** (ne pas) avoir le temps; **zurzeit** en ce moment; *Zeit, in der Schüler ihre Hausaufgaben unter Aufsicht anfertigen* les études dirigées *f. pl.;* **die ganze Zeit** tout le temps → 3/1; **von Zeit zu Zeit** de temps en temps → 2/3
Zeitschrift le magazine
Zeitung le journal
zelten faire du camping → supp/1
Zeltplatz le camping → supp/1, supp/2
Zensur la note
Zentrum le centre
zerbrechen (etw.) casser qc
Zettel le papier
Zeugnis le bulletin
Ziege la chèvre → rév/A
ziemlich assez *adv.*
Zigeuner/in le/la bohémien/ne → rév/A
Zimmer la chambre
zirkulieren circuler
Zirkus le cirque
Zitrone le citron
Zittern le frisson → 1/3
zögern hésiter; **zögern etw. zu tun** hésiter à + *inf.*
zu chez; **zu, zu viel, zu sehr** trop *adv.*
zubereiten (etw.) préparer qc
Zucker le sucre
zuerst d'abord
zufrieden content/e *adj.*
Zug le train
zugeben (jdm etw.) avouer (qc à qn) → supp/4
zuhören (jdm/etw.) écouter qn/qc
Zuhörer/in l'auditeur/-trice *m./f.*
Zukunft l'avenir *m.* → 5/2
zumindest au moins
Zunge la langue
zurechtkommen (ê)se débrouiller → 3/2
zurückgehen, zurückkehren (ê)retourner
zurückkommen (ê)revenir
zusammen ensemble *adv.;* **Zusammenfassung** le résumé → 4/2;
zusammenhalten être solidaire;
zusammenpassen aller ensemble; **Das sind zwei Dinge, die nicht zusammenpassen.** Ça fait deux.;
Zusammenstoß le choc → 1/1
Zuschauer/in le/la spectateur/trice → rév/A
zuschlagen (eine Tür) claquer une porte → 2/1
zuwenden (sich jdm/etw.) (ê)se diriger vers qn/qc → 6/A
Zwiebel l'oignon *m.*
zwischen entre *prép.;* parmi *prép.* → 2/1; **zwischen … und** de … à

Hier kannst du überprüfen, ob du die englischen Vokabeln richtig in dein dreisprachiges Vokabelheft eingetragen hast:

Unité 1: shock; direction; surprise; ticket; to change; voice; agreeable; original; calm; capital; ancient
Unité 2: success; to dance; to decide; impression; to repeat; to imagine; furious; pressure
Unité 3: impossible; poem; reasonable; to promise; adult
Unité 4: media; actor; action; documentary; star; natural; different; to compare; to touch; generous; to present; adventure; science-fiction; to construct; accident; prison; forest; model; relation; to identify
Unité 5: wine; delegate; to defend; obligatory; image; effect; to resemble; lake; fresh; village; to survive; inhabitant; to occupy; statue; to employ
Unité supplémentaire: valley; camping site; construction; passage; valley; variety; camping site; valley; art; curiosity; mystery; courage; jazz; difference; timid; occasion; to realise
Unité révision: economy; spectator; science; to transform; to adopt; to suffer; occasion; to protect; misery

Solutions

Le test des connaissances, p. 9
1. Reihe (von links nach rechts): 1. je suis parti / je suis partie, tu as dormi, il a mangé, elles sont venues; 2. J'ai une idée de cadeau pour Robert. Je vais **lui** offrir un porte-monnaie.; 3. être malade, trouver moche; 4. Non, je ne **les** connais pas, je ne **leur** ai jamais parlé.; 5. Céline et Ahmed rentrent. Je rentre avec **eux**.; David a des problèmes en maths. Je **l'**aide.
2. Reihe: 6. les chaussures **blanches**. les jupes **longues**. le **nouvel** ordinateur.; 7. Achète **de l'**eau minérale, **des** pommes, **du** café.; 8. je lis, tu lis, il/elle lit, nous lisons, vous lisez, ils/elles lisent. je viens, tu viens, il/elle vient, nous venons, vous venez, ils/elles viennent; 9. À Nantes, on peut visiter: la cathédrale, le château, le musée Jules Verne, le passage Pommeraye, les quais de la Loire, la rue Crébillon; 10. Pour les crêpes, il faut **du sucre, des œufs, du beurre, de la farine, du lait.**
3. Reihe: 11. C'est un ruban contre la violence.; 12. en train (en métro), à pied, à vélo, en voiture.; 13. Valérie joue **de la** guitare. Paul et Tarik jouent **au** ping pong.; 14. Je n'ai pas compris. / Je ne comprends pas. Au secours!; 15. Tu vas tout droit. Tu prends la première rue à droite. Tu continues tout droit et tu prends la deuxième rue à gauche. Le cinéma est à gauche.
4. Reihe: 16. Elle a mal à la tête. Elle a mal à la jambe. Il a mal aux pieds.; 17. (von links nach rechts:) le pull, la jupe, (Mitte) la veste, (unten) les chaussures, le jeans; 18. (immer von links nach rechts – oben:) vert, bleu, (Mitte) rouge, jaune, (unten) noir, gris; 19. Il fait beau. Il fait du vent / Il y a du vent.; Il pleut.; 20. j'ouvre, tu ouvres, il/elle ouvre, nous ouvrons, vous ouvrez, ils/elles ouvrent; je réfléchis, tu réfléchis, il/elle réfléchit, nous réfléchissons, vous réfléchissez, ils/elles réfléchissent
5. Reihe: 21. (100) cent, (141) cent quarante et un, (1000) mille, (329) trois cent vingt-neuf, (2006) deux mille six, (73) soixante-treize; 22. Jules Verne est un écrivain français très célèbre. Il a écrit des romans fantastiques («Cinq semaines en ballon», «Voyage au centre de la terre», «Vingt mille lieues sous les mers» ou encore «L'île mystérieuse», «Le tour du monde en 80 jours»). Il est né à Nantes en 1828 et avait un frère et trois sœurs.; 23. Je **la** gare près du château.; 24. détester, sortir, perdre; 25. le foot, la gymnastique, le ping-pong
Exercice 4, p. 25: 1. La tour Eiffel: 317 m, la tour Montparnasse: 210 m; la Seine: 776 km, la Loire: 1020 km; Le Père-Lachaise est très célèbre, le cimetière Montparnasse est assez célèbre; l'Opéra Garnier: XIXe siècle, l'Opéra Bastille: 1989; le Louvre devient un musée en 1793, le musée d'Orsay existe depuis 1986; le centre Pompidou est intéressant, la Cité des sciences de la Villette est aussi très intéressante; le centre Pompidou est assez grand, la Cité des sciences est très grande; l'Arc de triomphe est très connu, la tour Eiffel aussi est très connue.

Bildquellen

Agentur Focus: © Frilet, S. 92–93 – © akg-images, S. 98 (oben rechts), S. 125 (links), S. 144 (links); akg-images: © Dumontier, S. 164; © Lessing, S. 115 (oben rechts), S. 144 (unten rechts) – ANA: © Beron, S. 107 (1. von unten) – © Bayard, Je bouquine, S. 71, S. 72 – Bildarchiv Monheim: © Bednorz, S. 148 – Bildagentur-online: © Bartel, S. 147 (oben rechts); © Craig, S. 18 (2. Reihe links); © Jenny, S. 105 (3. Reihe links); © Renaud, S. 147 (unten) – © Casterman, Le chat, 1999, S. 38 – Caro: © Sorge, S. 16 (rechts); © Teich, S. 41 (oben) – © Collection Christophel, S. 65 (links) – © Corbis, S.13 (links); Corbis: © Almasy, S. 40; © Yann Arthus-Bertrand, S. 19 (1. Reihe links); © Manning, S. 19 (2. Reihe links); © McGill, S. 94 (unten rechts); © Peterson, S. 146 (links); © Skelley, S. 94 (oben rechts); Corbis/zefa: © Allofs, S. 105 (letzte Reihe rechts); © Fuste Raga, U3 (2. von unten); Corbis/Eye Ubiquitous: © Southern, U3 (2. von oben); © Thompson, S.13 (rechts) – © Cornelsen, Corel Library, S. 63 (Mitte); Mouginot, S. 60 (2., 3. von oben); Krauke, S. 18 (3. Reihe links), 24 (unten); Schulz, S.10 (Mitte), S. 11, S. 12 (links u. unten rechts), S. 15 (links), S. 44, S. 45, S. 47 (links), S. 50, S. 52, S. 58, S. 62 (links), S. 63 (rechts), S. 70, S. 97 (oben), S. 108 (unten), S. 129 – Francedias: © Andre, S. 61 (Mitte); © Risler, S. 19 (2. Reihe Mitte), S. 19 (3. Reihe links) – Gamma: © Charneau, S. 60 (2. von unten) – © Gendron, Marie, S. 12 (oben rechts) – © Glénat, Titeuf, Nr. 9, La loi du préau, S. 37, S. 56 – © Gouvernement du Québec, 2002. http://www.drapeau.gouv.qc.ca, S. 97 (unten rechts), S. 100 – Hoa-Qui: © Morand-Grahame, S. 60 (unten) – Jahreszeiten Verlag: © Rynio, S. 47 (rechts) – © Jerrican, S.162 (oben); Jerrican : © Labat, S. 60 (oben); © Rocher, S. 78 (unten), 79 (oben) – © Joncheray, Valery , S. 107 (unten links), S. 106 (links) – laif: © Eisermann, S. 106 (rechts), S. 108 (oben links), S. 110 (unten links); © Hever, S.110 (oben links); © Raach, S. 105 (3. Reihe rechts); © laif / Hoa Qui, S. 108 (Mitte rechts, unten links); Delettre/REA: © Cyril, U3 (unten); © laif/REA, S. 17 (oben); laif/REA: © Audras, S. 61 (unten links); © Denis, S. 10 (oben rechts), S. 10 (unten links); © Gaillard, S. 61 (unten rechts); laif/Zenit: © Langrock, S. 107 (rechts 2. von oben) – © http://www.leschoristes-lefilm.com, S. 65 (rechts), S. 66 – Le Québec en images, CCDMD: © Inconnu, S. 96 – Mauritius: © Kabes, S. 21 (rechts); © Messerschmidt, S. 19 (1. und 2. Reihe rechts); © Vidler, S. 147 (links); © Mauritius/SST, S. 98 – Ministère des Affaires Étrangères, © Images de France, édition 2002, 2003, S. 28–29; U3 (oben) – Okapia: © Reinhard, S. 49 – © Parc Floral de la Source, Orléans. http://www.coeur-de-france.com/parc-floral.html, S. 116 (rechts) – Photo RMN: © Gérard Blot, S. 43 (oben und unten); © Hervé Lewandowski, S. 108 (oben rechts), S. 112 – © Photographer/fionline, S. 19 (3. Reihe rechts), S. 25 – © Photothèque SDP, S. 13 (Mitte, unten links) – © Picture Alliance, S. 18 (3. Reihe rechts), S. 41 (unten); © Picture-alliance/akg-images, S. 144 (oben rechts), S. 145 (unten links); © Picture-alliance/dpa/Stockfood, S. 61 (oben); © Picture-alliance / Helga Lade, S. 94 (links); © Picture-alliance/KPA, S. 123 (rechts) – © Pleynet, S. 107 (rechts 1. von oben), S. 115 (unten rechts), S. 116 (links) – Rapho: © Gantier, S. 21 (links) – © Robidoux, Denis-Carl, S. 105 (2. von oben) – © Rouquet, S. 107 (rechts 2. von unten) – Schapowalow / Bildagentur Huber: © G. Simeone, S. 18 (2. Reihe rechts) – Sipa press: © Ahmet, S. 127, © Benaroch, S. 63 (unten); © Iskender, S. 123 (links); Goldner, S. 144 (links); © Lecarpentier, S. 15 (rechts); © Lorenvu, S. 18 (oben); © Meigneux, S. 17 (unten); © Pitamitz, S. 147 (unten rechts), S. 149; © Raymond, S. 126; © Nico, S. 62 (oben rechts); © Ahmet, S. 127; Sipa press/TF1: © Maestracci, S. 63 (oben); © Roca, S. 62 (Mitte u. unten) – Studio X / Gamma, S. 78 (oben und Mitte), S. 79 (oben) – Transglobe: © Gleizes, S. 16 (links) – Villecourt, Paul/Outdoor Reporter , S. 95, S. 102, S. 105 (2. Reihe links und unten Mitte) – Visum / The Image Works, S. 105 (1. Reihe).

Nicht alle Copyrightinhaber konnten ermittelt werden; deren Urheberrechte werden hiermit vorsorglich und ausdrücklich anerkannt.

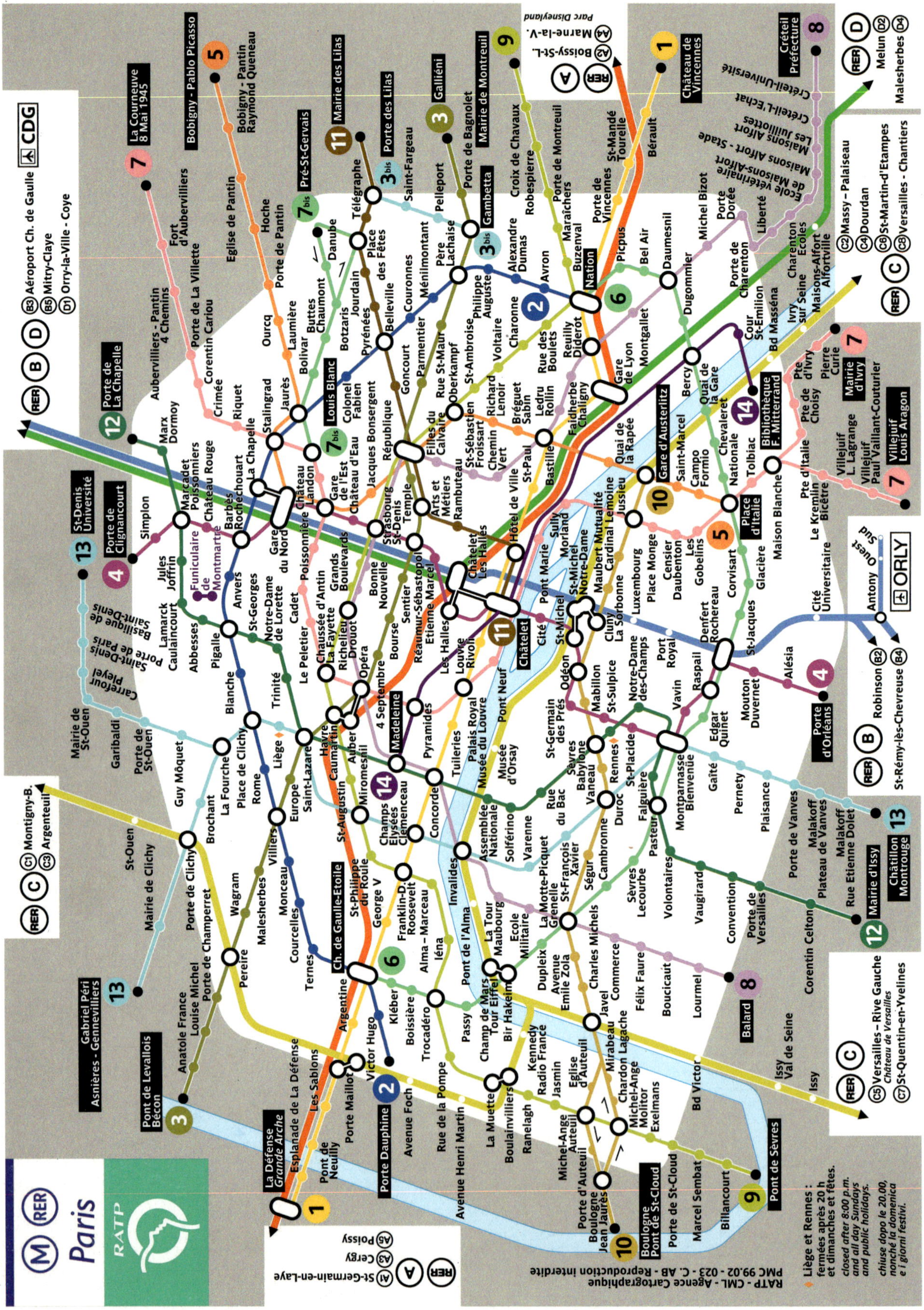
M RER Paris
RATP
RER B D: B3 Aéroport Ch. de Gaulle, B5 Mitry-Claye, D1 Orry-la-Ville - Coye
CDG
RER A: A2 Boissy-St-L., A4 Marne-la-V. Parc Disneyland
RER A: A1 St-Germain-en-Laye, A3 Cergy, A5 Poissy
RER C: C1 Montigny-B., C3 Argenteuil
RER C: C2 Massy - Palaiseau, C4 Dourdan, C6 St-Martin-d'Etampes, C8 Versailles - Chantiers
RER C: C5 Versailles - Rive Gauche Château de Versailles, C7 St-Quentin-en-Yvelines
RER B: B2 Robinson, B4 St-Rémy-lès-Chevreuse
RER D: D2 Melun, D4 Malesherbes
ORLY Ouest Sud
Antony
La Défense Grande Arche
Château de Vincennes
Pont de Levallois Bécon
Gallieni
Porte Dauphine
Nation
Asnières - Gennevilliers Gabriel Péri
Mairie de Montreuil
Balard
Créteil Préfecture
Pont de Sèvres
Boulogne Pont de St-Cloud
Boulogne Jean Jaurès
La Courneuve 8 Mai 1945
Villejuif Louis Aragon
Mairie d'Ivry
Bobigny - Pablo Picasso
Place d'Italie
Porte de Clignancourt
Porte d'Orléans
Mairie des Lilas
Châtelet
Bibliothèque F. Mitterrand
Madeleine
Porte des Lilas
Pré-St-Gervais
Louis Blanc
Mairie d'Issy
Porte de La Chapelle
St-Denis Université
Châtillon Montrouge
Gare d'Austerlitz
Ch. de Gaulle-Etoile
Gambetta
Liège et Rennes : fermées après 20 h et dimanches et fêtes.
closed after 8:00 p.m. and all day Sundays and public holidays.
chiuse dopo le 20.00, nonché la domenica e i giorni festivi.
RATP - CML - Agence Cartographique
PMC 99.02 - 023 - C. AB - Reproduction interdite